Michaela Lindinger

„Erzsi“

Die etwa 15-jährige Erzsi in modischer Sportkleidung, 1897

Michaela Lindinger

„Erzsi“

Rote Erzherzogin

Spiritistin

Skandalprinzessin

Die Biografie

MOLDEN

Elisabeth Marie Henriette Stephanie
Gisela von Habsburg-Lothringen,
Erzherzogin von Österreich
(1883–1902)

Elisabeth Fürstin zu Windisch-Graetz
(1902–1919)

Elisabeth Windisch-Graetz
(1919–1948)

Elisabeth Marie Petznek
(1948–1963)

„Schießen Sie!
Schießen Sie!“

Elisabeth Windisch-Graetz, 1945

Erzsi mit etwa 30 Jahren, um 1913

1889: Wie alles begann

Ein – längerer – Prolog

Besucherinnen und Besucher empfing Erzsi eher unwirsch. Die ehemalige Erzherzogin hieß nun Elisabeth Marie Petznek. Sie lebte in einer Art Klein-Schönbrunn, einer schlossähnlichen Villa im 14. Wiener Gemeindebezirk Penzing. Die Straßenbahnlinie 49 bimmelte damals noch durch die gesamte Linzer Straße, als die alte Dame auf der Hausnummer 452 wohnte. Eine Einladung bei ihr war ein unvergessliches Ereignis für jeden, der einmal in die musealen Salons dieser imposanten, beinahe 1,90 Meter großen Frau eintreten durfte. Das Besuchszeremoniell ähnelte einer Audienz bei ihrem Großvater, Kaiser Franz Joseph. Alles lief strikt nach Protokoll ab. Man hatte auf die Minute pünktlich zu sein. War man verspätet, aus welchen Gründen auch immer, wurde man nicht mehr vorgelassen. Also stand man vor dem Tor und schaute auf die Uhr, dann läutete man genau im richtigen Augenblick. Das Tor wurde von Erzsis „Faktotum" Paul Mesli, einem Donauschwaben, der sich Lesen und Schreiben selbst beigebracht hatte, geöffnet. Wir werden auf Meslis schriftliche Erinnerungen an die letzten Lebenstage seiner Dienstherrin zurückkommen.

Schon nach dem ersten Schritt findet man sich im Garten der Villa wieder, in einem Meer von Blumen – rot, blau, gelb, leuchtendes Grün rankt sich die Mauern empor. Der Park ist riesig und fachmännisch durchkomponiert. An der Haustür wird man vom langjährigen Sekretär der Hausherrin, Herrn Rudolf Feltrini, empfangen, gleichzeitig hört man lautes, furchterregendes Hundegebell. Erzsis Schäferhundezucht genießt in Kynologenkreisen einen hervorragenden Ruf. In der düsteren, kaum beleuchteten Eingangshalle stehen hohe Renaissance-Schränke aus dunklem Holz, überhaupt ist es finster hier im Erdgeschoß. Die Wände sind überfüllt mit Jagdmotiven und Reiseansichten. Beinahe stößt man mit einem riesigen, aufrecht stehenden Bären zusammen – es handelt sich um ein ausgestopftes Tier, eine Jagdtrophäe aus dem Besitz des Vaters der Frau Petznek. Auf zahlreichen Gemälden im Haus wird uns dieser von ihr kultisch verehrte Vater immer wieder begegnen.

Sie kann sich noch an ihn erinnern, doch hat er seine kleine Tochter, die er mit dem ungarischen Kosenamen Erzsi (Kurzform von Erzsébet/Elisabeth) rief, schon vor langer Zeit für immer verlassen. Es war wenige Monate nach ihrem fünften Geburtstag. An einem kalten Wintertag Ende Jänner 1889 war der Vater in sein Jagdschloss nach Mayerling aufgebrochen und hatte dort seine Geliebte Mary Vetsera und anschließend sich selbst umgebracht. Er wurde 30 Jahre alt.

li.: Erzsis Eltern und Großeltern am Ort ihrer Geburt: Franz Joseph und Elisabeth, Rudolf und Stephanie in Laxenburg, 1881

Am Tag, als Kronprinz Rudolf starb

Maiglöckchen waren in der ganzen Stadt ausverkauft. Die unzähligen Blumen in den Gewächs- und Glashäusern, die eigentlich die Wiener Ballsäle hätten zieren sollen, mussten nun ein Staatsbegräbnis bedienen. Auch schwarze Kleidung war an diesem eisigen 4. Februar 1889 nirgends mehr in Wien zu bekommen. Es schneite heftig. Seit sieben Uhr früh hatte die Hofburgkapelle geöffnet, damit die Untertanen im weiten Reich des Kaisers Franz Joseph Abschied nehmen konnten von seinem einzigen Sohn. Und wie sie Abschied nahmen. Der Kronprinz war bei der Bevölkerung sehr beliebt gewesen, nicht nur, wie es bis heute heißt, bei den Frauen. Man schätzte seine fortschrittlichen Sichtweisen, seine neuen Ideen, man wusste von seinen Touren durch Vorstadtlokale, wo er Volkssängerinnen und Kunstpfeifern lauschte. Seit Tagen warteten die Wienerinnen und Wiener, um endlich die momentan weltweit berühmteste und geheimnisumwittertste Leiche in Augenschein nehmen zu können. Von Ottakring oder Erdberg, von überall her strömten die Leute in Richtung Hofburg. Sie kamen mit der Straßenbahn, in Kutschen, zu Fuß. Sie kamen mit Blumen. Sie kamen in Schwarz.

Wer kein Geld für ein solches Trauerspiel hatte, trug – passend zur Jahreszeit – schwarze Karnevals-Gesichtsmasken, die zu Trauerbändern zerschnitten worden waren, rund um den Oberarm. Der alljährlich sehnsüchtig erwartete Wiener Fasching war kurz vor seiner heißen Phase abgesagt worden – was man nicht sofort bemerkte, denn es ging hoch her in der Stadt. Respektvolles Trauern jedenfalls sah anders aus. Anständiges Benehmen war auf den Straßen Wiens zu einem Fremdwort geworden. Die Menge drängte und presste auf dem zertrampelten Schnee. Menschen stürzten in den halbdunklen, schwarz verhängten Straßen aufeinander. Schwarze Flaggen und Stoffe hingen aus fast allen Fenstern und von den Dächern. Die engen Gassen der Innenstadt wirkten wie sinistre Zelte oder Tunnels. Eingangstüren, Laternen, Geschäftsschilder: Alles war schwarz verhängt. Ganze Familien machten sich auf den Weg durch die verschneite Finsternis, vom Großvater auf Krücken bis zum Baby im Kinderwagen. Man hatte

Wiener sammeln sich vor den Fenstern des Kaisers in der Hofburg, 30. Jänner 1889

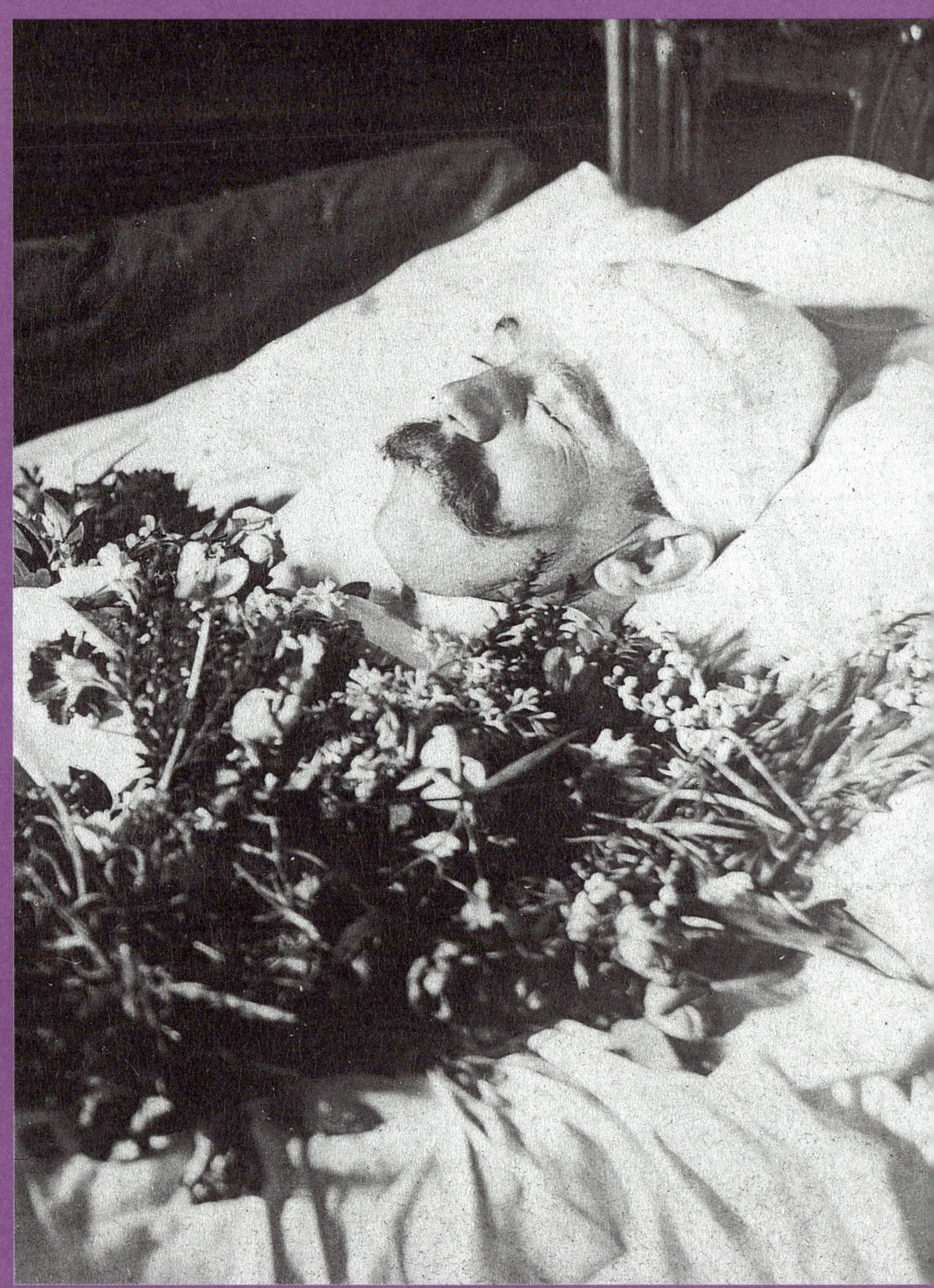

Der tote Kronprinz Rudolf, wie auch Erzsi ihn sah, 31. Jänner 1889

versucht, rund um die Hofburg und entlang der unfertigen Ringstraße Platz für die Massen zu schaffen; doch der reichte bei Weitem nicht aus. Absperrungen wurden genauso zur Seite gedrückt wie das Ordnungspersonal. Als die Hofburgkapelle geöffnet wurde, drängten die Leute schwarmartig hinein. Kinder brüllten, Frauen gingen ohnmächtig zu Boden. Die hölzernen Kirchenbänke zersplitterten unter dem Druck der Drängenden. Polizisten riefen Soldaten zu Hilfe, die rasch einen Abwehrkordon bildeten. Doch erst als berittene Militärs auftauchten, konnte die Ordnung einigermaßen wiederhergestellt werden. Notärzte kümmerten sich um die etwa 20 Frauen, die in der Kapelle wegen des unerwarteten Todes ihres Idols unter Weinkrämpfen zusammengebrochen waren.

Um 16 Uhr sollte die Hofburgkapelle geschlossen werden. Noch immer warteten nicht nur große Menschenmengen auf Einlass, sondern es gruppierten sich auch unübersehbar weitere Interessenten im Umkreis der Hofburg. Von offizieller Seite wurde verlautbart, man solle nach Hause gehen. Niemand folgte dem Aufruf. Überhaupt rührte sich kein Mensch. Die Menge stand still im Schneefall, der langsam in ein feuchtes Nieseln überging. Die Wartenden standen durchnässt, aber unbeweglich, wie die Statuen auf den Dächern der neuen Ringstraßengebäude. Ein leiser Chor begann sich zu formieren: „Wir wollen unseren Kronprinzen sehen ... wir wollen unseren Kronprinzen sehen ..."

Der Kaiser intervenierte persönlich. Ein berittener Offizier verlas die Botschaft Franz Josephs: „Die öffentliche Aufbahrung wird für drei weitere Stunden, bis 19 Uhr, verlängert."

Überhaupt intervenierte Franz Joseph bei allen Details. Seine Frau Elisabeth lag im Bett. Sie hatte veranlasst, dass die „liebe gute Freundin", die Schauspielerin Katharina Schratt, sich um den Kaiser kümmern solle. Die schockierten Töchter Gisela und Marie Valerie schluchzten zusammen mit den sie umgebenden Hofdamen. Der Kaiser tat seine Pflicht. Der Erzbürokrat, der alles aushielt, der allem widerstand, saß an seinem Schreibtisch. Er bestellte zwei Särge für seinen Sohn, den provisorischen Sarg aus Holz und den endgultigen aus Metall, an dem mehrere Monate gearbeitet werden würde.

In der Nacht vom 4. auf den 5. Februar 1889 sah Wiens winterliche Innenstadt aus wie ein Musikfestival im Sommer. Überall kampierten die Leute. Es wurden stündlich mehr, die Besucherzahlen bei der Aufbahrung sollten von denen des bevorstehenden Begräbnisses noch übertroffen werden. Reisen im Winter waren mühsam und dauerten lang, doch mittlerweile waren auch Trauernde und Sensationslüsterne aus Ungarn, Böhmen, Mähren und entlegeneren Teilen des Habsburgerreiches in der Hauptstadt angekommen. Die Armee stellte Feldlatrinen für die Camper auf. Man lebte vom Proviant, den man mitgebracht hatte, oder kaufte ein paar Würste bei den Hausierern, die in diesen Tagen der alles überwältigenden Trauer ein gutes Geschäft machten. Andere Straßenhändler verscherbelten rasch zusammengeschusterte Erinnerungsartikel: Fotos des Kronprinzen in schwarzen Rahmen, noch druckfrische Broschüren seiner kurzen Vita, manche schafften es, ein letztes der in schwarze Papiermanschetten gebundenen Maiglöckchensträußchen zu ergattern – Rudolfs Lieblingsblumen.

Der Hof der Habsburger entfaltete seinen legendären Trauerprunk. Alle Fenster rund um die Begräbnisroute von der Hofburgkapelle zur Kapuzinergruft waren voller Gesichter. Niemand, der so „praktisch“ wohnte, wollte den pompösen Leichenzug verpassen. Plätze an den Fenstern wurden von deren Eigentümern auch an Neugierige vermietet. Besonders Waghalsige balancierten auf den Dachvorsprüngen, von denen die schwarzen Tücher nach unten wallten. Nach Tagen voller Wind, Regen und Schnee hatte es plötzlich aufgeklart. Der Himmel begrüße den Toten mit gutem Wetter, meinten einige.

Um Punkt 16 Uhr begannen die Glocken der Hofburgkapelle langsam zu läuten. Die Trauerkutsche mit der Leiche setzte sich in Bewegung. Der Wagen wurde – ganz entgegen der Tradition – von sechs Lipizzanern, also weißen Pferden, gezogen. Normalerweise übernahmen schwarze Kladruber diese ehrenvolle Aufgabe. In der Kapuzinerkirche ging Franz Joseph zu seiner Bank in der ersten Reihe, neben ihm stand das belgische Königspaar, Leopold II. und seine habsburgische Frau Marie Henriette, die Eltern der Witwe. Der Kardinal betete.

Als der hölzerne Sarg in die Gruft getragen wurde, brach der Kaiser zusammen. Er weinte und flüsterte das Vaterunser. Dann stand der 58-Jährige ohne Hilfe auf, trocknete sein Gesicht mit einem Taschentuch und verließ die Kirche.

Nun war er wieder Kaiser von Österreich, König von Ungarn etc. etc. Die Begräbnisshow ging vorüber und der Moment der Schwäche war vorbei. Franz Joseph sollte noch weitere 27 Jahre regieren.

Die Ehefrau des Kronprinzen Rudolf, Stephanie, hatte nicht am Begräbnis ihres Mannes teilgenommen, auch seine Mutter Elisabeth und die jüngere Schwester Marie Valerie fehlten. Lediglich Rudolfs Lieblingsschwester Gisela saß an der Seite ihres Vaters in der schwarzen Kutsche. Als Kinder waren sie und Rudolf unzertrennlich gewesen. Die staatliche „Wiener Zeitung" schrieb, der Schock habe die Damen des Kaiserhauses so verstört, dass die Ärzte eine Teilnahme untersagt hätten.

Viele kirchliche Würdenträger waren indessen der Ansicht, der radikale, unchristliche Kronprinz habe ein heidnisches Ende gefunden. In Linz bekundeten während des Begräbnisses nur die protestantischen Geistlichen durch Glockenläuten ihre Trauer. Die katholischen Mesner blieben offenbar zu Hause. In Ischl, der Sommerfrische des Kaisers, war es überhaupt totenstill. In den Stunden nach dem Begräbnis flogen schwarze „Drachen" durch die kühle Luft. Es waren die Trauerfahnen an den Gebäuden, die vom Wind verweht wurden.

Die Selbstmordzahlen in Wien, ohnehin hoch im europäischen Vergleich, explodierten in den Februarwochen des Jahres 1889: Kopfschuss, Strychninvergiftung, aufgeschnittene Pulsadern, Aufschlitzen der Halsschlagader, ein Sprung aus dem dritten Stock. Ein Suizid durch Pistolenschuss sogar in Laxenburg, Rudolfs Sommerresidenz. In zehn Jahren wird seine Tochter Erzsi dort Reitturniere veranstalten. Und beim Tennismatch mit ihrer ersten Liebe flirten.

Sie war es auch, die laut Rudolfs Testament sein Jagdschloss in Mayerling erben sollte – was Franz Joseph nicht gutheißen konnte. Er kaufte es der Fünfjährigen noch im Februar 1889 in aller Stille ab. Ebenfalls in diesem Winter kam der vom Sterben besessene Komponist Anton Bruckner am Ort von Mord und Selbstmord im Wienerwald vorbei. Er wollte Erkundigungen bei der Bevölkerung in Mayerling einholen, sah jedoch niemanden. Lediglich hinter einem erleuchteten Fenster meinte er verschleierte Gesichter ausmachen zu können. Er täuschte sich nicht. Maria Euphrasia Kaufmann, die Priorin der Unbeschuhten Karmelitinnen in Baumgarten, war bereits mit einigen Mitschwestern in Mayerling eingezogen. In ihrer Begleitung kam der Architekt Josef Schmalzhofer.

Der Befehl des Kaisers lautete, das Jagdschloss in ein Nonnenkloster umzubauen. Die Karmelitinnen waren schon da, noch bevor Schmalzhofer die ersten Fotos und Zeichnungen anfertigen konnte. Anton Bruckner wusste somit etwas, das erst am 9. April 1889 öffentlich verlautbart wurde. Nämlich dass in Mayerling ein bis heute bestehendes Kloster einzurichten sei und die Nonnen dort unablässig beten sollten für das Seelenheil des (atheistischen) Kronprinzen. Und, wenn es nach Erzsi ging, auch für das der „armen Kleinen", wie sie die minderjährig verstorbene Freiin von Vetsera zu nennen pflegte. Einst wurde sie selbst so genannt, nämlich im Abschiedsbrief ihres Vaters an ihre Mutter.

Im Refektorium liegt immer ein Totenschädel auf dem Platz der jeweiligen Priorin. Wie früher in Rudolfs Arbeitszimmer in der Hofburg.

Es hat sich ein Verein gebildet ...

Die „Religion" des Kronprinzen war der Liberalismus gewesen, eine der fortschrittlichen politischen Richtungen seiner Zeit. Mit seinen Verbündeten in der Wiener Presse und Wissenschaft sowie in der ungarischen Reichshälfte und in Frankreich träumte Rudolf den großen Traum des 19. Jahrhunderts von Gleichheit und Prosperität. Aus diesem Grund wurde sein Tod auch von so vielen als Anfang vom Ende Österreich-Ungarns erlebt. Umgeben von der reaktionären Hofkamarilla und auf Befehl seines Vaters Tag und Nacht beschattet, hatte Rudolf längst erkannt, dass die traditionsüberfrachtete Welt des Kaisers der Vergangenheit angehörte. Und da er nicht in der Vergangenheit leben wollte, war er gegangen.

Das liberale Konzept förderte den Wirtschaftsaufschwung mit dem Ziel, mehr Wohlstand für alle durch Industrialisierung der großteils noch agrarischen Gebiete in der österreichisch-ungarischen Monarchie zu erreichen. Eine Steigerung der Güterproduktion sollte mit mehr Freiheit für den Einzelnen durch Demokratisierung einhergehen. Wissenschaft und Forschung sollten neue Technologien entwickeln, und dieses Wissen sollte wiederum zum Wohle aller eingesetzt werden. Ein ganz besonderes Lieblingsprojekt des Kronprinzen war die „Elektrische Ausstellung“, die vom 16. August bis zum 31. Oktober 1883 in der Wiener Rotunde die Massen anlockte. In diesen Wochen wurde im Laxenburger Schloss Rudolfs Tochter Erzsi geboren, am 2. September 1883. Anlässlich der Taufe der kleinen Erzherzogin konnte am 5. September die internationale „Elektrische Ausstellung“ gratis besucht werden.

Ihr Vater hatte seine Begeisterung bei der Eröffnungsrede nicht zurückgehalten: „Die Zukunft ist eine große – und eine weitreichende, kaum zu berechnende Umwälzung (...). Und ein Meer von Licht erstrahle aus dieser Stadt und neuer Fortschritt gehe aus ihr hervor!“ Der Adel habe bei dieser Gelegenheit wieder einmal durch Desinteresse „geglänzt“, konstatierte der Kronprinz enttäuscht in einem Brief an seinen Freund, den einflussreichen Journalisten Moritz Szeps: „Niemand war da. Erzherzog Albrecht verzog das Gesicht auf das entsetzlichste.“ Kein Wunder – der alte Feldmarschall fand Worte wie „Umwälzung“, „Fortschritt“ und dergleichen aus dem Mund des Mannes, den man für den zukünftigen Kaiser hielt, in höchstem Maß abschreckend. Rudolfs Mutter, Kaiserin Elisabeth, die sich in ihren Gedichten „Titania“ nannte, war der Meinung, ihr Sohn lege aufgrund seiner Vorliebe für Naturwissenschaft und Technik ein übersteigertes Selbstwertgefühl an den Tag und fühle sich über seinen altmodischen Vater („Oberon“) erhaben. Sie erfuhr vom Inhalt der Rede und spottete in einem Gedicht:

„Strahlt die Elektricität,
Muss das Gas erbleichen,
selbst des Ob'rons Majestät
Hier muss sie jetzt weichen.“

Demokratie, Industrialisierung und Wissenschaft waren die Säulen, auf denen die Reformpläne des Kronprinzen aufbauten. Sie waren den Machtträgern Adel und Klerus diametral entgegengesetzt.

Rudolf wollte Österreich hinausführen aus der Allianz mit dem deutschen Kaiserreich, hin zu einem Bündnis mit England und Frankreich. Abgesehen von seinen häuslichen Querelen mit dem allmächtigen Vater und der nicht zu ihm passenden Ehefrau wäre er wohl ein besserer Vermittler in politischen Fragen gewesen als die meisten Habsburger, denn er kannte die richtigen Leute, fortschrittlich eingestellte ausländische Politiker, die tonangebenden Journalisten, Universitätsprofessoren. Auch die nationalistischen Spannungen auf dem Balkan, die schließlich 1914 zu den Schüssen von Sarajevo führten, wollte er lösen. Eine Option sah er in der Staatsform der konstitutionellen Monarchie mit einem funktionierenden Parlament und Mandatsverteilungen quer durch die Parteien. Keine Nationalität sollte über der anderen stehen. Die Benachteiligung durch die Sprache in den Ämtern, Gerichten oder beim Militär sollte aufgehoben werden.

Hehre Worte für jemanden, der zwar einen gewissen Glamour beim Denken ausstrahlte, aber völlig unfähig war zu handeln. Ein Vorkämpfer des Individualismus, der es selbst nicht schaffte, als Individualist erfolgreich zu leben. Vergnügen artete bei ihm stets in sinnlosem Exzess aus. Rudolf forderte das Absolute in Gedanken und Gefühlen, doch er wurde in allem enttäuscht. Ein unglückseliger Überprivilegierter.

Der Liberalismus hatte zu grenzenlosem Reichtum für wenige und schrankenlosem Elend für unendlich viele geführt. Das Scheitern ihrer Ideen suchten die meisten Liberalen in äußeren Ursachen. Die dem Liberalismus immanenten Gründe für seinen Niedergang blendeten sie aus. Ein Beispiel:

Was passiert mit einem tschechischen Schneider, dessen Handwerksstube einer Textilfabrik weichen muss? Er wird als Arbeiter in dieser neuen Fabrik eingestellt. Möglich, dass sich seine Arbeitszeit verkürzt. Möglich, dass sich im Verhältnis dazu sein Lohn erhöht. Aber früher kannte er seine Kundschaft, sprach mit den Leuten, ärgerte sich vielleicht über einen Kunden. Nun ist er ein gesichtsloser Sklave einer gesichtslosen Maschine. Er hat keinen Laden mehr, den er seinen Kindern vererben könnte. Daher schickt er seine beiden Söhne nach Wien. Sie sollen in der Hauptstadt auf Arbeitssuche gehen. Der weniger gebildete Sohn findet keine Arbeit, er verzweifelt, schließt sich schließlich den Antisemiten unter dem späteren Wiener Bürgermeister Karl Lueger an. Der lernwillige Sohn bildet sich in Wien weiter und wird ein panslawistischer Fanatiker. Szenarien dieser Art gehörten zum Wiener Alltag.

Die Folgen des Liberalismus waren jedenfalls nicht rosig. Im Gegenteil, das liberale Ideal hatte gesellschaftlich ziemlich abgewirtschaftet. Neue Strömungen fanden ihre Anhänger und die Vorläufer der heute noch existierenden Parteien begannen sich zu formieren. Karl Lueger gehörte nach zahlreichen politischen „Zwischenstationen“ zu den Gründern der christlich-sozialen Partei, der Vorläuferorganisation der ÖVP. Und auch das durch den hemmungslosen Liberalismus überhaupt erst entstandene Industrieproletariat kämpfte im Jahr 1889 verstärkt um seine Rechte.

Vier Wochen vor „Mayerling“, das die Grundfesten der österreichisch-ungarischen Monarchie erschütterte, hatte im niederösterreichischen Hainfeld ein Ereignis stattgefunden, das für Erzsi einmal fast genauso große Bedeutung erlangen sollte wie der frühe Tod ihres Vaters. 110 Delegierte aus fast allen Kronländern waren Ende Dezember 1888 nach Hainfeld gekommen, um Viktor Adlers Vermittlungsversuche zwischen der gemäßigten und der revolutionären Richtung in der Arbeiterbewegung mit einer Neugründung der Sozialdemokratischen Arbeiterpartei (SDAP) zu besiegeln. Die Richtungskämpfe wurden jedoch nicht wirklich ausgeräumt und ließen sich auch nie ganz wegdiskutieren. Sie spielten in den 1920er- und 1930er-Jahren, als Erzsi sich in der Partei engagierte, eine große Rolle und brechen in der SPÖ bis heute immer wieder auf. Als die Schauspielerin Erni Mangold anlässlich ihres 92. Geburtstags ein TV-Interview gab, sagte sie, in ihrem Herzen sei sie Sozialdemokratin und werde es immer bleiben. Aber zu Wahlen gehe sie seit über 30 Jahren nicht. „Seit dem Vranitzky schon nicht mehr“, erklärte sie. „So einer passt nicht.“ Sie meinte damit, in ihren Augen könne ein Banker nicht Obmann einer Arbeiterpartei sein.

Am 1. Jänner 1889 war die bedeutsame Einigung jedenfalls vollzogen. Der Hainfelder Parteitag markierte das Ende der heftigen Auseinandersetzungen innerhalb der Arbeiterbewegung, die zu ihrer Spaltung in feindliche Fraktionen geführt hatten. Die geeinte Sozialdemokratie verstand sich als marxistische Partei, wobei die marxistische Theorie den spezifischen Verhältnissen des Landes angepasst werden sollte. Die Einigung bescherte der Partei einen großen Aufschwung. 50.000 Mitglieder zählten die sozialdemokratischen Organisationen bereits im Jahr 1890.

Viktor Adler: Armenarzt, Journalist, Politiker, 1917

Der Arzt und Politiker Viktor Adler konnte deshalb so integrativ für die verschiedenen Flügel der Partei wirken, weil er sich als Undercover-Journalist in Günter-Wallraff-Manier in die berüchtigten Wienerberger Ziegelwerke eingeschlichen hatte, um anschließend das unvorstellbare Elend der dort tätigen Männer, Frauen und Kinder in der Zeitschrift „Gleichheit“ zu beschreiben. Aus der „Gleichheit“ wird noch 1889 die „Arbeiter-Zeitung“ hervorgehen, die ab 1970 – als es offenbar keine Arbeiter mehr gab – „AZ“ heißen wird und bis 1991 als Organ der österreichischen Sozialdemokraten erscheinen sollte.

Gelegentlich sieht man bei Hausabbrüchen in Wien alte Ziegelsteine, die den Stempel „HD“ tragen. Sie stammen aus dem von Adler beschriebenen Ziegelwerk des Ringstraßenmillionärs Heinrich Drasche. Der Lohn der „Wienerberger“-Arbeiter stand im umgekehrten Verhältnis zur Länge ihres Arbeitstages und reichte kaum zum Überleben. Noch dazu wurde er in Wertmarken ausbezahlt. Geld erhielten die Werktätigen kaum. Die Wertmarken mussten in der Werkskantine eingelöst werden, die teurer war als durchschnittliche Gastbetriebe und Essen von minderer Qualität ausgab. Fast alle Ziegelarbeiter, größtenteils Arbeitsmigranten aus dem heutigen Tschechien, man nannte sie daher „Ziegelböhm“, waren unterernährt, krank und lebten in fürchterlichen hygienischen Verhältnissen. Kinder unter zwölf Jahren arbeiteten von Sonnenauf- bis Sonnenuntergang. Sogar die von jeglicher Realität abgeschirmte Erzsi in der Hofburg erfuhr später, als Teenager, von den Zuständen am Wienerberg.

Viktor Adler wurde mit der Veröffentlichung seiner Beobachtungen zu einem sozialistischen „Helden“, der sowohl von den linken als auch den eher gemäßigten Sozialdemokraten akzeptiert wurde. Ohne die Wienerberger-Reportagen wäre es wohl nicht zum Einigungsparteitag gekommen. Doch die Ideen zur Verbesserung des Loses der Arbeitenden reichten schon weiter zurück.

„Was wir ersehnen von der Zukunft Fernen,
Dass Arbeit und Brot uns gerüstet stehen,
Dass unsere Kinder in der Schule lernen
Und unsere Alten nicht mehr betteln gehen.“

Dieses Gedicht von Ferdinand Freiligrath, dem langmähnigen deutschen Freigeist der bürgerlichen Revolution von 1848, nahm die Arbeiterbewegung in ihr Kulturgut auf, um ihr Programm der Armutsbekämpfung im 19. Jahrhundert voranzutreiben. Die Botschaft wollte unters Volk gebracht werden, und zu diesem Zweck gründeten sich schon ab 1867 zahlreiche Bildungs- und Kulturvereine, in Wien und in anderen größeren und kleineren Städten. Ihre Proponenten organisierten Bildungsprogramme für Arbeiter und zunehmend auch für Arbeiterinnen, denn ungelernte Frauen ohne Geld und Wohnung strömten in Massen in die Haupt- und Residenzstadt. Vorträge, Kurse, Diskussionen, neu eingerichtete Arbeiterbibliotheken sollten helfen, aus kaum gebildeten Arbeitssklaven klassenbewusste Proletarierinnen und Proletarier zu machen. In Wien und Wiener Neustadt erschienen – oft verboten und daher noch unregelmäßig – die ersten Zeitungen der im Entstehen begriffenen Arbeiterbewegung. Ferdinand Lassalles Ideen, wonach der Staat Produktionsgenossenschaften schaffen sollte, setzten sich, von Deutschland kommend, auch in Österreich durch. Wie für die deutsche Sozialdemokratie hieß der erste Schritt: Einführung des allgemeinen und gleichen Wahlrechts für Männer. Viele Frauen in der Bewegung verlangten schon damals das Wahlrecht für alle, doch die Männer, die das Sagen hatten, meinten: Klasse schlage Geschlecht. Im Klartext hieß das, zuerst wählen einmal alle Männer und dann werde man weitersehen.

Bald gewannen jene Kräfte innerhalb der zerstrittenen Arbeiterbewegung an Boden, die sich für eine eigene Partei stark machten. So kam es zu Ostern 1874 im burgenländischen Neudörfl zur Gründung der SDAP. Damals gehörte der kleine Ort übrigens zur ungarischen Reichshälfte.

Der „Schwarze Freitag" von 1873, als die Börse krachte, beendete schlagartig die Ära des Liberalismus. Rasch herrschte hohe Arbeitslosigkeit, es kam zu polizeilichen Verfolgungen der hungernden Proletarier, die sich organisieren wollten, und im Endeffekt durch Spaltungen zum Beinahe-Ende der jungen Arbeiterbewegung. Schließlich gelang es Viktor Adler, mit seiner Zeitung „Gleichheit" einen neuen Sammelpunkt zu schaffen, der 1888/89 zur Neugründung der SDAP auf dem Hainfelder Einigungsparteitag führte.

30 Jahre später. Monarchie und Adel sind abgeschafft. Frauen nehmen erstmals an Wahlen teil. In diesem Jahr 1919 wird die Tochter des Kronprinzen Rudolf, Elisabeth Windisch-Graetz, eingeschriebenes Mitglied der nun staatstragenden sozialdemokratischen Partei.

Und noch einmal zurück: Am Karsamstag 1889 spielte Anton Bruckner Mozarts „Te Deum“ in der Hofburgkapelle, wo nur wenige Wochen davor Rudolfs einbalsamierte Leiche zur Schau gestellt worden war. In der oberösterreichischen Heimat des Organisten wurde an diesem Tag, dem 20. April 1889, dem Ehepaar Klara und Alois Hitler ein Baby geboren. Der Bub erhielt den Namen Adolf. Die verschiedenen Ausprägungen des Faschismus und nicht zuletzt seine Folgen werden auch Erzsis Leben und das ihrer Angehörigen aus den Angeln heben.

I
Die Geister, die sie rief

Unheimliche Fälle auf Schloss Schönau

„Als Medium ist er natürlich unersetzlich."

(Albert von Schrenck-Notzing warnt Erzsi vor einem Betrüger.)

„Es war fabelhaft!" Sichtlich begeistert berichtete Erzsis ältester Sohn Franz Joseph, genannt Franzi, später seiner Frau Ghislaine von den Séancen, die seine Mutter etwa zehn Jahre lang veranstaltete. Franzi war damals um die 20 Jahre alt und auf Wunsch seiner Mutter musste er bei den Geisterbeschwörungen immer dabei sein, da man das Verhalten der Medien und der von ihnen hervorgerufenen Erscheinungen kaum vorhersehen konnte. Obwohl sich Erzsi von den besten Hypnosefachleuten und Parapsychologen ihrer Zeit ausbilden und schulen ließ, respektierte sie die Manifestationen und wollte ihre beiden bereits erwachsenen Söhne bei den Sitzungen um sich haben. Sie fürchtete nämlich, von gewalttätigen Erscheinungen angegriffen zu werden. Der zweitälteste Ernst Weriand, genannt Erni, weigerte sich aber und so blieb es an Franzi hängen, Zeuge der unterschiedlichen Dinge zu werden, die sich im verdunkelten Boudoir seiner Mutter abspielten. Ghislaine Windisch-Graetz verdanken wir viele Berichte über diese spiritistischen Sitzungen. Erzsi selbst sprach nie darüber. Ihre schriftlichen Aufzeichnungen wären sehr wertvoll und interessant, sind jedoch nicht erhalten geblieben. Sie schrieb ihre Erfahrungen in Briefen an ihren Lehrmeister, den deutschen Arzt Albert von Schrenck-Notzing (1862–1929), nieder. Man könnte ihn als führende Kapazität auf dem Gebiet der Parapsychologie bezeichnen. Er führte einen regen Briefverkehr mit zahlreichen

S. 25: Ein Geisterfoto, das eine Ektoplasma-Erscheinung zeigt. Es wurde bei Rotlicht aufgenommen und erscheint durch die Bewegungen des Mediums unscharf. Hier zu sehen: Das Medium Stanislawa P., das auch Albert von Schrenck-Notzing, Erzsis Spiritismus-Sachverständiger, bei „Sitzungen" beschäftigte. Ob die Erscheinung „echt" ist – darüber scheiden sich die Geister.

bekannten Persönlichkeiten, war ein enger Freund von Erzsi und wurde wiederholt in ihren damaligen Wohnsitz nach Schönau in Niederösterreich eingeladen, wo er oft viele Wochen am Stück verbrachte.

Die Briefe, die Erzsi für Schrenck-Notzing verfasste, wurden von den Nationalsozialisten verbrannt. Okkultismus war – zumindest offiziell – dem NS-Regime ein Dorn im Auge. Außerdem waren viele Mitglieder in Schrenck-Notzings Zirkel adeliger Abstammung und standen daher im Fokus der neuen Machthaber. Man beabsichtigte, gegen diese Leute vorzugehen. Gleichzeitig konnten Männer aus adeligen Familien im NS-Eliteverband SS große Karrieren machen und auch Okkultisten gab es dort zur Genüge. Dennoch drangen SA-Verbände in Schrenck-Notzings ehemaliges Laboratorium in München ein, verbrannten seinen Briefverkehr, seine Bücher und auch unzählige Fotos der von ihm dokumentierten Erscheinungen. Die Räume seiner einstigen Münchner Wohnung wurden verwüstet. In Erzsis Briefen dürften ihre Versuchsanordnungen und die Ergebnisse, die sie erzielt hatte, genau beschrieben gewesen sein.

Der „Geisterbaron“

Schrenck-Notzing war wissenschaftlich ungeheuer penibel und hielt jede Bewegung, den leisesten Lufthauch, fest – schriftlich und in Form von Fotos. Sein Ziel war es, die Parapsychologie genauso wie die Sexualwissenschaft, mit der er sich medizinisch auseinandersetzte, als exakte Naturwissenschaften zu etablieren. Seine Selbstdefinition lautete „Spezialist für Nervenkrankheiten und Sexual-Pathologie“. Er war gewissermaßen der erste Psychotherapeut im heutigen Verständnis des Begriffes. Sein Interesse galt seelischen Vorgängen und deren Auswirkungen – im körperlichen, aber auch im geistigen Bereich. Konzentration, Meditation, Beherrschung des eigenen und fremden Willens sowie Hypnose konnten seiner Ansicht nach Materialisationen hervorrufen, wenn die „Zielperson“ gewisse dafür notwendige Veranlagungen mitbrachte. Eine solche Person nannte er „Medium“. Schrenck-Notzings Versuche mit den Medien würden heute von den meisten Menschen zumindest als fragwürdig bezeichnet werden.

Einige Briefe von Schrenck-Notzing an Erzsi sind im Besitz ihrer Nachkommen erhalten geblieben. Erkennbar wird, wie genau sich der Arzt mit ihren Berichten befasst und wie sehr er sich um sie und ihr Wohlergehen

Erzsis Lehrmeister Albert von Schrenck-Notzing, Arzt und Parapsychologe

gesorgt hat. Er warnte sie immer wieder vor betrügerischen Medien oder empfahl ihr „passende", die er bereits überprüft habe. Oder er riet ihr zu ganz bestimmten Personen, die ihm für ihre Zwecke und Fragen geeignet erschienen.

Schrenck-Notzing hatte sich mit allen möglichen Aspekten der Medizin befasst, zum Beispiel „heilte" er Homosexuelle. Die meisten Ärzte hielten Homosexualität damals für eine heilbare „Störung" und Schrenck-Notzing hatte den Ruf, diese „Störung" beheben zu können. Überhaupt war er in sexuellen Fragen eher rückschrittlich. So erwähnte er etwa Erzsis Lebensgefährten Leopold Petznek, den sie später heiratete, in seinen Briefen kein einziges Mal. Nach ihren vier Kindern aus erster Ehe und deren Wohlergehen erkundigte er sich aber regelmäßig. Vermutlich hat er Petznek nie getroffen, obwohl er jahrelang bei Erzsi zu Gast gewesen ist. „Wilde Ehen" lehnte der aus einer vornehmen Familie stammende Doktor ab. Trotz dieser Bedenken gehörte zu seinem „kosmischen" Freundeskreis nicht nur die wenig moralinsaure Kronprinzentochter, sondern auch die Münchner Skandalgräfin Franziska zu Reventlow. Diese hatte einen Sohn, dessen Vater sie zeitlebens verschwieg, und verdiente sich ihren Lebensunterhalt mit Sexarbeit, schnorrte Geld gegen kleine „Liebesdienste" oder spielte Theater. So gesehen war Schrenck-Notzing die neue, emanzipierte Generation höherer Töchter nicht wirklich fremd.

Albert von Schrenck-Notzing war weit über München hinaus als Hypnosearzt bekannt, da er über die Erfolge der Hypnosetherapie promoviert hatte. Dass er selbst fähig war, andere zu hypnotisieren, hatte er bereits während seiner Studienzeit entdeckt. Im Krankenhaus wendete er die Suggestionstherapie an. Seine eigene parapsychologische Zeitschrift, die er sich aufgrund einer finanziell einträglichen Heirat leisten konnte, förderte zusätzlich seinen Bekanntheitsgrad und seinen Ruhm. So hatte etwa der Schriftsteller Thomas Mann die Praxisadresse Schrenck-Notzings seit 1899 in seinem Notizbuch stehen, nahm jedoch erst im Winter 1922/23 an einigen seiner okkultistischen Sitzungen teil. Die miterlebten Taschentuch-Elevationen und sogar eine teleplastische Materialisation begeisterten Thomas Mann und brachten ihn dazu, die Karriere des „Geisterbarons" weiter zu verfolgen. Auch nach dessen Tod 1929 ging er ihm nicht aus dem Kopf. In der Novelle „Mario und der Zauberer" (1930) beschwört Mann Erzsis Séancen-Lehrmeister posthum noch einmal herauf. Die Figur des unheimlichen Hypnotiseurs Cipolla, der auf einem

Sophie Charlotte, Schwester der Kaiserin Elisabeth, um 1867

Jahrmarkt (!) seine Kunststückchen zum Besten gibt – Schrenck-Notzing hätte dies als „Gaukeleien“ abgetan –, ist von dem berühmten Münchner Arzt inspiriert.

Wie viele seiner Zeitgenossen kam Schrenck-Notzing mit der Hypnose zum ersten Mal in einem Varieté in Berührung. Damals grassierte in Europa das „Hansen-Fieber“, ausgelöst durch den dänischen Scharlatan Carl Hansen, dessen Hypnose-Darbietungen Schrenck-Notzing und sogar Sigmund Freud faszinierten. Freud beschrieb ein Hansen-Spektakel so:

„Noch als Student hatte ich einer öffentlichen Vorstellung des Magnetiseurs Hansen beigewohnt und bemerkt, daß eine der Versuchspersonen totenbleich wurde, als sie in kataleptische Starre geriet und während der ganzen Dauer des Zustandes so verharrte. Damit war meine Überzeugung von der Echtheit der hypnotischen Phänomene fest begründet.“

Seine „hypnotischen“ Demonstrationen führte der Show-Magnetiseur Hansen auch im Wiener Ringtheater vor, das 1881 abbrannte. Zu Beginn ließ Hansen seine „Patienten“ ein Stück Glas fixieren und strich ihnen über die Stirn. Er schloss ihnen Mund und Augen. Meist ließ er dann die „Patienten“ stocksteif zwischen zwei Stühlen liegen und stellte sich auf deren Körper. Viele Wissenschaftler und Ärzte fanden diese Phänomene, die auf Versuche des Magnetiseurs Franz Anton Mesmer im 18. Jahrhundert zurückgehen, durchaus bemerkenswert, wie etwa der Sexualarzt Richard von Krafft-Ebing. Er war mindestens so bekannt wie Schrenck-Notzing und befasste sich mit ähnlichen Dingen. In der Nähe von Graz führte er ein Institut, das auf die Heilung sexueller „Anomalien“ spezialisiert war. Vorwiegend behandelte er „hysterische“ Frauen, die ihren gleichgültigen, gefühlskalten, trinkenden, fremdgehenden oder gewalttätigen Ehemännern mit einem Liebhaber davongelaufen waren. Auch eine Großtante Erzsis, eine der Schwestern von Kaiserin Elisabeth, wurde zu Krafft-Ebing eingeliefert, als sie ihrem Ehegefängnis entfliehen wollte.

Esoterische Netzwerke

Hypnose-Versuche fanden nur in ganz bestimmten Arztpraxen oder Spitälern statt, da sie weder allgemein toleriert wurden geschweige denn weitgehend anerkannt waren. Auch Privathäuser wie Erzsis Schloss in Schönau wurden für solche Zwecke herangezogen. Freuds weltberühmte

Theorie des Unbewussten fußt in weiten Teilen auf den erwähnten Denkgebäuden: Auf dem Mesmerismus, dem Hypnotismus und dem Somnambulismus, also der Lehre vom Schlafwandeln, die zur Zeit Mesmers noch Mondsucht („Lunatismus") geheißen hat. Es ging in den Debatten nicht immer um den Wahrheitsgehalt dieser Theorien, sondern vielmehr standen Machtkämpfe im Vordergrund, Netzwerke von Freunden und Feinden, die für die Durchsetzung einer Idee oft wichtiger waren als deren Realitätsgehalt. Schrenck-Notzing agierte meisterhaft auf diesem heiklen Parkett und obwohl er häufig von Skeptikern angegriffen wurde, gelang es ihm, seinen wissenschaftlichen Ruf zu retten. Bekannte Unterstützer waren unabdingbar, wie etwa der Münchner Malerstar Gabriel von Max. Seine Gemälde zeigen eine intensive Auseinandersetzung mit Forschungsfeldern wie der „Hysterie", der Hypnose, der Parapsychologie und mit dem Spiritismus. Eine höchstwohlgeborene Habsburgerin konnte in diesem Umfeld nicht schaden.

Das Ehepaar Schrenck-Notzing lebte auf großem Fuß in einem repräsentativen Neubau in einer noblen Münchner Gegend. Man fuhr ein nagelneues Automobil. Überhaupt liebte Herr Dr. Schrenck-Notzing den Autosport und sammelte auch selbst Kunst. Da sich unter seinen Freunden genügend berühmte Maler wie der schon erwähnte Gabriel von Max, aber auch etwa Albert von Keller, der spiritistische Sitzungen in Gemälden festhielt, tummelten, saß er gewissermaßen an der Quelle. Gemeinsam studierten die Herren Ärzte und Künstler die „Nervenrätsel kataleptischer oder ekstatischer" (Justinus Kerner) Frauen. Diese tauchten später in den Bildern der Maler als Modelle wieder auf. Gerne lud Schrenck-Notzing zu okkulten Abenden und formulierte dort seine Thesen. Bei ausgewählten Terminen waren Presseleute anwesend, die einen nicht unwesentlichen Beitrag zur Popularisierung des Okkulten leisteten.

Man sah den Hypnotiseur Schrenck-Notzing auch als Bonvivant in Paris, im Frühjahr am Lido in Venedig, im Sommer auf Sizilien und im Winter in Nizza. Kurz, einige Mitglieder der Hautevolee befanden sich zu allen Jahreszeiten genau dort, wo sie von Schrenck-Notzing kuriert werden konnten. Auch Erzsi war im Winter fast immer am Meer und in diversen Kurorten anzutreffen.

Durch seine Beschäftigung mit dem Hypnotismus hatte Schrenck-Notzing mehrere Personen kennengelernt, die einen Ruf als Medium erlangt hatten. Diese meist jungen Mädchen und Burschen wurden zu verschiedenen Zwecken hypnotisiert, entweder von Schrenck-Notzing selbst oder anderen Ärzten. Manche Medien bevorzugten Selbsthypnose. Sobald sie den Zustand der Trance erreicht hatten, konnten ihnen Fragen gestellt oder sie um bestimmte Handlungen gebeten werden. Diese „Arbeit" mit den Medien streifte die Grenze zum Okkultismus, denn es konnte unter anderem darum gehen, dass das Medium Kontakt mit Toten aufnehmen sollte. Doch auch dem „Geisterbaron" waren die Geister nicht immer hold, denn dass sich tatsächlich ein Geist zeigte, war äußerst selten. Ein einziges Mal erwähnte Schrenck-Notzing in einem Brief an Erzsi, dass dieses Phänomen aufgetreten sei. Er beschrieb die Manifestation „eines ganzen Phantoms, und zwar einen deutschen Offizier in Grand tenue." „Grand tenue" bedeutet, dass der Militär eine Festtagsuniform trug. Die Erscheinung wurde fotografisch festgehalten. Schrenck-Notzing lehnte an sich den Spiritismus als „Schwarmgeisterei" ab, doch konzentrierte er seine Forschungen sehr wohl auf den Grenzbereich zwischen Geist und Materie, was dem Okkultismus sehr nahekommt.

Esoterisches zog Erzsi an; es war zu ihrer Zeit aber auch kaum möglich, dem Hype zu entkommen. Man las zwischen 1848 und dem Ende der 1920er-Jahre viel darüber, unzählige Bücher, Broschüren und Zeitungsartikel behandelten das Thema – kurz: Erzsi befasste sich mit einem sehr zeitgeistigen Bereich, der eine Hochblüte in der Publikumsgunst erlebte. Zusätzlich verbrachte sie viel Zeit an Orten, die auch Albert von Schrenck-Notzing frequentierte. Außerdem war ihr erster Ehemann, Otto zu Windisch-Graetz, ebenso wie Schrenck-Notzing ein Autonarr. Genaues über Zeit und Ort eines ersten Treffens Erzsis mit dem Paradeokkultisten seiner Zeit ist derzeit nicht bekannt.

Kranke Kinder

Erzsi konnte „normale Ärzte", wie sie sagte, nicht leiden. Lediglich die Tiermediziner, die sich ihrer Hundezucht annahmen, schafften es gelegentlich, ihre Auftraggeberin zufriedenzustellen. Allerdings waren sowohl Erzsi als auch ihre Kinder häufig kränklich oder richtig krank und litten unter wiederkehrenden Krankheitssymptomen unerklärlicher Herkunft. Insbesondere die Azetonämie-Anfälle ihrer Kinder zehrten an Erzsis Nerven. Diese Krankheit tritt hauptsächlich bei Heranwachsenden auf. Heute nennt man sie Ketose, es handelt sich um eine Stoffwechselkrankheit mit verschiedenen Symptomen wie beständige Müdigkeit, Antriebslosigkeit, Kopfschmerzen und vor allem heftiges Erbrechen. Erzsis vier Kinder wuchsen sehr schnell, fast alle erreichten die enorme Körpergröße ihrer Vorfahren auf belgischer Seite, also des Urgroßvaters Leopold II. und der Großmutter Kronprinzessin Stephanie, sowie von Erzsi selbst. Sie wurden fast zwei Meter groß. Dies könnte eine Ursache für die Leiden der Kinder gewesen sein, sicher trugen aber auch der unstete Lebensstil der Mutter, die Abwesenheit des Vaters und überhaupt die in Scheidung lebenden, sich öffentlich bekriegenden Eltern zum Unwohlsein der Kinder bei. Das jüngste Kind von Erzsi und Otto Windisch-Graetz, die Tochter Stephanie, genannt Fee, machte seiner Mutter die meisten Sorgen und jagte ihr sogar regelrecht Angst ein. Oft schien die Heranwachsende halb ohnmächtig, zeigte auf Ansprache keinerlei Reaktionen. Sie schien vollkommen abwesend, nahm kaum wahr, was sich in ihrer Umgebung abspielte. Dass ihr die Tochter immer ähnlicher sah, beunruhigte Erzsi zusätzlich. Da sie viel über „Astralleibe" und „Doppelgänger" las, könnte Erzsi sich vor einer Reinkarnation ihrer selbst gefürchtet haben. Fee war ihr zeitweise so unheimlich, dass sie sich von der Tochter angestarrt fühlte, auch wenn diese gar nicht mit ihr im selben Zimmer war.

Erzsi suchte aus diesen Gründen laufend Ärzte, Psychologen und von sich selbst sehr überzeugte Heiler auf, doch die ersehnten Therapieerfolge blieben aus. Kalte Bäder, Stromanwendungen, Homöopathie – alles wurde ausprobiert. Astrologen und Wünschelrutengeher kamen und gingen. Erzsi holte auch sogenannte Wender. Das Wenden wird heute kaum mehr verstanden, es gehört zu den sehr alten Formen der Heilkunde. Man kann es sich als europäische Form des Geistheilens vorstellen. In Niederösterreich, wo Erzsi damals lebte, war es einmal sehr verbreitet, doch schon zu ihrer Zeit gab es kaum noch Wender. Salben, Medikamente oder andere Hilfsmittel werden bei dieser Art des Heilens nicht verabreicht. Der Heiler konzentriert sich auf den Kranken und versucht allein durch die Kraft

Aus der Sammlung Peter Altenbergs: Erzsi mit ihren Kindern, um 1914

seiner Gedanken, die Krankheit abzuwenden, das heißt die Krankheit wird „umgewendet" in Gesundheit. Es gibt auch die Möglichkeit, den Kranken zu besprechen: Der Wender sitzt beim Kranken, verlässt ihn nach einer Weile und nimmt die Krankheit mit sich. Mit einem Spruch wird das Leiden dann aufgelöst. Von manchen Kranken werden solche Menschen „Gesundbeter" genannt – vor allem, wenn sich Patient und Heiler nicht am selben Ort befinden. Mit Beten haben Wender im Allgemeinen jedoch nichts zu tun. Ihre Methoden stammen durchwegs aus den vorchristlichen Jahrhunderten und Menschen, die es nach dem Mittelalter noch praktizierten, wurden als „Hexen" und „Zauberer" verfolgt. Die meisten Wender fielen dem Hexenwahn zum Opfer, ihre Fähigkeiten starben – zum allergrößten Teil – mit ihnen.

Die Söhne Franzi und Erni erzählten später von ihren Brechanfällen und von Erzsis Art, diese zu bekämpfen. Auf Anraten eines „Heilers" mussten die Kinder Unmengen Spinat essen, was sich günstig auf die Verdauung auswirken sollte.

Flucht vor der Vernunft?

Alles, was Erzsi im Lauf ihrer okkulten Sitzungen sah oder erlebte, suchte sie mithilfe der Vernunft zu erklären. Sie war eine ausgesprochen moderne Frau und in dieser Hinsicht ganz die Tochter ihres Vaters. Parapsychologie interessierte sie, aber sie wollte den Phänomenen, die sich in ihrer Gegenwart abspielten, präzise auf den Grund gehen und deren Ursachen erforschen. Thomas Mann formulierte es so: Es ginge darum, dass die Vernunft anerkennen soll, was die Vernunft ablehnt. So sah es auch Schrenck-Notzing. Was er hasste, waren Amateure, „Laienpublikum", wie er es nannte. „Laienhafte Nekromanten" mochte er genauso wenig, „Gesindestuben-Metaphysik" oder gar „Köchinnensonntagnachmittagausgehvergnügen" (Thomas Mann) war rundheraus abzulehnen. Man benötige, so der Parapsychologe, eine klare und strenge Methodik. Versuchsanordnungen mussten wiederholbar sein. Überhaupt half einzig und allein das Experiment, genauso wie in der Physik oder der Chemie.

Schrenck-Notzing versicherte, das Okkulte könne anhand naturwissenschaftlicher Vorgehensweisen aufgehellt, wissenschaftlich erfasst und publiziert werden. Man müsse es so lange freilegen, bis es ganz ins Offensichtliche, Erklärbare übergegangen sei.

In den von Schrenck-Notzing vermittelten Sitzungszirkeln in Wien lernte Erzsi Dr. Hans Thirring kennen, der mit dem Münchner Arzt gut bekannt war. Jemanden wie Thirring würde man in Okkultismus-Kreisen nicht auf den ersten Blick vermuten, denn er war theoretischer Physiker und Vorstand des Instituts für Theoretische Physik an der Universität Wien bis 1938. Tatsächlich jedoch existierte im ersten Wiener Gemeindebezirk schon in den 1870er-Jahren ein vegetarisches Restaurant, in dem nicht nur Esoteriker verschiedenster Art verkehrten, sondern auch „Sozialisten, die die Weltrevolution planten", so der Theosoph und Freud-Berater Friedrich Eckstein in seinen Memoiren. Zu Thirrings Umfeld gehörten demnach Persönlichkeiten wie Albert Einstein und Sigmund Freud, was dazu führte, dass er nach dem „Anschluss" 1938 „beurlaubt" wurde. Schon in den 1920er-Jahren, als Thirring mit Erzsi an Sitzungen teilnahm, setzte er sich gegen den rechtsnationalen Terror ein, der sich auf den Universitäten breitmachte. Seine Vorlesungen begannen immer erst, wenn alle jüdischen Studenten, die bei ihm lernen wollten, Platz genommen hatten. Es kam damals nicht selten vor, dass rechte Studenten jüdische Hörer am Betreten der Hörsäle hindern wollten.

Erzsi kannte Thirring als Mitglied der Sozialdemokratischen Partei, und er meinte einmal, als er auf seine „merkwürdigen" Forschungen im Bereich der Grenzwissenschaften angesprochen wurde: „Wer nicht den Mut hat, sich auslachen zu lassen, ist keine echte Forschernatur!" Wenn ein paar Professoren von Schwindlern gefoppt würden, sei das kein Unglück, denn es könne ebenso passieren, dass ein bisher unbekanntes Naturphänomen unentdeckt bleibe. Und davor wollte er die Wissenschaft bewahren. Diese Herangehensweise deckte sich mit Erzsis Vorstellungen. Beide begannen in den 1920er-Jahren mit ihren Untersuchungen auf dem Gebiet der Parapsychologie. 1927 wurde Thirring zum (Gründungs-)Präsidenten der „Österreichischen Gesellschaft für Psychische Forschung" (heute: „Österreichische Gesellschaft für Parapsychologie und Grenzbereiche der Wissenschaften") gewählt.

Die meisten Experimente, die Schrenck-Notzing, Erzsi, Thirring und ihr Kreis mit verschiedenen Medien durchführten, befassten sich mit die

Grenzen des Organismus überschreitenden, teleplastischen Charakteren. Das bedeutet, dass man außerhalb des Körpers des Mediums Formen wie Körperglieder, vor allem Hände, wahrnehmen kann, die biologisch lebendig sind. Die Erscheinung geht im Allgemeinen sehr schnell vorüber. Schrenck-Notzing war der Ansicht, es handle sich um eine „Verstofflichung" des Geistes, um „fleischgewordene" Traumbilder, hervorgerufen durch eine zu erforschende psychische Kraft des Mediums. Die sichtbar werdende Materie nennt man „Ektoplasma": ein dem Körper entbundenes, sich verdichtendes Fluidum.

Wie gesagt ist es aber sehr selten, dass eine ganze Person, also ein „Geist", sich materialisieren kann. Was Thirring und Erzsi, aber auch Schrenck-Notzing im Lauf des Lebens immer mehr als wissenschaftliches Experiment in einer Art Laborsituation wahrgenommen haben wollten, hatte in den Augen von Skeptikern bestenfalls theatralischen Show-Charakter – es wurde als spektakulärer Spuk bezeichnet, als nichts anderes als die Auftritte des Magnetiseurs Hansen. Schon der Modearzt Franz Anton Mesmer war als Scharlatan verschrien gewesen und zu Freuds Lehrer, dem französischen Nervenarzt Jean-Martin Charcot, waren nicht wenige sensationsgierige Schaulustige gepilgert, um zu sehen, wie er halbnackte „Hysterikerinnen" in der Salpêtrière in Paris mit Elektroschocks und anderen in den Anfängen der Psychiatrie üblichen „Heilmitteln" malträtierte.

Doch wie eine überzeugende Erklärung für das Unerklärliche finden? Immer unter der Voraussetzung, dass kein Betrug vorlag und dass es sich um seriöse Forscher handelte, die die Versuche mit den Medien – teilweise im Beisein von halb München, wie im Fall von Schrenck-Notzing – präsentierten? Man konnte sich schon vorkommen wie im Zirkus, mit Szenenapplaus, Anfeuerungsrufen und lähmender Enttäuschung, wenn nichts passierte. Denn es musste damit gerechnet werden, dass die Medien nicht in der entsprechenden Verfassung waren, die Umgebung dem Zweck nicht förderlich war, dass der Versuchsleiter einen Fehler gemacht hatte etc. Parapsychologische Experimente konnten nur von Menschen mit viel Geduld ausgeführt werden. Warten und Langeweile, stundenlanges Starren ins Dunkel, Ermüdung, Versuchsabbruch, Neustart, wieder warten – das gehörte zum Forscheralltag. Schrenck-Notzing war

Der „Wasservorhang“ im Tempel der Nacht auf Schloss Schönau, um 1800

Blick auf Schloss Schönau, 2019

imstande, beinahe unendlich zu repetieren, wenn er grundsätzlich von der „Qualität“ eines Mediums überzeugt war.

„Akte X“ auf Schloss Schönau

Im Schloss Schönau hatte Erzsi ein Zimmer, das in einem sonst unbewohnten Trakt des weitläufigen Gebäudes lag. Grundsätzlich war das Schloss auf Gäste ausgerichtet, es verfügte über viele Schlafzimmer, eine große Küche mit den besten Köchen, repräsentative Speiseräume und vor allem über einen wunderbaren Garten, der von Erzsis ausgesuchten Gärtnern nach ihren Wünschen gestaltet worden war. Er gehörte zu den schönsten in Österreich. Erzsi ließ es sich nicht nehmen, Postkarten mit Ansichten ihres üppig blühenden Parks drucken zu lassen. Man kann diese heute im Heimatmuseum in Schönau besichtigen.

Doch in ihr Boudoir, eine Art Privatheiligtum, das mit Dutzenden Erinnerungsstücken aus der Monarchie vollgestellt war, durfte außer ihren Kindern niemand eintreten. Und auch diese nur einzeln und nach Voranmeldung. Gerahmte Fotos ihrer Vorfahren standen sogar an die Stuhlbeine gelehnt, hauptsächlich Fotos von Kaiserin Elisabeth und Kronprinz Rudolf. Sitzbezüge und Überwürfe waren mit Vögeln bedruckt, Tiere, die Erzsi sehr liebte. Ihr Vater Rudolf war ein sogar in Biologenkreisen anerkannter Ornithologe gewesen und er hatte mit Erzsi in den wenigen Jahren, in denen er seine Tochter aufwachsen sah, viel über das Leben der Vögel gesprochen. Noch im hohen Alter konnte Erzsi die Vögel im Park ihrer Penzinger Villa anhand deren Rufe identifizieren. In Schönau besaß sie einen Papagei, der „Erzsi!“ rief, was sie ihm selbst beigebracht hatte. Ansonsten war der Raum erfüllt vom Duft der unzähligen Blumen, die an genau definierten Plätzen stehen mussten: Azaleen, Rhododendron und je nach Blütezeit Flieder, Jasmin, Begonien, Veilchen. Auch einige Aquarelle ihrer Mutter Stephanie hingen hier und Darstellungen des blühenden Schönauer Gartens, die ein von ihr beauftragter Künstler geschaffen hatte. Szenen von ihren Reisen an die Adria und die Nordsee konnte man ebenso sehen wie Kriegsschiffe, die an ihre leidenschaftliche

Beziehung zu einem U-Boot-Kapitän erinnerten. Die Liaison hatte mitten im Ersten Weltkrieg in einer Katastrophe geendet und für Erzsi versank – wie für viele andere – die Welt nach 1918 im Chaos. Halt und Hoffnung mussten neu erworben werden und in dieser unsicheren Zeit waren Metaphysik und Magie gefragter denn je. Der schrecklichste Krieg, den die Menschheit bis dahin erlebt hatte, die Krise nach einer erschütterten Weltordnung: All das nahmen viele als etwas Unvorstellbares wahr, etwas, das man davor nicht für möglich gehalten hätte, das die schlimmsten Befürchtungen übertroffen hatte. Kartenleger und Hellseher hatten bei manchen Bevölkerungsgruppen Hochsaison. Der hypnotische Sog des Okkulten eroberte bürgerliche Salons und Hinterzimmer, faszinierte Künstler und Avantgardisten.

Die Toten lebten noch in den Köpfen, sie waren noch nicht richtig „begraben". Auch in Erzsis Kopf lebten solche „Tote", ihr Vater und ihr im Krieg gebliebener Freund. Auch sonst wurde viel gestorben in Erzsis Familie, ihr Großonkel war in Mexiko erschossen worden, ihre Großmutter und ihr Großcousin fielen politisch motivierten Attentaten zum Opfer. Zuspruch und Trost gehörten zu den Dingen, die Erzsi in ihrem Leben oft schmerzlich vermisst hatte. Sie hätte Freunde zum Reden gebraucht, Unterstützung und Verständnis in ihrer Trauer. Nach dem Ersten Weltkrieg waren es gerade die einsamen Frauen, die spiritistische Zirkel gründeten, um mit „der anderen Welt" in Kontakt zu treten. Sie klammerten sich an die Vorstellung, die geliebten Toten seien in einer anderen Daseinsform oder auf einer anderen Ebene noch lebendig. Erzsi suchte unter anderem Beruhigung in der Astrallehre, wonach astrale Ebenbilder mithilfe von magnetischen Strichen, die das Fluidum aus dem Körper drängen sollten, sich materialisieren könnten. Diese „Doppelgänger", Kopien der Versuchsperson, seien in Spiegeln sichtbar und könnten fotografiert werden. Derartige Inhalte wurden damals in Broschüren verbreitet, die sich mit der „praktischen Anwendung des Okkultismus im täglichen Leben" und mit der „Entfaltung des eigenen Willens" – so ein Werk – befassten.

Erzsi war als Person mit einem extrem stark ausgebildeten Willen bekannt und es erscheint verständlich, dass ihr theosophische Schulen (etwa Rudolf Steiner, Helena Blavatsky), die die Astrallehre und ähnliche alternative Wahrnehmungen propagierten, nahestanden. Frau Elisabeth Windisch-Graetz gehörte zu den Stammkunden der „Zentralbuchhandlung für Okkultismus“ in der Linken Wienzeile, die von Andreas Pichl geführt wurde. Pichl war in Wien eine Integrationsfigur für alle, die sich dem Okkulten und Mystischen verschrieben hatten. Er veranstaltete auch Konzerte und Vorträge zu einschlägigen Themen, außerdem engagierte er sich als Präsident der Carl-du-Prel-Gemeinde. Du Prel gehörte ähnlich wie Schrenck-Notzing zu den führenden Gelehrten auf dem Gebiet der Grenzwissenschaften, auch wenn die beiden Forscher gelegentlich Differenzen ausfochten. Du Prel hatte sich viel mit den Vorläufern des Okkultismus befasst, also mit dem Mesmerismus und der „Mondsucht“. Wie Schrenck-Notzing setzte er sich für die Integration des Spiritismus und der Hypnoseforschung in den Kanon der Naturwissenschaften ein. Den Menschen beschrieb du Prel als „Bürger zweier Welten“, wobei das irdische Leben einen „Spezialfall“ des eigentlichen, jenseitigen und transzendentalen Daseins darstelle.

Bei Pichl erwarb Erzsi das dreibändige Werk „Die Geschichte des Spiritismus“, das ihr Sohn Franzi später in den persönlichen Hinterlassenschaften seiner Mutter wiederfand. Erzsi lernte, dass Medien Phänomene bewirken könnten, die auf deren besondere psychische Disposition zurückzuführen seien. Innere Kräfte könnten als Emanationen von Fluiden sichtbar werden. Bei Sitzungen sei es möglich, dass Erscheinungen, Stimmen und andere Manifestationen des Übernatürlichen auftreten könnten. Immer gehe es darum, diese „Visionen“ durch den eigenen Willen beherrschbar und lenkbar zu machen. Sie las vom sehr berühmten Medium Eva C. (Marthe Béraud), deren Vorstellungen pornografischen und – wie später publik wurde – betrügerischen Charakter hatten. Den größten Celebrity-Status in der Welt der Parapsychologie konnte damals Eusapia Palladino für sich in Anspruch nehmen, eine süditalienische Waise, die mit Illusionisten auf Tour gegangen war und auf diese Weise wohl einige optische Tricks erlernt hatte, die sie später zum Besten gab. Ihre Bekanntheit ging auf Levitationsphänomene zurück. Sie konnte angeblich schwere Gegenstände wie Tische von 22 Kilogramm Gewicht durch die Luft segeln lassen. Ebenso konnte sie Gegenstände verrücken, ohne diese anzufassen, man hörte Musik spielen, ohne dass dafür eine Quelle zu erkennen gewesen wäre. Sie soll weiters tastbare Materialisationen hervorgerufen haben, die unsichtbar gewesen seien; sie hinterließen aber Abdrücke in Paraffin. Es gab menschliche und tierische Erscheinungen, alle begleitet von elektrischen und thermischen Phänomenen.

Die vielen Experimente mit den Medien sollten zu einer empirischen, tendenziell evidenzbasierten Metaphysik beitragen. Manchmal gelang es, zumindest die Möglichkeit von „mind over matter" zu demonstrieren; doch letztlich blieben Schrenck-Notzing und seine Mitstreiter in einer Reihe endlos wiederholter Kunststückchen stecken. Man kam über das rein Deskriptive und/oder Spekulative nicht hinaus. Doch nach außen hin war Schrenck-Notzing in der damaligen Zeit ein bestens vernetzter Wissenschaftler mit einer Menge an Bewunderern und das „Vergebliche" seiner Bemühungen war damals nicht so offensichtlich, wie es uns heute zu sein scheint. Solange die „Seriosität" der Unternehmungen gewährleistet war, zeigte sich Erzsi für die Versprechungen und Reize des Okkulten jedenfalls sehr empfänglich.

Séancen

Erzsis Boudoir ist versiegelt, die Türen sind von innen versperrt. Im Raum herrscht Dämmerlicht, gelüftet wird hier selten. Die Tüllvorhänge bleiben geschlossen. Die Lampen werden mit roten Stoffen verhängt, da die Wellenlängen des weißen Lichts übersinnliche Phänomene verhindern können. Das behaupten zumindest zahlreiche Okkultisten, auch Schrenck-Notzing bevorzugt diese Art der Beleuchtung in Anwesenheit einiger seiner Medien. Abgesehen vom roten kann auch violettes Licht bei manchen Sitzungen förderlich sein. Die weit verbreitete Ansicht, dass parapsychologische Sitzungen nur bei Nacht durchgeführt wurden, ist unrichtig. Im Gegenteil, die meisten fanden (und finden) ganz normal tagsüber statt.

Schrenck-Notzing verlangt an Technik alles, was zu seiner Zeit möglich ist: Bis zu neun Kameras, eine auch an der Decke, kommen gleichzeitig zum Einsatz. Die Medien werden verdrahtet. Sie sollen Hände und Füße nicht ohne sichtbare Impulse bewegen können. Manchmal müssen sie in Käfigen sitzen, die nicht größer sind als ein Kubikmeter. Sie tragen ein speziell gefertigtes schwarzes Sitzungstrikot mit am Rücken vernähten, am Ende plombierten Schnüren. Tüllschleier verdecken Kopf und Hände.

Jede Körperöffnung wird überprüft, Achselhöhlen und Frisuren werden auf versteckte Gegenstände inspiziert. Ein Federmesser wird herangezogen, um zwischen Finger- und Zehennägeln und Fleisch verborgene Fäden etc. ausschließen zu können. Mit minutengenauen Zeitangaben werden alle Geschehnisse einer Stenotypistin diktiert, die bei Rotlicht schreiben muss, auch wenn draußen helllichter Tag herrscht. Schrenck-Notzing besitzt außerdem einen elektrischen Parlographen, in den er wie in ein Diktiergerät direkt hineinsprechen kann. Doch Illusion und Täuschung werden immer zu den Vorwürfen gehören, die bei derartigen Séancen unausweichlich sind. Katzendärme, Fischblasen, eine Plazenta samt Nabelschnur, tierisches Gekröse, sogar ein im Mastdarm verborgener Pfropfen: Das alles kann – feuchtgehalten mithilfe eines Stärkekleisters – ein Ektoplasma echt aussehen lassen. Oder es kann aus Gänsefett, Gaze, Putzwolle und Watte fabriziert werden. Die materialisierten Hände können in Wirklichkeit aufgeblasene Gummihandschuhe sein, Phantome wurden als Teile übermalter Gips- und Gliederpuppen erkannt. Okkulte Erscheinung? Oder Textil, Tüll und Pappkarton?

Schrenck-Notzing sprach Erzsi in seinen ungefähr 50 Briefen mit „Liebe und verehrte Freundin“ oder „Chère amie“ an. Die Briefe stammen aus den Jahren 1921 bis 1928, doch ist aus den ersten Briefen ersichtlich, dass sich die beiden schon mehrere Jahre kannten.

Erzsi legte Wert darauf, anerkannte Medien bei sich zu Gast zu haben, aber sie entwickelte auch den Ehrgeiz, selbst welche zu entdecken – eine Herausforderung, die ihr letztlich zum Verhängnis wurde. Die Wirkmächtigkeit eines Mediums trug dazu bei, dass sich Erzsi Ende der 1920er-Jahre zum Verkauf des von ihr so geliebten Anwesens im niederösterreichischen Schönau entschließen musste.

Noch war es aber nicht so weit. In den Jahren 1922 und 1923 fanden parapsychologische Sitzungen in großer Anzahl im Schloss Schönau statt. Solange Schrenck-Notzing Zeit für einen Urlaub bei Erzsi erübrigen konnte, wurden fast jeden Tag solche Versuche gemacht. Die Schlossherrin hatte sich zu diesem Zeitpunkt bereits entschieden, fix an die Existenz der Geisterwelt zu glauben. Sie wollte diese neue Energie spüren und mithilfe von Schrenck-Notzing und der Medien weiterentwickeln.

Euphorie breitete sich in ihr aus, wenn sie den Eindruck hatte, ihr toter Freund sei anwesend und beantworte Fragen, die sie ihm im Leben nicht mehr zu stellen imstande gewesen war.

Die wichtigsten Medien, die Erzsi nach Schönau kommen ließ, waren die Teenager-Brüder Schneider, der gelegentlich als Betrüger entlarvte „Magier" Karl Krauss (auch: Krauß) und die junge burgenländische Dienstmagd Wilma (auch: Vilma) Molnar.

Psychokinese – die Brüder aus Braunau

Willy (auch: Willi) und dessen jüngerer Bruder Rudi Schneider wurden mehrere Male als Medien nach Schönau geholt. Vor allem der gelernte Zahntechniker Willy galt als großer Star der damaligen Parapsychologie. Beiden Brüdern wurde besondere Geschicklichkeit in den Bereichen Teleplastik, Telekinese und Psychografie attestiert, was bedeutet, dass sie fähig waren, Materialisationen hervorzurufen, Dinge zu bewegen, ohne sie zu berühren, sowie Fragen zu beantworten – in sogenannter automatischer Schrift. Die automatische Schrift erfreute sich großer Beliebtheit bei Leuten, die in Kontakt mit dem Übernatürlichen treten wollten. Erzsi konnte Fragen an Verstorbene richten und das Medium schrieb in einem Zustand des Halbbewussten die Antwort nieder. Die automatische Schrift unterschied sich stark von der „alltäglichen" Schrift des betreffenden Mediums.

Willy und Rudi Schneider gehörten in den 1920er-Jahren zu jenen Medien, die in ganz Europa herumgereicht wurden. Die Brüder stammten aus Braunau und waren unter 20 Jahre alt. Sie zeigten ihre „Kunst" in Wien, München, Zürich, Prag und in London vor der „Gesellschaft für Psychische Forschung". Der deutsche Schriftsteller Carl Zuckmayer war überzeugt, das Herkunftsgebiet der Bauernsöhne hätte ihre „Leistungen" beflügelt. Er sprach vom Innviertel als einem besonderen Ort, der geeignet sei, „das Wachstum zwielichigter zweitgesichtiger medialer oder auch pathologisch deformierter Halb-Genies oder Ganz-Charlatane" hervorzubringen. Zu den Letztgenannten zählte er „auch die berühmten ‚Schneider-Büben'", die seiner Ansicht nach „ihre an sich vorhandenen Fähigkeiten mit Hilfe eines ‚Gang's von Erwachsenen geschickt ausgebaut und durch alle möglichen Tricks merkantilisiert" hätten. Vom

Physiker Hans Thirring wurden sie in seinem Institut an der Universität Wien untersucht. Willy Schneider musste ein „Sitzungskostüm" tragen und wurde durch Thirring und eine weitere Person in seinen Bewegungen kontrolliert. Die Sitzung fand wie üblich beim Licht einer Rotlampe statt. Schrenck-Notzing schrieb in seinem Aufsatz „Neuere Untersuchungen über telekinetische Phänomene bei Willy Schneider" (April 1926), dass sich die innere Kraft des Mediums in der Nähe einer weiblichen Vertrauten steigere. Wie Schrenck-Notzing schon früher postuliert hatte, existiere demnach ein Zusammenhang zwischen psychischen Phänomenen und Sexualität. Thirring war sehr geneigt, dieser These zuzustimmen. Die Telekinese betraf in diesem Fall Gegenstände, die sich teils auf einem Tisch bzw. einer Bank und außerhalb der Arm- oder Fußreichweite Schneiders befanden. Eine andere Sitzung gipfelte darin, dass Rudi Schneider eine Glocke, die sich hinter seinem Rücken in fast zwei Meter Entfernung befand, zu Boden warf. Stellten sich bei wiederholten Experimenten nicht die erwarteten, schon einmal erzielten Erfolge ein, gingen Kritiker dieser Versuche von Betrug aus. Schrenck-Notzing machte in seinem Text hingegen „die Ungeduld von seiten der Professoren" (es waren oft Ärzte der „Wiener Landesirrenanstalt am Steinhof" anwesend) für die „schwächeren Ergebnisse der Sitzungen" verantwortlich. Thirring beobachtete beispielsweise ein periodisches Abflauen und Anwachsen der Kraft des Mediums. Der damals sehr bekannte Parapsychologe Harry Price wurde von Schrenck-Notzing folgendermaßen zitiert: „Wenn es sich wirklich um psychische Phänomene handelt, dann muß zur Erlangung eines echten, guten Phänomens das Vorhandensein eines wohlmeinenden, harmonischen, seelischen Kontakts zwischen Medium und Teilnehmern notwendig sein." Price sei überhaupt der Meinung, dass Musik oder gelöste Unterhaltung der Sitzungsteilnehmer das Medium positiv beeinflussen könnte. Schrenck-Notzing ergänzte: „Wenn das Ganze einer Prüfung, einem Examen gleicht, dann kann und wird sich niemals ein Phänomen ereignen."

In Erzsis Versuchsanordnung in Schönau saß das Medium Willy Schneider auf einem Sessel. Schrenck-Notzing stand, um alles im Blick zu haben, neben ihm saß Erzsis ältester Sohn Franzi. Willy Schneider wandte

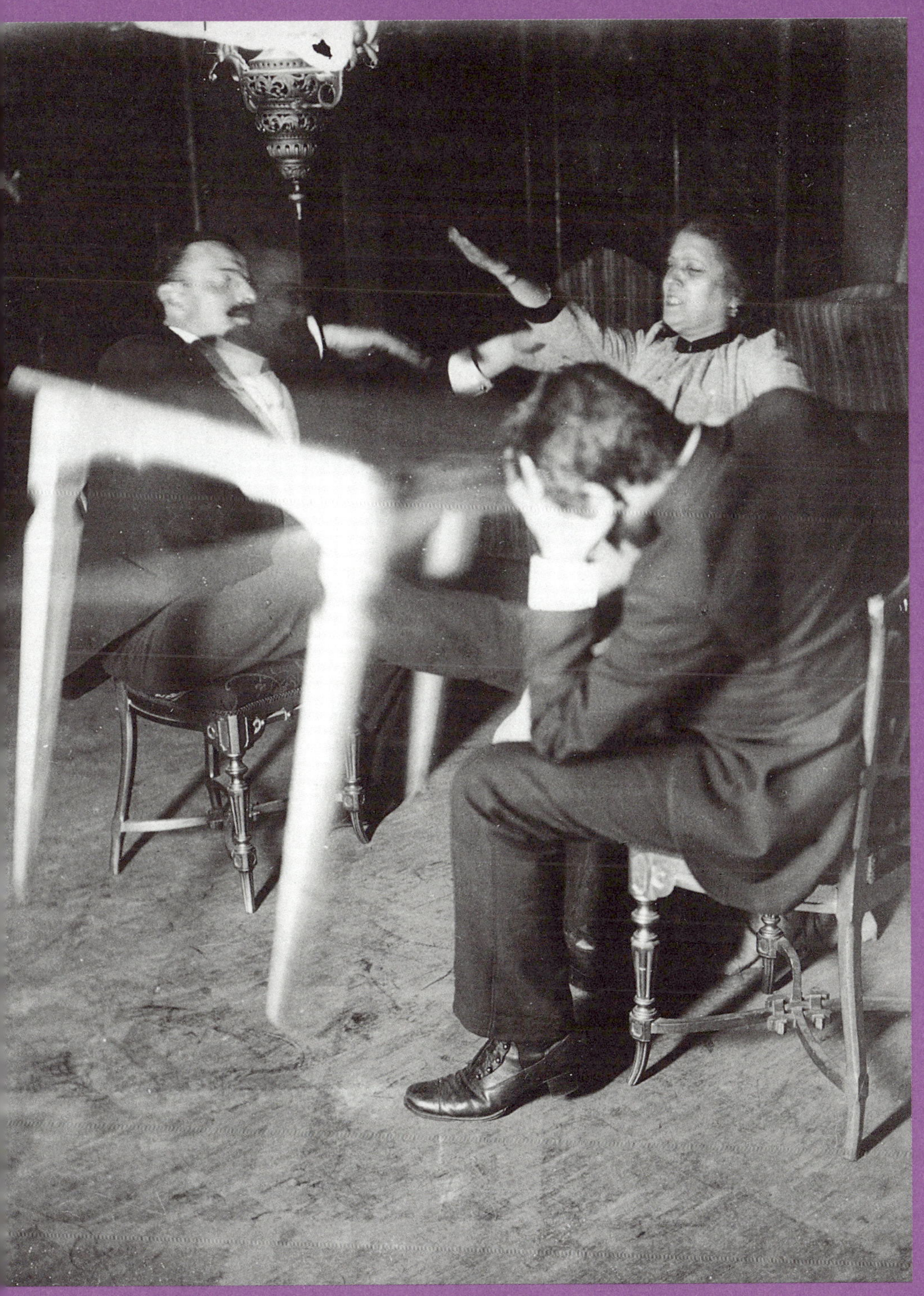

Eine Telekinese-Vorstellung: Es geht um die Frage, ob Gegenstände bewegt werden können, ohne diese anzufassen. Hier das damalige Star-Medium in diesem Zusammenhang, Eusapia Palladino, beim Tischrücken, 1892.

Selbsthypnose an und fiel in Trance. Im Raum breitete sich kühle Luft aus. Die Hände des Mediums wurden kalt, was Schrenck-Notzing mit „Energieverlust" erklärte. Ein Lufthauch streifte die Teilnehmer. Wenige Sekunden lang hörte man eine Melodie. Und dann soll sich ein Astralleib präsentiert haben, noch dazu ein weiblicher: „Minna". Im nächsten Moment drehte sich der Bronzeluster an der Decke. Schrenck-Notzing ersuchte „Minna", dies sofort einzustellen. Der Luster hing wieder still. Dafür erhoben sich nun auf einem Tisch ausgelegte Fächer in die Luft. Zu allem Überfluss drang aus der Tapete hinter Schneider ein schwarzer Schleier hervor und verformte sich zu einer Hand, deren Finger mehrere Fächer nahmen, als würden diese davongetragen. Während der Erscheinung hörte man Stöhnen, Keuchen und Seufzen, da die Materialisationen für das Medium körperlich anstrengend waren. Als sich die Phänomene dem Ende zuneigten, erklang aus der Spieldose auf dem Nebentisch eine Melodie. Der Körper Schneiders wurde von Krämpfen geschüttelt. Dies sei ein physisches Phänomen, das nachließe, sobald die Manifestation vorbei sei, erklärte Schrenck-Notzing. Alles spielte sich anderthalb Meter entfernt von Schneider ab.

Im Sommer 1923 erlosch das Licht in Erzsis Boudoir von selbst. Willy Schneiders Alter Ego („Spalt-Ich") „Minna" erteilte den Befehl: „Eine Kette bilden". Auf diese Weise sollte die Energie der Teilnehmer mit der des Mediums verbunden werden, um angestrebte Phänomene zu verstärken. Der Tisch, an dem Willy saß, erhob sich, sodass zwei Tischbeine in Schwebe verharrten. Die Gegenstände auf dem Tisch, ein Taschentuch, die Spieldose und eine Tabatiere, blieben jedoch auf ihrem Platz. Diese halbe Levitation dauerte wenige Sekunden. Der Tisch war so schwer, dass Schrenck-Notzing ihn nicht anheben konnte. Lediglich im Moment der Levitation wurde er ganz leicht. Das Medium erschauerte, schwitzte, atmete schwer. Das rote Taschentuch erhob sich von der Lampe und eine Hand erschien, die sich auf Schrenck-Notzings Knie legte. Sie war durch einen immateriellen Faden mit Schneider verbunden. Schrenck-Notzing sagte später, die Hand sei warm und zehn Sekunden lang zu sehen gewesen.

Eine andere Versuchsanordnung führte dazu, dass ein gasförmiger Nebel aus Willy Schneiders Arm stieg. Die wie getönter Rauch aussehende Masse nahm die Form eines schwach leuchtenden Tellers an und als er verschwand, floss etwas Weißes von der Schulter des Mediums herab. Dieses weißliche Material kennt man unter dem bereits erwähnten Namen „Ektoplasma“. Es wird nach der Materialisierung in den Körper des Mediums, aus dem es stammt, zurückgesaugt. Das Ektoplasma wird meist als von dicklicher Beschaffenheit und als lichtempfindlich beschrieben. Es sei die direkte Ursache für paranormale Phänomene, eine sichtbare „Verstofflichung“ der vom Medium ausgehenden Energie, so die Parapsychologen.

Willy Schneider kehrte unter Zuckungen aus der Trance zurück. Er war erschöpft, die typischen „Medienkrankheiten“ Kopfschmerzen und Depressionen plagten ihn und er benötigte nach einer intensiven Sitzung wie der beschriebenen mehrere Tage Ruhe.

Als die Versuchsreihe fortgesetzt wurde, gestattete Schneider eine Sitzung ohne Rotlicht. Es war nun hell im Raum. Ähnlich wie beim Experiment in Thirrings Institut erhob sich eine kleine silberne Glocke von einem Tischchen, schwebte in zehn Zentimeter Höhe und klingelte. Dann setzte sie wieder auf und es wurde still. Das war aber noch lange nicht alles. Die erstaunten Sitzungsteilnehmer wurden Zeugen, wie sich eine Hand manifestierte, die einen Rosenstrauß fest umklammert hielt. Der Duft der Rosen breitete sich im gesamten Zimmer aus und alle konnten ihn wahrnehmen. Das Phänomen währte jedoch nur sehr kurz.

Levitation – der „Magier“

Im Juli 1924 schrieb Schrenck-Notzing in einem Brief an Erzsi, dass er über den Sommer gerne wieder nach Schönau kommen wolle. Als kleines Dankeschön für die Gastfreundschaft werde er einen „Magier“ mitbringen. Hier kündigt sich ein neues Forschungsinteresse Erzsis an. Offenbar reichten ihr die Ektoplasmen, klingenden Glöckchen und „Spalt-Iche“ nicht mehr. Sie wollte sich nun auf das Gebiet der Magie vorwagen, das über den Okkultismus hinausführt. Im Bereich der Magie ist Eigenverantwortlichkeit gefragt, das heißt, es reicht nicht mehr aus, an einer Sitzung teilzunehmen und einfach zuzusehen, was passiert. Bei magischen Ritualen ist man selbst eingebunden, wird über einen bestimmten Zeitraum geschult und initiiert. Es können durchaus Dinge geschehen, die unerwartet und gefährlich sind. Außerdem postuliert die

Parapsychologie, dass die übernatürlichen Phänomene alle psychologischer oder physikalischer Natur seien. Sie sind den Naturwissenschaften zuzuordnen, messbar und müssen lediglich weiter untersucht werden, um ihren Ursachen auf die Spur zu kommen. Parapsychologische Erscheinungen sind nicht „verrückt" oder „geheim", sondern sie gehören zu den Forschungsfeldern der Medizin und der Physik.

Magische Phänomene jedoch überschreiten die rein menschliche Energie. Diese muss zwar vorhanden sein, aber sie wird durch verborgene Kräfte verstärkt. Es können daher weit stärkere und „unheimlichere" Erscheinungen oder Gefühle damit verbunden sein.

Auch die von Erzsi bevorzugte Fachliteratur änderte sich grundlegend. Sie las „Die Magie", ein dreibändiges, soeben (1923) erschienenes Werk. Vom Inhalt her könnte man es als eine Einführung in die Dämonologie bezeichnen, was bereits die Grenzen des Satanismus streift. Solche Bücher gehörten nicht ins Sortiment von Herrn Pichl in der Wienzeile. Erzsis Quelle für diese sehr speziellen Werke ist unklar. Vermutlich erhielt sie diese Dinge von jenem Mann, den Schrenck-Notzing ihr als „Magier" vorgestellt hat. Der „Magier" hatte ihr wohl gegen gutes Geld auch mehrere verbotene Broschüren überlassen: „Magische Briefe – Okkulte Praktiken", Literatur, die nur für initiierte Mitglieder ganz bestimmter Kreise gedacht war. Auch diese Hefte waren nagelneu, publiziert Mitte der 1920er-Jahre. Indische Magier unterweisen hier in Briefform in folgenden Praktiken: Magie der Spiegel und Kristalle; Magie der Spaltung; Magie der Formen und Symbole; Astrologie und Magie; Magie des Pendels; Sympathie und Magie; Satansmagie; Sexuelle Magie. Die Broschüren wurden ebenso nach Erzsis Tod von ihrem Sohn Franzi in der Penzinger Villa aufgefunden. Es ist schwer vorstellbar, was der biedere Hauptschullehrer und sozialdemokratische Funktionär Leopold Petznek zu einer Lebensgefährtin gesagt hätte, die sich den Kopf über satanische Rituale und indische Sexualmagie zerbricht. Aber vermutlich hat er nie von den höchst außergewöhnlichen Steckenpferden seiner Zukünftigen Kenntnis erhalten.

Ihre sagenhafte Sammlung wertvoller Steine dürfte sie nicht vor ihm versteckt haben. Erzsi verfügte dank ihrer Herkunft über zahlreiche

Edelsteine, die sie nach den Vorschriften ihrer diversen Heiler zur Verbesserung ihrer angeschlagenen Gesundheit einsetzte. Horoskope, die sie erstellen ließ, halfen ihr bei der Auswahl der Steine. So empfahl ihr ein Alternativmediziner, sie müsse eine Kupferplatte tragen, amalgamiert mit Quecksilber, mit einem Diamanten in der Mitte, am Rand drei im Dreieck angeordnete Edelsteine, und zwar zwei Hyazinthe und ein roter Jaspis. Im Verständnis des Yoga hilft der Hyazinth zum Beispiel bei Verlusten. Das Amulett sei an einer blauen Seidenschnur ständig am Körper zu tragen. Steine konnten neben ihrem Einsatz als magischer Schmuck auch zur Massage oder zur Wasseraufbereitung verwendet werden. Die heilende Wirkung von Mineralien wird bis heute debattiert, wissenschaftlich belegt ist sie nicht. Rosenquarz soll Gefühle und Vertrauen vertiefen, der „Stein der Liebe", Jade, hilft laut esoterischen Lehren aus Fernost bei sexueller Unlust. Erzsi erfuhr aus der „Magie der Kristalle", dass jeder Stein eine eigene Schwingung besitzt und sich mit verschiedenen Chakren (Energiepunkten) des Körpers verbindet. Überhaupt schworen „Magier" wie Karl Krauss und andere in den 1930er-Jahren von Erzsi angeheuerte „Heiler" auf die Heilkräfte von Rubin, Smaragd, Amethyst und Co.

Im Sommer 1924 trat der „Magier" Karl Krauss seinen „Dienst" in Schönau an. Er sei ein „Herr", so Schrenck-Notzing, der „gleichstehend behandelt" werden müsse, „was sich bei Ihren liberalen Anschauungen von selbst versteht", schrieb er in einem Brief an Erzsi. Der Besuch sei keine reine Privatangelegenheit, sondern es würden auch Wissenschaftler aus Wien beigezogen werden, um den Charakter der zu erwartenden Phänomene zu bewerten. Für den „Magier" seien Sherry und Schnaps stets zur Stärkung bereitzuhalten. Daran sollte es bestimmt nicht scheitern …

Alfred Kubin, der berühmte Grafiker aus dem Schloss Zwickledt bei Wernstein am Inn und einer *der* Kenner des Unheimlichen, dürfte auch zumindest einmal an einer Sitzung mit Karl Krauss teilgenommen haben. Kubin gehörte ebenfalls zur fächerübergreifenden Fangemeinde Schrenck-Notzings und lernte Erzsi in dieser Runde kennen.

Damals war Krauss noch ein relativ neuer Name in der Szene und sogar Schrenck-Notzing besaß nur wenige überprüfbare Informationen über ihn. Aufgrund dieser Unsicherheiten sollte Erzsi nie mit ihm allein sein, bekräftigte der Lehrmeister. Franzi war alsbald sehr begeistert von Krauss. Sein eingangs zitierter Ausruf „Es war fabelhaft!" bezog sich auf eine der Krauss'schen Darbietungen. Die fast täglichen Sitzungen begannen im August 1924. Krauss stellte sich als großer Magier vor, der seine Fähigkeiten jahrelang perfektioniert habe und bei einem initiierten Meister in die Lehre gegangen sei, unter strikten Regeln und strenger Disziplin. Sein Metier sei die Verbindung menschlicher Energien mit denen des Kosmos. Er könne durch erlernte Rituale Kräfte zu Hilfe rufen, auch solche aus negativen Energiefeldern.

Rotlicht, UV-Licht, elektrisches Licht und andere Kinkerlitzchen spielen in der Magie keine Rolle. Der Magier kann seine Kraft auch im hellen Sonnenlicht entfalten. Ebenso ist Trance oder Hypnose nicht notwendig. Magische Rituale werden bei vollem Bewusstsein und in „normaler" Ausdrucksweise durchgeführt. Auch benötigt der Magier kein Spalt-Ich („Doppelgänger"), um sich auszudrücken, Verwirrung und Unruhe, wie sie bei parapsychologischen Medien die Regel sind, belasten ihn genauso wenig. Mit Erschöpfung nach Beendigung des Rituals ist jedoch zu rechnen.

Vor der ersten Begegnung mit Krauss war Erzsi nervös. Schrenck-Notzing und Franzi mussten rechts und links von ihr Platz nehmen. Krauss begann mit einem magischen Schutzkreis, den er um sich zog. Franzi berichtete, er habe protestieren wollen, da sich der Magier ja nun im Inneren des Kreises befinde, alle anderen aber außerhalb. Doch er sei gar nicht dazu gekommen, denn sofort hätten die psychokinetischen Phänomene eingesetzt. Möbel und Gegenstände gerieten in Bewegung. Ein großer Schrank, der bisher seiner Bestimmung gemäß an der Wand gestanden sei, habe sich bedrohlich auf die Gruppe zubewegt. Die nicht von den Sitzungsteilnehmern belegten Sessel seien herumgehüpft. Franzi habe fasziniert die anwesenden Wissenschaftler beobachtet, doch sie hätten sich still verhalten. Der schwere Tisch habe sich erhoben und sei mit lautem Krach zu Boden gefallen. Die Deckenlampe schwang hin und her. Schrenck-Notzing fotografierte. Der zwar erschrockenen, aber dennoch konzentrierten Erzsi entging nicht, dass sich die Ärzte und Physiker zu den Vorkommnissen ausschwiegen.

Ein anderer Versuch spielte sich abends bei normaler elektrischer Beleuchtung ab. In einer Ecke befand sich eine Stehlampe, auf einem Beistelltisch eine Leuchte. Krauss kam herein und äußerte Sonderwünsche.

Er wolle eine Flasche Rotwein, ein Glas und ein Jagdmesser. Die Herrin stimmte zu und die Sachen wurden auf den Tisch gestellt bzw. gelegt. Krauss trat in den Kreidekreis. Eine schwarze Hand erschien über dem Tisch, goss Rotwein ein und schwebte samt Glas durch den Raum. Bei Franzi machte sie halt und Rotwein rann über sein weißes Hemd. Er berichtete, dass es gewaschen werden musste. Zu trinken gab ihm die Hand offenbar nichts. Anschließend sei das Jagdmesser auf ihn zugeflogen, er habe bereits ein Kratzen auf der Haut gespürt, dann habe es abgedreht und sich in den Tisch gebohrt. Franzi echauffierte sich: „Wenn das Messer meinen Kopf getroffen hätte, wäre ich jetzt tot." Krauss wiegelte ab, das sei unmöglich: „Ich beherrsche diese Kräfte." Er werde extra für Franzi ein Andenken dalassen. Das Messer fiel vom Tisch. Nachdem Krauss es aufgehoben und Franzi übergeben hatte, entdeckte dieser, dass ein „K" auf der Klinge eingraviert war.

Franzi beschrieb auch den Höhepunkt einer Krauss-Veranstaltung, nämlich die magische Praktik der Autolevitation. Krauss habe angekündigt: „Und jetzt fliege ich." Sein Körper habe sich vom Sessel gelöst und sei emporgeflogen, habe sich dann in eine horizontale Lage begeben und sei so in 1,70 Meter Höhe mehrere Male um das Zimmer geschwebt. Franzi habe dies nicht glauben können, sei aufgestanden und habe die Luft unter dem schwebenden Körper prüfen wollen. Doch da sei nichts gewesen. Die Überwindung der Schwerkraft wird im Allgemeinen der Schwarzen Magie zugerechnet. Sich zu fürchten ist hier also durchaus ratsam.

Ein anderes Mal schrieb Erzsi auf Krauss' Anweisung hin ihren Namen auf Papier. Krauss meinte, sie solle das Papier auf ein Tablett legen und es verbrennen. Krauss öffnete das Fenster und warf die Asche hinaus. Dann kam er zurück, dreht das Tablett um und präsentierte Erzsi das unversehrte Papier. Krauss liebte es offenbar, sein Publikum zu verunsichern. Er pendelte unangekündigt zwischen Taschenspieler-Kunststückchen und angsterzeugenden magischen Phänomenen hin und her.

Erzsi wurde regelrecht süchtig nach den Vorstellungen von Karl Krauss. Der „Magier" fuhr zwar Ende August zusammen mit Schrenck Notzing nach München zurück, doch Erzsi wollte ihn schon bald für zwei Monate nach Schönau einladen. Die Erscheinungen, die in Schönau hervorgezaubert wurden, schlugen Erzsi mindestens so sehr in den Bann, wie den „Magier" der Alltag im Schloss beeindruckte. Die aufmerksame

Dienerschaft, der märchenhafte Schlosspark, die hervorragende Küche: Krauss stimmte freudig zu, sobald wie möglich wieder anzureisen, um in den Genuss der unwirklichen Annehmlichkeiten zu kommen, die ihm von der ehemaligen Erzherzogin geboten wurden.

Doch Schrenck-Notzing wollte den weiteren Kontakt seines Schützlings mit Krauss nun plötzlich unterbinden. Er schickte einen aufgeregten Brief nach dem anderen, um Erzsi vor Krauss zu warnen. Krauss habe ihm geborgtes Geld nicht zurückgegeben, schrieb Schrenck-Notzing; er habe versprochen, für ihn – Schrenck-Notzing – elektrische Geräte zur Messung von Energieströmen zu konstruieren, was er nie ausgeführt habe. Krauss mochte ein Gauner und Betrüger sein, dumm war er jedoch nicht. Er hatte rasch begriffen, dass Erzsi andere Anforderungen an seine Vorführungen stellte als Schrenck-Notzing. Der Arzt wollte wissenschaftliche Ergebnisse, Messungen, Präzision. Ihm ging es um publizierbare Novitäten. Erzsi hatte nichts gegen Forschung, doch vor allem wollte sie etwas erleben, bei exklusiven Ereignissen dabei sein, etwas zum Nachdenken haben. Wessen Ansprüche Krauss leichter befriedigen konnte, lag auf der Hand. Er verschwand fluchtartig aus München und ließ Schrenck-Notzing wissen, die Experimente in Schönau hätten ihn fürs Erste ermüdet. Er brauche nun Ruhe.

„Der Mann ist zweifellos geistig abnorm", tobte Schrenck-Notzing. Er geriet außer sich und berichtete Erzsi, dass sie Krauss doch sicher angemessen bezahlt habe, und nun verprasse dieser das Geld in Amüsierlokalen und teuren Restaurants. Erzsi schlug die wohlgemeinten Ratschläge in den Wind. Es war noch keine zehn Jahre her, da war sie selbst regelmäßig Gast in sämtlichen „Amüsierlokalen und teuren Restaurants" zwischen Triest, Pola und Brioni gewesen. Schrenck-Notzing fühlte sich für Erzsi verantwortlich, weil er es gewesen war, der Krauss auf ihr Schloss gebracht hatte. Obwohl Erzsi wenig Interesse für die Meinungen anderer aufbrachte, fuhr Schrenck-Notzing mit seinen Verdächtigungen fort: Krauss habe bestimmt einen psychischen Defekt, weil er über so große innere Fähigkeiten verfüge. Er könne Recht und Unrecht nicht unterscheiden. Er wolle ebenso im Luxus leben wie seine wohlhabende „Kundschaft". Er entwende Gegenstände aus den Häusern seiner vermögenden Klienten und gebe diese nicht zurück. Oder er nehme Geld für zu entwickelnde Apparate, die er nie zu bauen gedenke. Mit einem Wort: Er lüge und betrüge ohne Ende. Früher, so habe Schrenck-Notzing herausgefunden, hätte Krauss sein Geld mit Suggestionsbehandlungen, Heilmagnetismus, Detektivarbeit und Hellsehen verdient. Lauter einträgliche Geschäftsfelder in der Zeit nach 1918 …

Die Beratungsresistenz Erzsis verblüffte Schrenck-Notzing. Sie reagierte nicht auf seine Briefe und nahm Krauss weiterhin in Schönau auf. Im November übersiedelte sie in ihr Winterdomizil in die Marxergasse im dritten Wiener Gemeindebezirk. Auch dorthin schrieb ihr Schrenck-Notzing von den (Un-)Taten des Karl Krauss. Aber, so schränkte er ein: „Als Medium ist er natürlich unersetzlich."

Im Dezember 1924 führte Hans Thirring einige Versuche mit Krauss in Wien durch, die auch Erzsi mit ihrer Anwesenheit beehrte. Die Versuche schlugen fehl. Schrenck-Notzing begründete die Misserfolge mit einem „nicht gleich gestimmten Fluidum" zwischen Thirring und Krauss. Er war der Ansicht, es müsse eine gewisse seelische Übereinstimmung zwischen Versuchsleiter und Versuchsobjekt vorhanden sein. Bei Erzsi und Krauss sei dies der Fall, bei Thirring und Krauss allerdings nicht. Physiker Thirring sah es prosaischer: Er hielt Krauss schlicht und einfach für einen Schwindler.

Vielleicht kamen Erzsi doch irgendwann Zweifel. Auf jeden Fall arbeitete sie in den Jahren 1925 und 1926 hauptsächlich mit Rudi Schneider und erzielte einige Erfolge. Schrenck-Notzing war von Anfang an der Ansicht gewesen, dass das Schloss Schönau zusammen mit der psychischen Kondition seiner Besitzerin paranormale Phänomene begünstige. Und tatsächlich sollten diese bald nicht mehr zu kontrollieren sein.

Poltergeist – eine beunruhigende Küchenmagd

Der Anfang vom Ende des guten Lebens in Schönau begann 1925. Da hatte der ausgezeichnete Netzwerker Schrenck-Notzing von einem in Güssing (Burgenland) ansässigen Telepathen erfahren, dass sich in einem Bauernhaus bei Langzeil nahe Güssing telekinetische Vorgänge ereigneten. Die ganze Umgebung sei in Aufruhr, da ein Baby aus seiner Wiege auf die Straße geschleudert worden sei. Das Kind habe zum Glück keine

Verletzungen erlitten, doch sei die Polizei bereits verständigt worden. Wie aus zahllosen Filmen (beispielsweise „Ringu“, 1998; das Harry-Potter-Sequel „Phantastische Tierwesen und wo sie zu finden sind“, 2016; „Hereditary“, 2018) bekannt, wurde ein Teenager als Urheberin der unerklärlichen Vorgänge ausgeforscht: Die 14-jährige Wilma (in den Quellen auch: Vilma) Molnar. Sie sei in dem bewussten Bauernhaus als Dienstmagd in Stellung, ihre Eltern lebten in Ungarn. Das Burgenland wurde erst 1921 als jüngstes Bundesland der Republik Österreich angegliedert.

Wilma war des Deutschen nicht mächtig, aber Schrenck-Notzing wusste, dass Erzsi sehr gut Ungarisch konnte. Er schlug vor, sie möge sich doch in ihr Auto setzen, ins Burgenland fahren und Wilma unter einem Vorwand nach Schönau holen. Dann könne sie das Mädchen in ihre Dienste nehmen und beobachten. Erzsi folgte dem Ratschlag, fuhr mit ihrem Chauffeur zu dem Güssinger Telepathen und fragte ihn aus. Nachdem sie der Ansicht war, alles Wissenswerte über Wilma erfahren zu haben, besuchte sie das Mädchen und sprach Wilma auf Ungarisch an. Diese fasste rasch Vertrauen zu der fremden Dame und kam gerne mit. Um die „Entführung“ etwas erträglicher zu gestalten, wurde auch Wilmas Bruder mit nach Schönau genommen. Die ungewöhnliche Reisegesellschaft trat die Rückfahrt zum Schloss an und die beiden Jugendlichen erhielten Quartier in den Dienstbotenkammern. Am nächsten Tag wies man ihnen einfache Arbeiten in Haus und Küche zu. Schrenck-Notzing wurde von dem Zuwachs an Domestiken in Kenntnis gesetzt und war begeistert von seiner neuen Mitarbeiterin im Schloss. Er instruierte Erzsi genauestens, wie sie es mit Wilma angehen solle. Sie müsse Tagebuch führen und alles notieren, was mit Wilma zu tun habe: wie sie sich verhalte, welchen Eindruck Erzsi von ihr habe, wann die Phänomene aufträten, wann Wilma ihre Regel habe. Außerdem seien immer zu berücksichtigen: die jeweilige Mondphase, Tageszeit und Beleuchtungsverhältnisse, Standort des Mädchens. Weiters solle Erzsi sich fragen: Kann Wilma das Phänomen selbst hervorrufen? Wo tritt das Phänomen auf? Und natürlich müsse sie die schriftlichen Zeugenaussagen der Anwesenden aufnehmen. Wilma müsse auch im Schlaf überwacht werden, um etwaige Spontanaktionen nicht zu versäumen. Ob sie im Schlaf spreche?

Im Garten des Schlosses Schönau, 2019

Aufstehe? Herumgehe? Überhaupt, ob sie somnambule Zustände zeige? Und dann das Entscheidende: Ob sie durch ihren Willen imstande sei, mehr oder weniger weit entfernte Gegenstände zu bewegen, ob sich hierbei ein Spalt-Ich („Doppelgänger“, Astralleib) zeige, der automatisch schreiben kann, ob sie in Trance falle.

Beim Auftreten von Phänomenen solle man auch Hans Thirring und Michael Dumba beiziehen. Dumba, ein Nachfahre der einflussreichen Ringstraßenfamilie Dumba, war der neue Gönner von Karl Krauss. Auch er bewegte sich in jenen Zirkeln von Ex-Adeligen, die sich mit dem Spiritismus im weitesten Sinn beschäftigten.

Offenbar geschahen bald seltsame Dinge im Küchenreich von Schloss Schönau, denn wenig später bezeichnete Schrenck-Notzing die junge Wilma als Spukmedium. Aus seinem Antwortbrief an Erzsi geht hervor, dass sie bereits von Problemen mit der burgenländischen Küchenmagd berichtet haben muss: „Wenn man die Sache sich selbst überläßt, so geht sie natürlich weiter. Man muß versuchen, sie zu beherrschen, sich den Unfug energisch verbitten.“ Er ging davon aus, dass diverse Spaltpersönlichkeiten Wilmas für den „Unfug“ verantwortlich seien. Man solle zwei Sitzungen wöchentlich mit ihr abhalten, damit sich ihre zurückgehaltenen psychischen Kräfte dort austoben können. Als last resort empfahl der „Geisterbaron“, Wilma „zu Wagner-Jauregg in die Klinik zu geben, damit die Herren endlich einmal durch die ‚schlagende‘ Wirkung der fliegenden Gegenstände von der Realität dieser Vorgänge überzeugt werden. Das wäre die beste Lösung.“ Bis heute befassen sich Forscher mit der „Psychokinese“ („PK“), also mit der Fähigkeit, Gegenstände zu bewegen, ohne sie zu berühren.

Nicht zuletzt führte der Filmklassiker „Poltergeist“ (1982) vor, dass es oft (heranwachsende) Mädchen sind, die durch ihre psychischen Veranlagungen paranormale Aktivitäten auslösen können. Bei diesen „Spukerscheinungen“ entstehen aus unerfindlichen Gründen Lärm und Bewegung. Geschirr segelt durch die Luft und zersplittert. Alle Gegenstände, die durch Poltergeister bewegt werden, bekommen ein unkontrollierbares Eigenleben. Sie schaffen es durch Türen und Fenster, auch durch solche, die kleiner sind als sie selbst. Ebenso ist es möglich, dass Dinge urplötzlich mitten in der Luft erscheinen. Phänomene dieser Art sollen weltweit verbreitet sein. Angesehene Wissenschaftler wie der Freud-Schüler C. G. Jung schilderten Fälle, in denen sie selbst Zeugen derartiger Vorkommnisse geworden sind: Es ging um Gegenstände, die sich ohne wahrnehmbare äußere Krafteinwirkung im Raum herumbewegten.

Der Ausdruck „Poltergeist“ ist jedoch irreführend, denn es handelt sich mitnichten um einen Geist. Eher könnte man den Poltergeist als eine unsichtbare Kraft beschreiben, die Dinge bewegt, Türen knallen lässt, kinetische Lärmbelästigung verschiedenster Art hervorruft. Um in Aktion treten zu können, scheint der Poltergeist die Gesellschaft (weiblicher) Kinder oder pubertierender Jugendlicher im Alter zwischen zwölf und 16 Jahren zu benötigen. Der Poltergeist gilt als unzerstörbarer Garant für Chaos und gelangt im Allgemeinen zusammen mit dem ihn aktivierenden Jugendlichen in ein Gebäude. Und so nahm ein ziemlich umtriebiger Poltergeist das Schloss Schönau in Besitz.

Erzsi schaffte es nicht, die Kräfte, die offenbar von Wilma Molnar ausgingen, in den Griff zu bekommen. Sie war zwar im Lauf der Jahre geistig geschult worden und hatte Kenntnisse auf den Gebieten der Psychologie und Parapsychologie erworben, die für einen Laien alles andere als selbstverständlich waren. Doch wurde sie von den Ereignissen rund um das ungeschulte Medium Wilma Molnar überrollt. Es muss zu heftigen Phänomenen gekommen sein, zu unbekannten Energien, deren Entwicklung und Konsequenz Erzsi in Schrecken versetzten. Von den Sitzungen mit Hans Thirring kannte Erzsi den sozialdemokratischen Mathematiker Hans Hahn, ein Mitglied des „Wiener Kreises“ rund um den Philosophen und Physiker Moritz Schlick. Sie wandte sich an Hahn mit der Bitte, sich um Wilma zu kümmern und das Mädchen unter wissenschaftlicher Kontrolle zu beobachten. Diese Veränderung ihres Alltags stieß bei Wilma auf immensen Widerstand. Sie hatte keine Lust, in Käfigen zu sitzen, an elektrische Kabel angeschlossen zu sein und fremden Männern als Versuchsobjekt zur Verfügung zu stehen. Erzsi zeigte Verständnis und holte Wilma zu sich in ihre Wiener Wohnung. Doch die Phänomene gingen weiter. Das Eisenbett, in dem Wilma schlafen sollte, fiel zweimal um, sodass sie darunter begraben wurde. Das Mädchen zitterte und weinte. Jedoch war das Bett sehr schwer, sodass Erzsi allein es kaum manövrieren konnte. Sie war mit der Situation überfordert und wusste nicht, wie sie mit Wilma weiter umgehen sollte.

Kaum war man wieder in Schönau, machten die Poltergeister mit unerwartet auftretenden Geräuschen, deren Herkunft nicht geklärt werden konnte, auf sich aufmerksam. Erzsi hatte den Eindruck, dass zu jeder Tages- und Nachtzeit etwas Unvorhergesehenes geschehen konnte. Sie wurde immer nervöser.

Im Jahr 1927 erkrankte Albert von Schrenck-Notzing. Er reiste aber trotzdem zum Kongress der Parapsychologen nach Paris, wovon er Erzsi in Kenntnis setzte. Unterdessen litten Eigentümerin und Angestellte unter der sich immer mehr verschärfenden, grimmigen Atmosphäre in Schönau. Einst war das Schloss geprägt von Blumenduft, Heiterkeit, luxuriöser Sommerunterhaltung. Doch nun regierten kaum mehr unterdrückbare Angstgefühle. Es ereigneten sich die merkwürdigsten Dinge, deren mysteriöse Ursachen alle Bewohner fürchteten. Erzsi riss sich zusammen und erwartete dies auch von allen anderen im Schloss. Für die Herrin war Wilma noch immer in erster Linie ein einzigartiger „Fall“ und sie wollte ihre „Forschungen“ mit dem Mädchen weiterführen. Dass dies ein normales Leben auf dem Anwesen unmöglich machte, war ihr wieder einmal egal.

Einen Vorfall in der Schlossküche schilderte Franzi folgendermaßen: Lautes Geschrei ertönte im Haus, Wilma stand in der Küchentür und schlug die Hände vors Gesicht. Sie wollte nicht sehen, wie die Kartoffeln über den Kachelboden der Küche hüpften. Angeblich waren die Knollen von allein aus dem Korb gesprungen. An einem anderen Tag eilte Erzsi wegen bizarrer Dissonanzen, die sie bis in ihre entlegenen Zimmer wahrnahm, hinunter in die Küche. Wilma umklammerte mit jeder Hand verzweifelt einen Pfannenstiel und versuchte, die Pfannen auf dem Herd zu halten. Gleichzeitig hatten sich zwei Töpfe von der Wand gelöst und flogen in einer Höhe von zwei Metern durch die Luft. Erzsi tat ihr Bestes, um Wilma auf Ungarisch zu beruhigen, und führte sie aus der Küche. Da dies der „Hauptwirkungsbereich“ Wilmas war, manifestierten sich die Klopfgeister dort am stärksten. Anders gesagt: Das von Wilma abstrahlende Energiefeld schien in diesen Räumlichkeiten seine höchste Konzentration zu erreichen.

Hatte Erzsi anderweitig zu tun, lag die Überwachung der Küchenmagd in Franzis Verantwortung. Eines Tages wurde er dringend in die Küche gerufen. Wieder einmal war es so weit. Teller, Messer, Gabeln und Löffel flogen aus geschlossenen Schubladen, bewegten sich in allen Richtungen durch die Luft. Schließlich richteten sich die Messer gegen Wilma. Doch bevor sie das Mädchen erreichten, fielen sie mit lautem Geklapper zu Boden. Die Messer jagten Wilma die größte Angst ein. Das „Herbeibringen", dessen Wilma unter anderem fähig war und das sie nie zu steuern gelernt hatte, konnte ebenfalls gefährlich werden. Gabeln „verfolgten" das Mädchen aus der Küche in seine Schlafkammer und fielen neben dem Bett nieder.

Dieses ziemlich seltene Phänomen drückt sich dadurch aus, dass Dinge das Medium „finden". Sachen sind also plötzlich dort, wo man selbst ist, obwohl sich die Gegenstände vorher noch an ihrem Platz befunden haben. Der „herbeigebrachte" Gegenstand kann geschlossene Türen oder Mauern durchdringen und kommt auf seiner „Reise" nicht zu Schaden. Lediglich wird er sehr heiß, was manche Telekinese-Forscher als typisch für die Dematerialisation und die danach wieder notwendige Materialisation ansehen.

Auf Wunsch seiner Mutter war Franzi also stark in die Beobachtung der Küchenhilfe Wilma Molnar involviert. Gelegentlich stellte er fest, dass sich auf seinem Schreibtisch das Tintenfass verschob, wenn Wilma in der Nähe war. Später erzählte er seiner Frau Ghislaine, dass einmal eine Hacke durch das offene Küchenfenster hereingeflogen und mit einem „Bombengetöse", so Franzi, auf den Boden niedergekracht sei.

Gelegentlich wurde Wilma für kleine Besorgungen in den Ort geschickt, doch nach den ersten seltsamen Ereignissen durfte sie das Schloss nur noch in Begleitung verlassen. Als sie am Schaufenster eines Schuhgeschäfts vorüberging, flog ein Schuh auf den Gehsteig, als wäre er geworfen worden. Bei einem Messerschmied wurde ein Messer von ihr angezogen und fiel neben ihr nieder. Das Medium Wilma Molnar wurde schließlich so bekannt, dass es im „Lexikon der Parapsychologie und ihrer Grenzgebiete" (Werner F. Bonin, 1984) einen Eintrag erhielt.

Noch 1928 war Schrenck-Notzing der Ansicht gewesen, dass die verständnisvolle Behandlung, die Erzsi dem Mädchen angedeihen ließ, die von Wilma ausgehenden Phänomene begünstige. Allerdings litt Erzsi in diesem Jahr unter schweren gesundheitlichen Komplikationen, es gab Tage, da konnte sie kaum aufstehen. Sie hatte viel Willensstärke bewiesen, gelangte aber zunehmend zu der Erkenntnis, dass es selbst einer

Wasserfälle bei der Grotte des Schlossparks Schönau, um 1800

widerstandsfähigen Person wie ihr nicht gelingen mochte, aus Wilma ein „normales Mädchen" zu machen. Was Erzsi nun tat, bringt recht gut zum Ausdruck, dass weder die parapsychologische und „magische" Schulung durch Schrenck-Notzing noch die ihr seit etwa einem Jahrzehnt zuteilwerdende sozialdemokratische Bildung durch ihren Lebensgefährten Leopold Petznek ihre Persönlichkeit maßgeblich verändern konnten. Sie war einmal eine Erzherzogin an einem streng katholischen Hof gewesen. Und nun übergab sie die bedauernswerte Wilma in die Obhut der Kirche. Möglicherweise suchte sie Rat bei Viktor Kolb, einem Angehörigen des Jesuitenordens, zu dem sie eine Freundschaft pflegte. Das ungleiche Paar traf sich regelmäßig zur Diskussion theologischer Fragen. Kolb engagierte sich im Bereich der christlich-sozialen Presse und war sozialreformerisch tätig, seine Gesprächspartnerin, die eingeschriebene Sozialdemokratin, las die „Arbeiter-Zeitung" und gewährte „Magiern" und „Zauberern" Obdach. Kolb hatte immer wieder versucht, Erzsi aus den Klauen der „Satanisten", wie er die Parapsychologen und „Medien" nannte, zu befreien. Seher, Astrologen und andere Leute, die Kontakt zu Toten und dem Jenseits suchten, gehörten für ihn nicht zum Umgang einer guten Katholikin. Er schenkte ihr regelmäßig seine eigenen Werke sowie ein Buch mit dem Titel „Gebote der Tugend". Es ist nicht davon auszugehen, dass Erzsi diese gut gemeinte Gabe gründlich studierte. Vergeblich redete Kolb ihr zu, die gefährlichen und antichristlichen Versuche im Bereich der Schwarzen Magie zu unterlassen.

Obwohl sie bestimmt nicht alle Anregungen des Paters Kolb ernsthaft in Erwägung zog, griff Erzsi in ihrer Verzweiflung auf ihren Kinderglauben zurück. Sie hoffte, die „Segnungen der Religion" würden sich positiv auf Wilmas unausgeglichenes Seelenleben auswirken. Die psychischen Kräfte eines Mediums haben mit Religion nichts zu tun, doch Erzsi reagierte, als lebe sie in der frühen Neuzeit zur Zeit des „Hexenhammers" und nicht in der aufgeklärten Welt des 20. Jahrhunderts. Wilma wurde von den Jesuiten zu einer Wallfahrt nach Mariazell gezwungen und einem Exorzismus unterzogen. Dass ein Fall wie der des Mädchens Wilma Molnar eine medizinische Angelegenheit und nicht die Sache kirchlicher Satanologen sein kann, hätte Erzsi wissen müssen. Fast alle „Sensitiven", also für „außersinnliche" Phänomene empfängliche Menschen, sind psychisch beeinträchtigt, nicht selten schizophren und/oder gewalttätig und sollten von medizinischen Fachleuten behandelt werden. Erzsis Schwiegertochter schreibt in ihren Erinnerungen, die Ex-Erzherzogin hätte sich wiederholt nach dem Befinden ihrer einstigen Dienstmagd erkundigt. Man habe ihr stets versichert, Wilma sei „fröhlich und vergnügt". Ob sich Erzsi selbst davon überzeugt hat, berichtet Ghislaine Windisch-Graetz nicht. Tatsächlich können mediale Kräfte, die jemand zu einer gewissen Zeit seines Lebens besitzt, ihre Wirkung verlieren. Es sind Fähigkeiten, die durchaus flüchtig sein können.

Ein „Geisterhaus"

Obwohl Wilma Molnar aus dem Umfeld von Schönau abgezogen worden war, manifestierte sich ihre Energie weiterhin in den Räumen des Schlosses. Alle Dienstboten waren sich einig, dass das Gebäude „verwunschen" sei. Eine Glocke läutete von Zeit zu Zeit im Turm, ohne dass sich jemand dort aufgehalten hatte. Erzsi war sich sicher, das Läuten erinnere an die Toten. Im Salon rutschten und tanzten die Möbel auf ihren Rollen herum. Am Morgen herrschte ein Riesendurcheinander, obwohl kein Mensch im Salon gewesen war. Die elektrischen Lichter erloschen unmotiviert und gingen wieder an – was man vom Schlosspark aus am besten beobachten konnte. Erzsi ließ mehrere Male Elektriker kommen, um die Stromkreise und Geräte zu überprüfen, doch es wurde nie ein Defekt gefunden. Das Schloss gehöre ihr nicht mehr, klagte Erzsi, die Geister hätten es ihr gestohlen. Sie verkaufte das Haus 1928 und zog vorerst fix in die Stadtwohnung im dritten Bezirk. Der letzte erhaltene Brief Schrenck-Notzings an Erzsi datiert vom November 1928 und ist an die Wiener Adresse gerichtet. Die Schlossherrin hatte Schönau endgültig verlassen. Im folgenden Jahr, 1929, starb Albert Freiherr von Schrenck-Notzing.

Der „Geisterbaron" hatte Erzsi in seinen Bann ziehen und ihr unerwartete Einsichten verschaffen können. Eine aufregende, spannungsgeladene, abenteuerliche Lebensphase ging zu Ende.

Der Kronprinz und die Spiritisten

Einst war es der Politiker und Philosoph Lazar Baron von Hellenbach gewesen, der mit seinen Ideen über die Beschaffenheit der Seele den jungen Mediziner Albert von Schrenck-Notzing nachhaltig beeindruckt hatte. Hellenbach gehörte zu den bekanntesten Spiritisten und sogar Erzsis Vater Kronprinz Rudolf war Gast im Haus Hellenbachs gewesen. Andere Habsburger wie die Erzherzöge Rainer und Johann Salvator, der spätere „Aussteiger" Johann Orth, folgten ebenso den Einladungen des Barons. Im „Neuen Wiener Tagblatt" hatten der Chefredakteur Moritz Szeps und Rudolf (anonym) gemeinsam über Séancen bei Hellenbach berichtet. Dem kritischen Kronprinzen, der mehreren Darbietungen mit dem damals sehr berühmten Medium Harry Bastian beiwohnte, kamen die „Geister" immer unglaubwürdiger vor. Am 21. Februar 1884 erschien die Zeitschrift „Das interessante Blatt" mit dem Aufmacher, dass Rudolf das Medium als Betrüger entlarvt habe. Die Illustration zeigte, wie Bastian von Rudolf und Johann Salvator hinter einem Vorhang hervorgezogen wird. Von den beiden Habsburgern war eine „Geisterfalle" konstruiert worden, indem sie die Flügeltür zwischen dem Publikum und dem Raum des Mediums mit einem Schnappmechanismus verschlossen hatten. Dadurch konnte das Medium beim Versuch, einen „Geist" darzustellen, gefangen werden. Erzherzog Rainer, links vorne sitzend auf dem Zeitungsholzstich zu sehen, blickt als Zeuge des Geschehens verdutzt auf die Entlarvungsszene.

Kaiserin Elisabeth wurde von dieser Glanzleistung ihres Sohnes bestimmt in Kenntnis gesetzt, doch blieb sie davon unberührt. Sie glaubte, ihr totes Idol Heinrich Heine diktiere ihr aus dem Jenseits ihre Gedichte, und zwei Jahre nach der Enttarnung des Mediums Bastian hoffte sie auf spiritistische Verbindung mit ihrem ertrunkenen Großcousin Ludwig II. von Bayern. Hätte sie zu seinen Lebzeiten öfter den Austausch mit Rudolf gesucht, wäre es vielleicht nicht notwendig geworden, nach seinem Selbstmord in der Kapuzinergruft verzweifelt nach ihm zu rufen.

So gesehen wurden die spiritistischen Familientraditionen von Erzsi erfolgreich fortgeführt. Nach Schrenck-Notzings Tod sollte sie jedoch nie wieder über ihre diesbezüglichen Erfahrungen sprechen.

II
Das Schweigen

Eine kaiserliche Kindheit

„Ich bin von Anfang an ein Irrtum des Schicksals."

In einer Anwaltskanzlei im zweiten Wiener Gemeindebezirk tauchte 1988 das Testament von Erzsis Mutter Stephanie von Belgien (gestorben 1945) auf. Der Inhalt der maschingeschriebenen Abschrift war durchaus brisant, enthielt diese doch Bestimmungen, wonach Stephanie ihr einziges, offenbar in ihren Augen missratenes Kind enterbte: „Ich ordne an und erkläre, daß ich meine Tochter Elisabeth Marie, Erzherzogin von Österreich, enterbe und von meinem Nachlaß gänzlich ausschließe." Der wertvolle Schmuck und zahlreiche Pelze aus Stephanies Besitz, meist noch habsburgischer Herkunft, gingen an ihre drei überlebenden Enkelkinder Franzi, Erni und Fee über; ein vierter Enkel, Rudi, war bereits 1939 tödlich verunglückt.

Allein zur Geburt der kleinen Erzherzogin Erzsi hatte Stephanie im Jahr 1883 Smaragdschmuck im Wert von 40.000 Gulden (etwa 400.000 Euro) von Kaiser Franz Joseph erhalten. Sie hatte nichts zurückgeben müssen, weder nach Rudolfs Tod noch nach ihrer zweiten Eheschließung im März 1900. In solchen Fragen ließ Franz Joseph immer Großzügigkeit walten, sodass Stephanie zeitlebens eine reiche Frau gewesen war. Die Abneigung, die sie ihrer Tochter gegenüber hegte, hatte im Verlauf von Erzsis Pubertät begonnen, sich immer mehr gesteigert und artete nach 1918 schließlich in Hass aus. Doch Erzsi lehnte auch ihre reaktionäre und frömmlerische Mutter ab und alles, wofür

S. 67: Als hätte es sie nie gegeben: Rudolfs letzte Freundin Mary Vetsera, um 1888

Erzsi mit ihrer Mutter Stephanie, um 1890

Porträts der Kronprinzenfamilie, wie sie in hoher Auflage unter das Untertanenvolk gebracht wurden: Oben die kindliche Erzherzogin Erzsi, darunter ihre Mutter, die unglücklich nach Wien verheiratete belgische Prinzessin Stephanie, und der von Selbstmordgedanken und Krankheiten geplagte Vater, Kronprinz Rudolf.

diese stand. Ein Meilenstein der gegenseitigen Abneigung war Stephanies zweite Heirat mit einem ungarischen Grafen gewesen, den die damals 16-jährige Erzsi nicht ausstehen konnte. Die grenzenlose Verehrung ihres toten Vaters hatte zu diesem Zeitpunkt bereits eingesetzt und Erzsi wollte nicht akzeptieren, dass es nun einen Stiefvater in ihrem Leben geben sollte. Später weigerte sich die bigotte Stephanie, ihre unglücklich verehelichte Tochter Erzsi in ihrem Scheidungswunsch von ihrem Mann Otto zu Windisch-Graetz zu unterstützen. Grundsätzlich lehnte die Ex-Kronprinzessin Scheidungen vollkommen ab und gab Erzsi die alleinige Schuld an der gescheiterten Ehe. Als sie in den 1920er-Jahren erfuhr, dass Erzsi mit den Sozialdemokraten sympathisiere und der SDAP hohe Summen an Geldspenden zukommen lasse, wollte sie ihre Tochter nicht mehr sehen. Noch dazu wusste sie bestimmt, dass Erzsi Liebhaber gehabt hatte und mit einem sozialdemokratischen Funktionär ohne Trauschein zusammenlebte.

Die Kronprinzessin-Witwe war eine Frau, die in ihrer ersten Ehe vielfach betrogen worden war. Den ihrer Ansicht nach frivolen Lebensstil der Tochter konnte sie daher auf keinen Fall akzeptieren, nicht zuletzt verwand sie es nie, dass der untreue Kronprinz Rudolf sie mit einer venerischen Krankheit angesteckt hatte, sodass sie nach Erzsi keine Kinder mehr bekommen konnte. Doch dem ehelichen Unglück zum Trotz hatte Rudolf seiner Frau, im Gegensatz etwa zu seinem Vater, immerhin einen Abschiedsbrief hinterlassen:

„Liebe Stephanie!“, stand da, „Du bist von meiner Gegenwart und Plage befreit; werde glücklich auf Deine Art. Sei gut für die arme Kleine, die das einzige ist, was von mir übrig bleibt. (…) Dich herzlichst umarmend, Dein Dich liebender Rudolf.“

Der kurze Weg zum langen Abschied

Nun standen die „liebe Stephanie“ und die „arme Kleine“ vor ihrem wahrscheinlich schwersten Gang. Mutter und Tochter mussten Abschied nehmen von Ehemann und Vater. Vor der tumultartigen öffentlichen Aufbahrung des Kronprinzen in der Hofburgkapelle, als 20.000 Menschen die Leiche sehen wollten, hatte es bereits zwei „interne“ Aufbahrungen gegeben. Zu seinen Lebzeiten war der junge Revoluzzer Rudolf eine

Marionette der Staatspolitik gewesen. Ein Mann ohne Handlungsspielraum, von jeder Entscheidungsbefugnis ferngehalten. Nun, da er tot war, zeigte er sich als viel gehorsameres Objekt. Für die engsten Familienangehörigen war er am 31. Jänner 1889 in seinem Schlafzimmer in der Hofburg zu sehen. Erzsi wurde ein letzter, kurzer Blick auf den verstorbenen Vater erlaubt. Blumen bedeckten seinen Körper, der zerschossene Kopf war mit weißen Leinenbinden einbandagiert.

Am 1. Februar, nach der Autopsie, hatten die Ärzte ein kleines Wunder vollbracht. Die Schädelzertrümmerung war mit Wachs versiegelt worden, das Haar wurde darübergekämmt, so gut wie möglich. Man sah nichts als eine schmale Narbe. Der Tote war einbalsamiert und mit Weihrauch parfümiert worden und lag nun im Sterbezimmer des Kaisers Franz II./I. Heute gehen dort die Beamten des Bundesdenkmalamts ihrem Tagewerk nach. Rudolf trug seine weiße Generalsuniform. Das Elfenbeinkruzifix, das er in den Händen hielt, erbte später Erzsi. Ihr, der von Geburt an eine Hoftrauer zugestanden wäre und deren Sarg schließlich kaum 20 Leute folgen sollten, wurde auf ihrem Totenbett ebenfalls dieses Kreuz in die Hand gegeben. Zwei Tage war ihr Vater hier ausgestellt, der Blumenduft und der Kerzenschein verbreiteten eine unirdische Atmosphäre. Mitglieder des Kaiserhofs kamen zum Gebet, Priester waren Tag und Nacht anwesend. Immer mehr Trauerkränze wurden gebracht – von Hunderten Kaisern, Königen, Präsidenten, Potentaten, geistlichen Würdenträgern. Tausende Städte, Landkreise, Vereinigungen schickten ihre letzten Grüße, auch der Presseclub Concordia war vertreten mit der schlichten Kranzschleife: „Dem Schriftsteller Kronprinz Rudolf". Es war vielleicht der einzige Kranz, der dem Verstorbenen wirklich Trost gespendet hätte …

Erzsi wurde von dieser Hofverabschiedung ferngehalten. Schon zu seinen Lebzeiten hatte sie ihren Vater nicht wirklich häufig zu Gesicht bekommen. Doch nun registrierte sie, wie sich alles um sie herum veränderte. An den Farben bemerkte sie es zuerst. Die Gouvernanten und Kindermädchen trugen Trauer, die Bediensteten schwarze Livreen. Gedämpfte Stimmen, überall traurige, verschlossene Gesichter.

Zusammen mit ihrer Lehrerin war Erzsi in die Lektüre eines ungarischen und eines französischen Buches vertieft gewesen, als ihre Mutter

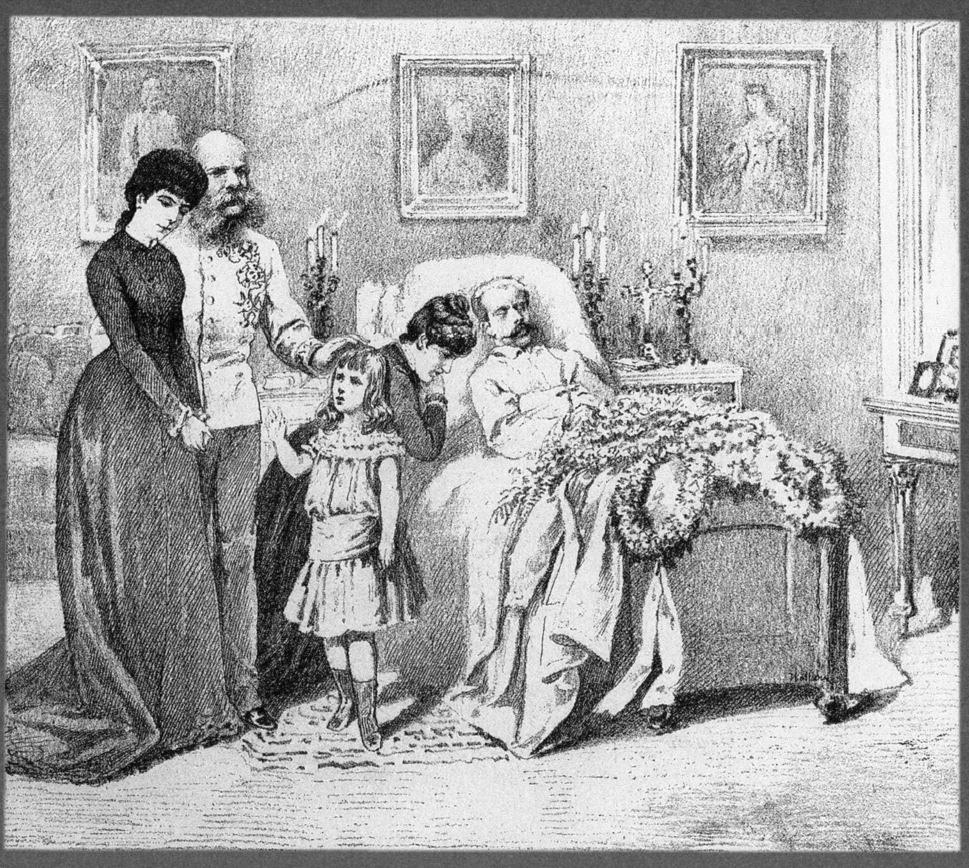

Fantasievolle Darstellung der Aufbahrung des Kronprinzen mit seinen Eltern, der Witwe und Tochter Erzsi

Erzsis Eltern Rudolf und Stephanie bei einer Winterausfahrt, um 1882

schwankend das Zimmer betreten und leicht verwirrt etwas von einem Jagdunfall des Vaters gestammelt hatte. Mit aller Kraft hatte sie das Wort „tot“ zu vermeiden versucht. Erzsi bekam ein weißes Kleid mit einfacher Stickerei, ein farbiges Band war schon entfernt worden. Ihre Mutter nahm sie an der Hand und ging mit dem verstörten Mädchen durch die endlosen Reihen schwarzer Gestalten, bis Rudolfs Schlafzimmer erreicht war. Beide sahen das erste Mal in ihrem Leben eine Leiche. Erzsi erblickte den Vater bleich in seinem Bett liegend, der seltsame Kopfverband irritierte sie. Der Verstorbene musste auf die Fünfjährige angsteinflößend und bedrohlich gewirkt haben. Die ununterbrochen weinende Stephanie legte einen kleinen Maiglöckchenkranz nieder, als die Großeltern Elisabeth und Franz Joseph den Raum betraten. Der tote Papa werde im Himmel für sie beten, sagten die Verwandten zu Erzsi. Das Kind stand da, voller Angst und voller Fragen. Antworten sollte es keine geben. Stephanie brachte Erzsi rasch zurück ins Kinderzimmer. Die Kleine hatte den Vater nicht mehr gesehen, bevor er nach Mayerling aufgebrochen war. Er wollte sich noch verabschieden, aber die Kinderfrau hatte ihn nicht vorgelassen, da Erzsi „auf dem Thron sitze“ – wie der Toilettengang der Erzherzogin genannt wurde. So war er zwar mit einem ärgerlichen „zu dumm“ abgerauscht, warten hatte er aber nicht wollen.

Erzsi wurde ab sofort von allem, was sich in ihrer Umgebung ereignete, egal ob am Hof oder außerhalb, abgeschirmt und ausgeschlossen. Sie wuchs in einer Art „Luxus-Isolationshaft“ auf. Von ihrem Vater sah und hörte sie nichts mehr. Man sprach nie wieder von ihm, nicht in ihrer Gegenwart und auch sonst nur hinter verschlossenen Türen. Der Tod des Kronprinzen war ein in der gesamten Monarchie tabuisiertes Thema, da Franz Joseph verfügt hatte, dass der Name seines Sohnes nicht mehr erwähnt werden dürfe. Von der Existenz einer zweiten Leiche und dass Rudolf nicht allein gestorben war, wussten nur Leser ausländischer Zeitungen. Erst 1918, als der Erste Weltkrieg verloren war und die alte Ordnung aufgehört hatte zu existieren, wurde der Name Mary Vetsera offiziell in Österreich bekannt.

Auch das einzige Kind des Kronprinzen wurde über die wahren Umstände nicht informiert. Ein undurchdringliches, für die Kleine wohl ohrenbetäubendes Schweigen begann ihr Aufwachsen am Hof zu belasten. Als sie älter wurde, getraute sie sich nicht mehr zu fragen. Mord und Selbstmord, Ereignisse, von denen sie nichts wusste, aber stets etwas ahnte, waren die tiefreichendsten Erlebnisse in Erzsis exklusiver, einsamer Kindheit.

Der neue Vormund

In der Hofburg packte Erzsis Personal die Koffer. Die Mutter hatte beschlossen, die Kleine nach Schönbrunn zu bringen, weg vom toten Vater. Keines ihrer vielen weißen Kleider hatte noch bunte Bänder. Das Mädchen wurde in seinen Zimmern eingeschlossen. Außer mit seinem Spielzeug und Lernpensum sollte es sich mit nichts beschäftigen dürfen. Indessen hörte Stephanie nicht auf zu weinen. Sie weinte hauptsächlich um ihre verlorene Stellung, denn die grandiose Aussicht, einmal Kaiserin von Österreich zu werden, war mit ihrem Mann gestorben. Und auch die Tochter hatte man ihr genommen. Wie sich nur allzu bald herausstellte, hatte Rudolf in seinem Testament vom März 1887 seinen Vater Franz Joseph gebeten, seinen letzten Willen nicht nur zu vollstrecken, sondern „auch die Vormundschaft über meine Tochter Elisabeth zu übernehmen". Erzsi wurde außerdem zur Universalerbin seines „beweglichen und unbeweglichen Vermögens" bestimmt. Der Witwe Stephanie wurde der lebenslängliche Nutzgenuss an Rudolfs Gütern eingeräumt, sollte sie sich jedoch wiederverheiraten, werde der Nutzgenuss ebenso auf Erzsi übergehen. Für die Zukunft des Mädchens war somit gesorgt. Erzsi war bereits als kleines Kind eine überaus wohlhabende Person und um sie noch weitergehend finanziell abzusichern, hatte sie zusätzlich zum Erbe des Vaters noch einen Zuschuss vom Großvater und Vormund Franz Joseph in der Höhe von zwei Millionen Gulden erhalten.

Als Rudolf diese für das Leben seiner Tochter weitreichenden testamentarischen Verfügungen traf, war er bereits ein sehr kranker, von Todesgedanken geplagter Mann. Trinkgelage, Drogenräusche, Sexabenteuer und vor allem Selbstmordwünsche beherrschten sein Dasein. Er kündigte wiederholt das Herannahen seines Todes an und fragte wahllos Unbekannte nach deren Jenseitsvorstellungen. Eine regelrechte Selbstmordmanie habe von ihm Besitz ergriffen, sagten enge Freunde später.

Aufmerksam habe er sterbende Lebewesen beobachtet und dies auch begründet: „Man muss mit den letzten Notwendigkeiten des Lebens rechnen." Er versuchte auch, seine Frau an die letzten Dinge heranzuführen, was ihm nicht gelang. Rudolf wusste, dass Stephanie eine strenggläubige Katholikin war. Dass sie einmal einem religiösen Wahn verfallen würde, konnte er nicht vorausahnen, doch wollte er die Möglichkeit, dass Stephanie mit Erzsi Österreich verlassen und die Tochter in einem belgischen Kloster aufwachsen lassen könnte, von vornherein ausschließen. Es war durchaus üblich, „lästige" Witwen an Königshöfen hinter Klostermauern abzuschieben. Überhaupt wollte Rudolf es Stephanie unmöglich machen, mit dem Kind nach Belgien zurückzukehren. Der Vater der Kronprinzessin-Witwe, König Leopold II. von Belgien, hatte jedoch keinerlei Interesse an seiner Tochter gezeigt und sich ihre Rückkehr sogleich nach Rudolfs Tod verbeten. Franz Joseph war ebenso dagegen, er wollte Erzsi nicht auch noch die Mutter nehmen. Seinen Einfluss als Vormund machte er jedoch in allen Belangen geltend. Stephanie ließ er sehr wohl merken, dass sie aufgrund des Testaments des Kronprinzen mehr oder weniger entmündigt war. Sie hatte jedenfalls nichts zu bestimmen und je älter ihre Tochter wurde, desto mehr wandte sie sich innerlich von ihr ab. Von ihrer Erscheinung und ihrem Charakter her wuchs Erzsi zum Ebenbild ihres Vaters heran und für Stephanie war es, als sähe sie der tote Rudolf in Gestalt der Tochter an.

Fünf Minuten für ein Leben

Der Ehe des Kronprinzenpaares war von allem Anfang an kein Glück beschieden gewesen. Fünf Minuten hatten gereicht, um mehrere Leben zu zerstören. Im Brüsseler Schloss Laeken, in dem Stephanie aufgewachsen war, wurden sie und Rudolf im März 1880 für wenige Augenblicke bei offenen Türen allein gelassen, damit der österreichische Thronfolger die Frage aller Fragen stellen konnte. Stephanie war 15 Jahre alt und wusste genau, worum es ging. Sie antwortete daher artig mit Ja. Zuvor hatte Rudolf mit Stephanie über ihre ältere Schwester Louise gesprochen, die er sehr verehre, wie er sagte. Louise lebte als Ehefrau des Prinzen Philipp von Coburg in Wien und dieser Philipp gehörte zu Rudolfs engsten Freunden. Seine Frau ebenso, er hatte sie längst erobern können. Später wird Louise von Coburg in viele Skandale verwickelt sein, sie kam in die Psychiatrie und wurde sogar entmündigt. Doch vorläufig war das noch Zukunftsmusik. Nach etwa fünf Minuten kehrten Stephanie und Rudolf als Paar zu Leopold II. und dessen Frau Marie Henriette zurück und erbaten den Verlobungssegen. Sie erhielten ihn und durften sich fortan duzen.

Die ungarische Gräfin Marie Festetics, eine Hofdame der Kaiserin Elisabeth, meinte später, der gerissene Brautvater Leopold II. habe den Kronprinzen „eingefangen". Doch vielleicht hatte Rudolf einfach nur genug von den Brautfahrten, die ihm sein Vater aufoktroyierte. Franz Joseph wusste von den zahlreichen Techtelmechteln des Kronprinzen, wohl auch, dass er in Prag ein jüdisches Mädchen über Gebühr häufig traf, und beschloss daher, er sei reif für den Hafen der Ehe. Vor der Reise nach Brüssel, die als kurzer Stopp einer Besuchsfahrt zu Rudolfs Mutter Elisabeth nach Irland, wo Sisi Reitferien machte, getarnt war, hatte Rudolf schon mehrere Prinzessinnen in Spanien, Portugal und Sachsen in Augenschein nehmen müssen. Sie hatten sich allesamt als taube Nüsse erwiesen. Der österreichische Botschafter in Brüssel, Graf Chotek – der Vater der zukünftigen Ehefrau des zukünftigen Thronfolgers Franz Ferdinand, Sophie von Hohenberg („Sopherl") –, hatte daraufhin beim König der Belgier vorgefühlt, was dieser zu einer Ehe seiner zweiten Tochter mit dem Erzherzog Rudolf sagen würde. Wie nicht anders zu erwarten war Leopold, Herrscher einer jungen, konstitutionellen Monarchie mit enden wollenden persönlichen Machtbefugnissen im eigenen Land, hocherfreut über die großartige Aussicht, dass „allerhöchstdieselben Majestäten" des mächtigen Riesenreiches Österreich-Ungarn „den Blick auf meine Tochter" zu werfen gedachten. Was nicht ganz stimmte, denn Ihre Majestät die Kaiserin gedachte dies keineswegs, was aber nichts nützte. Eine unerwachsene, weißblonde Riesin für ihren flatterhaften, nervösen Sohn, der bisher nur Gefallen am damals modernen „orientalischen" Frauentyp der kleinen Dunkelhaarigen, oft Älteren, gefunden hatte? Dies konnte nur zu einer Katastrophe führen. Doch Elisabeth hätte die Hochzeit nicht verhindern können. Stephanie war jung, katholisch und standesgemäß, und das war in den Augen Seiner Majestät des Kaisers schon die halbe Miete. Dennoch hatten wohl sogar die belgischen Majestäten nicht mit

Franz Joseph, Leopold II., Elisabeth und Marie Henriette mit dem Brautpaar Stephanie und Rudolf, 1881

einer so raschen „Erledigung“ dieses arrangierten Treffens gerechnet, denn es dauerte 14 Tage, bis endlich Fotos der neuen Kronprinzessin in Wien eintrudelten. Man war von den Ereignissen offenbar überrumpelt worden. Als Rudolf seine Braut zum ersten Mal sah, trug sie Maiglöckchen im Haar. Graf Chotek zumindest hatte vorgesorgt …

Auf seiner Verlobungsreise nach Brüssel hatte Rudolf zur „Unterhaltung“ die Schauspielerin Mina Pick mitgenommen, eine seiner damaligen Geliebten. Sie wurde in einem Hotel einquartiert, was verständlicherweise geheim bleiben sollte, aber in „gut informierten Kreisen“ rasch die Runde machte. Zumindest Stephanies Eltern bekamen Wind davon, doch Graf Chotek wusste diplomatisch zu kalmieren. Rudolf absolvierte die Verlobung wie eine Geschäftsreise. Er nahm einen Termin wahr, den andere für ihn vereinbart hatten. Wenigstens in den Nächten gedachte er sich zu amüsieren. Wie sich das gehörte, vermittelte er Mina Pick später einen Ehemann, der gut für sie zu sorgen hatte, und als dieser starb, noch einen zweiten. Vom diesem, dem Grafen August von Leiningen-Westerburg, erwarb er im Jahr 1886 den Gutshof in Mayerling.

Als Kaiserin Elisabeth pflichtschuldig aus Irland in Brüssel anreiste, um ihrem Sohn zur Verlobung zu gratulieren, stand sie sofort im Zentrum der Aufmerksamkeit. Das junge Mädchen Stephanie konnte es nicht annähernd mit dem Glamour der Älteren aufnehmen. Entrückt starrte die belgische Hofgesellschaft auf die elegante Erscheinung der österreichischen Monarchin im zobelbesetzten, dunkelblauen Reisekostüm. Sisi wird ihre hochgewachsene hellhaarige Schwiegertochter bald als „gelbes Trampeltier“ und „juwelenbehangenen wandelnden Turm“ verspotten. Die Hofdame Festetics teilte die Bedenken ihrer Dienstgeberin und fand schon in den Tagen der Verlobung, dass der Kronprinz „nicht sehr glücklich“ aussehe und Stephanie „einen ungünstigen Eindruck“ mache. „Sehr lang, mit großen Gliedern“, hielt sie ihre Beobachtung der Braut im Tagebuch fest, „wie ein Albino, kleine schlaue Augen, rot umrandet. Sehr banal (…) der Verstand fehlt vollkommen.“ Die „großen Glieder“ sollte Erzsi erben, sie hatte beachtliche Hände und Füße, der „fehlende Verstand“ blieb ihr erspart. Ihre äußerst wache Intelligenz kam vom Vater, zusätzlich noch vom „gerissenen“ Großvater mütterlicherseits.

Eine seltene Aufnahme der zukünftigen Kronprinzessin Stephanie als kleines Mädchen in Belgien, um 1870. Sie litt stark unter ihrer hohen Stirn, die sie in Wien durch nicht immer wohl gelungene Haarteile zu kaschieren trachtete. Die „böse“ Schwiegermutter Sisi spottete beißend über die Unzulänglichkeiten des „wandelnden Turms“, wie sie Stephanie zu nennen pflegte.

Fürst Khevenhüller konnte auch anlässlich der Hochzeit noch keine Veränderungen bei Stephanie feststellen: „An der Kronprinzessin ist nicht viel, fadblond, wenig Haare, Gesicht ohne Ausdruck, Nase lang."

Dies mag alles in den Augen des Publikums wenig zu einer glanzvollen neuen Vertreterin des Habsburgerreiches beigetragen haben, von Bedeutung war aber etwas ganz anderes. Stephanie war nämlich bei ihrer Verlobung noch keine Frau, sie war „nicht formiert", wie ihr körperlicher (Un-)Reifezustand damals in der offiziellen Korrespondenz genannt wurde. Und ein Mädchen, das noch keine Regel hatte, konnte nicht heiraten. Ihre Aufgabe war es, einen Erben zur Welt zu bringen, dazu mussten alle körperlichen Voraussetzungen erfüllt sein. Man fixierte also bewusst einen recht späten Hochzeitstermin: Am 15. Februar 1881 sollte der große Tag sein. Etwas weniger als ein Jahr war eine sehr lange Wartezeit, denn im Allgemeinen ließ man zwischen Verlobung und Hochzeit etwa sechs Monate verstreichen, um die notwendigen Vorbereitungen treffen zu können. Bei Stephanie und Rudolf wollte man sich länger gedulden in der Hoffnung, die Braut würde in der Zwischenzeit erwachsen werden. Ihr Trousseau, also die Auflistung ihrer Heiratsausstattung, stand bereits fest. Er umfasste viele Seiten und war über 600.000 Francs wert. Man wollte schließlich Eindruck machen. Bei Elisabeths Hochzeit mit Kaiser Franz Joseph hatten die vermögenden böhmischen Gräfinnen nur ein abfälliges Grinsen für die „bayerische Bettelprinzessin" mit ihren vergleichsweise wenigen Habseligkeiten übrig gehabt. Zumindest eine solche Demütigung sollte der neuen Kronprinzessin erspart bleiben.

Otto Wagner saß an seinen Plänen für die Festbeleuchtung und Dekoration der Ringstraße, als die Hiobsbotschaft aus Belgien eintraf. Es wurde offiziell ersucht, die Hochzeitsfeierlichkeiten zu verschieben, da Stephanie für die Ehe noch immer „nicht körperlich reif" sei. Rudolf schäumte; seine Mutter Elisabeth war verärgert. Was glaubte der in Afrika geldscheffelnde Emporkömmling aus dem Haus Sachsen-Coburg eigentlich? So ging man nicht um mit einer der ältesten Monarchien in Europa.

Das „belgische Scheusal“

Kaiserin Elisabeth hasste Stephanies Vater Leopold II., genauso wie Queen Victoria, die mit ihm verwandt war. Leopold war der Cousin der legendären britischen Monarchin. Beide Frauen versuchten, ihm so selten wie möglich zu begegnen. Victoria ekelte sich vor seinen langen Fingernägeln, und wohl alle Frauen fanden seine Affären mit minderjährigen Mädchen verwerflich und abstoßend. Leopolds Ehefrau, die Habsburgerin Marie Henriette, hatte schon lange das Weite gesucht. Bald nach der Hochzeit beschäftigte sich die Tochter des Palatins Joseph Anton vornehmlich mit ihren Pferden, war sie doch in Ungarn aufgewachsen und ausgesprochen sportlich. Manche nannten sie einen „Husarenleutnant“ und ihren auf Etikette bedachten, gestelzten Ehemann eine „Nonne“. Als der Thronfolger, ebenfalls Leopold, mit neun Jahren starb, war die Ehe endgültig Geschichte. Das belgische Königspaar hatte ansonsten noch drei Töchter (Louise, Stephanie und Clementine), doch König Leopold II. verwand den Verlust des einzigen Sohnes nie. Der Bub war im Jänner 1869 in einen Teich gestürzt und hatte sich so erkältet, dass er der darauf folgenden Lungenentzündung erlag. Marie Henriette war aufgrund der Verhältnisse in ihrer Ehe extrem unglücklich, wurde kühl und emotionslos. Sie erzog ihre Töchter streng und rigide. Vermutlich dachte sie, wer schon als Kind kaum Liebe erfährt, wird eine katastrophale Fürstenehe leichter ertragen und weniger leiden als sie selbst. Nach der Geburt der dritten Tochter – sie hatte noch einmal auf einen Sohn gehofft – zog sie sich in den belgischen Badeort Spa zurück. Die Beziehungen zu ihren Töchtern besserten sich nicht, doch ihre Enkelin Erzsi nahm später einige Hobbys ihrer belgischen Großmutter wieder auf: Gartenarbeit, florale Dekorationen, Hunde und Vögel spielten sowohl in Spa als auch in Schönau oder später in Penzing zentrale Rollen.

Schon bei seiner Krönung 1865 hatte Leopold II. auf die Anwesenheit seiner Frau verzichtet, obwohl das Paar bereits mehrere Kinder hatte. Die große, altehrwürdige Familie der Habsburgerin erinnerte ihn bloß an seine eigenen Unzulänglichkeiten. Er litt unter Minderwertigkeitskomplexen, sah sich als unwichtigen König eines kleinen, unbedeutenden Landes und suchte nach Möglichkeiten, seine Großmachtfantasien auszuleben. Vor allem – so meinte er – müsse auch Belgien eine Kolonialmacht wie Spanien, England, Frankreich oder wenigstens die Niederlande werden.

Die belgische Flagge wolle er auf allen Kontinenten wehen sehen, schrieb er schon 1861. Dass daraus nichts wurde, musste er bald zur Kenntnis nehmen, denn kein Staat war bereit, ihm Kolonien zu verkaufen. So beschränkte er sein Interesse schließlich auf Afrika, denn dort, so hieß es, gäbe es noch Gebiete, die nicht kolonial erschlossen seien. Offiziell verkündete er, er habe sich den Kampf gegen den Sklavenhandel, die Erforschung unbekannter Gebiete in Afrika sowie die „Zivilisierung" afrikanischer Völker auf die Fahnen geschrieben und werde zu diesem Zweck eine „Internationale Afrika-Vereinigung" („Association Internationale Africaine", AIA) gründen mit ihm selbst als Präsidenten. Seine Untertanen fanden es vorbildlich, dass der König Geld aus seiner Privatschatulle investierte, um den „armen Wilden" die Segnungen der europäischen Zivilisation näherzubringen – ein im 19. Jahrhundert ehrbares Bestreben. Was dort wirklich passierte, erfuhren die eher kolonialkritischen Belgier erst nach Jahren. Nachdem ein ganz bestimmtes Gebiet in Afrika als Interessenzone des belgischen Monarchen ausgemacht worden war, gründete dieser ein „Komitee für die Erforschung des Oberen Kongo" und konnte dafür auf Mittel aus England, den Niederlanden und Belgien zurückgreifen. Das Geld sollte an den US-Journalisten Henry Morton Stanley fließen, seinerzeit der schillerndste Name in Zusammenhang mit Afrika, dem Sehnsuchtskontinent der Ausbeuter. Stanley war derjenige, der in einer Zeit voller Abenteuergeschichten und „edler Wilder" den schottischen Afrikaforscher David Livingstone am riesigen Tanganjikasee aufgespürt hatte. Viele Reisende waren damals einem der größten geografischen Geheimnisse des viktorianischen Zeitalters auf der Spur gewesen: Der Suche nach den Quellen des Nils. König Leopold wollte Stanley gewinnen, für ihn Forschungen am Fluss Kongo durchzuführen und Siedlungen aufzubauen. Die Leute, die dort wohnten, sollten sich schon einmal an die neuen Herren aus Belgien gewöhnen.

Stanley hatte anfangs kein Interesse an den Plänen des Königs der Belgier. Er wollte mit britischem Geld weitermachen. Doch als ihm die Engländer kein Unternehmen mehr finanzierten, griff er auf das belgische Angebot zurück. Er sollte nun innerhalb von zehn Jahren einen Staat am Oberen Kongo gründen und verwalten. Der Staat sollte „so groß wie möglich" sein, forderte Leopold. Und: „Die Weißen werden die Staatsgewalt innehaben." Stanley schloss mit fast 500 afrikanischen Oberhäuptern Verträge ab, die somit ihr Land an den belgischen König abtraten. Die wahre Bedeutung der Verträge erschloss sich den Unterzeichnenden nicht. Da das „Komitee für die Erforschung des Oberen Kongo" mittlerweile pleite war, bezahlte Leopold Stanleys Aktivitäten aus seinem Privatvermögen. Die Ländereien, die die Chefs „zu Forschungszwecken", wie es damals hieß, zur Verfügung gestellt hatten, gehörten nun praktisch ihm. In der Folge schlug der König aus Boden, Tieren und Menschen gnadenlos Profit und verdiente ungeahnte Summen mit dem Export von Elfenbein und Kautschuk. Die Fahrräder und Automobile, die die europäischen Metropolen eroberten, mussten mit Gummireifen ausgestattet werden und diese wurden aus Kautschuk aus dem Kongo hergestellt. Schließlich gründete Leopold noch eine dritte „Briefkastenfirma", die „Internationale Kongo-Vereinigung" (Association Internationale du Congo, AIC), die von einem amerikanischen Agenten in den Diensten Leopolds vertreten und in der Folge auch vom Weißen Haus in Washington anerkannt wurde. Zusätzlich hatte Leopold einen deutschen Financier angeheuert, um ihm die Akzeptanz seines persönlichen Kongostaates auch im Deutschen Reich zu sichern. Und er baute noch weiter vor: Sollten seine ertragreichen Besitzungen am Fluss Kongo einmal verkauft werden, so hätten die Franzosen das Vorkaufsrecht. Als Privatier, nicht als König, war Leopold II. nun Herrscher eines gewaltigen Territoriums mit nicht bekannter Einwohnerzahl. Es sollen zwischen 20 und 40 Millionen gewesen sein. Statt des Thronerben, so Leopold, wolle er seinem kleinen Land wenigstens eine prosperierende Kolonie hinterlassen: Ein Land, 60 Mal so groß wie Belgien, der größte Privatbesitz, den je ein Mensch sein Eigen genannt hat. Und ein Land, das von seinem Eigentümer nie betreten werden sollte. Leopold II. reiste kein einziges Mal in den Kongo.

Nun stellte sich dem Herrscher die Frage, wie man die neue Staatsgewalt kostensparend durchsetzen konnte. Leopold vertraute hier auf die jahrhundertelange Erfahrung der katholischen Kirche. Wer schon kriegerische Völker wie die Inka oder die Azteken zur Räson gebracht habe, sei auch für den Kongo geeignet, beschied der König sinngemäß. Es wurden also Missionare entsandt, um die Kongolesen zu loyalen Unternehmensmitarbeitern zu erziehen. Schon 1899, als die Erzählung „Heart of Darkness"

(Herz der Finsternis) des polnisch-britischen Schriftstellers Joseph Conrad erschien, konnte man sich von den fragwürdigen Geschehnissen im privaten Kongo-Freistaat des belgischen Herrschers ein Bild machen. Es dauerte jedoch, bis die politischen Entscheidungsträger vom Grauen auf dem Schwarzen Kontinent offiziell erfuhren. Erst 1904 veröffentlichte das britische Außenministerium einen Bericht über die Zustände in Leopolds hauseigenem Kongostaat: Die Bevölkerung werde systematisch ausgerottet. Es herrschten Zwangsarbeit und blutige Strafmaßnahmen, wenn die vorgeschriebenen Erntemengen nicht erreicht würden. Das Militär führe Razzien durch, die mit Toten endeten. Mit der Legende vom aufgeklärten Philanthropen Leopold, der doch nur den Sklavenhandel abschaffen und den Afrikanern europäische Bildung bringen wolle, war es vorbei. Bis heute werden Horrorgeschichten erzählt, wonach zu langsamen Arbeitern und Arbeiterinnen, auch Kindern, die Hände abgeschlagen worden seien. Leopold erklärte, mit den Vorwürfen konfrontiert, dies entspreche keinesfalls seinen Anordnungen. Wenn er etwas benötige von den Einwohnern, dann die Arbeit ihrer Hände. Jedenfalls schickte er eine unabhängige Kommission in seine Kolonie, um die Berichte über die Gräuel überprüfen zu lassen. Die britischen Informationen wurden bestätigt. Im Jahr 1908, ein Jahr vor seinem Tod, überschrieb der König sein privates Territorium dem belgischen Staat, der nun Recht und Ordnung durchsetzen sollte. Das Land hieß fortan Belgisch-Kongo, bis 1960, als es seine Unabhängigkeit erlangte. Von 1971 bis 1997 war der Staat unter dem Namen Zaire geläufig, heute ist es die Demokratische Republik Kongo. Die Hauptstadt Kinshasa war einst als Léopoldville gegründet worden. Bis heute ist die Amtssprache Französisch.

Im Zuge der „Black Lives Matter"-Bewegung wurden viele der in Belgien allgegenwärtigen Statuen Leopolds mit blutroter Farbe besprüht, teilweise mit der „satanischen" Zahl 666 verunziert. Tatsächlich, so belgische Historiker, seien im Kongo „Verbrechen apokalyptischen Ausmaßes" begangen worden. Aller Wahrscheinlichkeit nach wurde knapp die Hälfte der Bewohner ermordet.

Die Bindungen Belgiens an das Land in Afrika bestehen weiterhin und können nicht als abgeschlossenes historisches Kapitel betrachtet

1883

Das Kind von Oesterreich!

Posaunt es fröhlich in die Welt,
Verkündet es den Zonen,
Ruft von der Donau es zum Belt,
Wo immer Menschen wohnen:
Wie sind wir heute glücklich, reich,
Wie sind wir auserkoren,
Ward doch das Kind von Oesterreich
Uns Allen heut' geboren! } rep.

Ein ganzes Volk steht freudig heut'
An einer kleinen Wiegen,
In der man voller Lieblichkeit,
Ein Kindlein hold sieht liegen.
Sagt an, wer ist das Kindlein gleich,
O laßt es schnell mich wissen! —
Es ist das Kind von Oesterreich,
Das jubelnd wir begrüßen. } rep.

Franz Joseph und Elise sind
Vom Himmel hoch begnadet,
Weil sich das theure Enkelkind
Zu Gast bei Ihnen ladet.
Das Erzhaus, das an Blüthen reich,
Prangt nun im höchsten Glanze,
Da sich das Kind von Oesterreich
Einfügt dem edlen Kranze. } rep.

Freude im Erzhause!

Hymne zur Feier der glorreichen Geburt des

„Kindes von Oesterreich".

Gedicht von C. E. Jaritz, Musik von A. Ithom.

Rudolf und Stefanie, das Paar,
Das innig wir verehren,
Der liebe Gott am Hochaltar,
That Ihr Gebet erhören.
Ihr Stammbaum, den, an Ehren reich
Die Welt zählt zu den besten,
Er trägt das Kind von Oesterreich
In seinen gold'nen Aesten. } rep.

Erhalte Gott dies theure Pfand
Der reinsten Herzenstriebe,
Zum Schutz und Segen für das Land,
Als Zeichen deiner Liebe.
Die Völker all' im weiten Reich,
Sich zum Gebet vereinen:
Stets soll dem Kind von Oesterreich
Des Glückes Sonne scheinen! } rep.

So blühe denn, du trautes Reis,
Wie Lilien und Rosen,
Es mögen nur Zephire leis'
Und spielend um Dich kosen.
Doch braust der Sturmwind um die Eich',
Sollt' sie Gefahr umthürmen,
Dann wird das Kind von Oesterreich
Des Volkes Treue schirmen! } rep.

Po-saunt es fröh-lich in die Welt, ver-kün-det es den Zo-nen, ruft
von der Do-nau es zum Belt, wo im-mer Men-schen woh-nen: wie
sind wir heu-te glück-lich, reich, wie sind wir aus-er-ko-ren, ward
doch das Kind von Oe-ster-reich uns Al-len
heut' ge-bo-ren! ward doch das Kind von
Oe-ster-reich uns Al-len heut' ge-bo-ren!

Wie die Hochzeit des Kronprinzen war auch die Geburt seiner Tochter Elisabeth Marie bereits ein großes Medienereignis. Unzählige Abbildungen, Lieder, Gedichte und Lobpreisungen aller Art dominierten 1883 die Presselandschaft.

werden. Anlässlich des 60. Jahrestages der Unabhängigkeit des Kongo drückte Belgiens derzeitiger König Philippe sein „Bedauern" über die koloniale Epoche aus. In einem Brief an den Präsidenten der Demokratischen Republik Kongo, Félix Tshisekedi, schrieb er im Juni 2020: „In der Zeit des Freistaats Kongo wurden Akte der Gewalt und der Grausamkeit begangen, die heute immer noch auf unserer kollektiven Erinnerung lasten." Er werde weiterhin „gegen alle Formen des Rassismus kämpfen", schloss der König.

Die Gewinne aus Leopolds Kongostaat machten nicht zuletzt den Bau seines Afrika-Museums mit dem französischen Garten in Tervuren und der von Brüssel dorthin führenden Allee erst möglich. Das Schloss zeigt heute mitsamt seinem 2018 eröffneten Neubau eine neue Dauerausstellung, die sich kritisch mit den ausgestellten Besitztümern aus Leopolds Afrika-Sammlung beschäftigt. Woher stammen die Objekte? Wie wurden sie verwendet? Welche Bedeutung hatten sie für die einstigen Eigentümer? Auch die koloniale Vergangenheit Belgiens kommt nicht zu kurz. Besonders hervorzuheben ist der Versuch, die gegenwärtig in Belgien lebende afrikanische Community einzubeziehen und deren Standpunkte und Erklärungen zur eigenen Geschichte darzustellen.

Das „Kind von Österreich"

Dass König Leopold also „hocherfreut" war, als die österreichisch-ungarische Monarchie Interesse an einer Verbindung mit seinem kleinen Reich zeigte, versteht sich von selbst. Umso mehr ärgerte ihn die schwierige Pubertät seiner Tochter Stephanie, die ihn in der Gunst der Habsburger herabsetzte. Nachdem die Hochzeit im Februar abgesagt und auf den 10. Mai 1881 verschoben worden war, zeigte sich die kindliche Braut noch immer nicht so weit. Leopold sorgte sich, dass Kaiser Franz Joseph und der ungeduldige Kronprinz die Zeremonie letztlich canceln würden, also machte man gute Miene zum bösen Spiel und schickte ein Kind nach Wien vor den Traualtar. Stephanie hatte nicht die geringste Ahnung, was ihr bevorstand und was von ihr erwartet wurde. Ihre katholische

Mutter hatte ihr keine Ratschläge mit auf den Weg in die Ehe gegeben. Louise, die ältere Schwester, die ihr in dieser Hinsicht hätte behilflich sein können, befand sich weit weg in Wien. Vermutlich war Stephanie nicht einmal klar, warum ihre eigene Hochzeit verschoben worden war. Die Hochzeitsnacht in Rudolfs Wohnsitz Laxenburg wurde zum Debakel, das die Kronprinzessin jahrzehntelang nicht verwinden konnte. „Welche Qual, welcher Abscheu! Meine Illusionen, meine jugendlichen Träumereien waren vernichtet. Ich glaubte, an meiner Enttäuschung sterben zu müssen“, schrieb sie viel später in ihren Lebenserinnerungen. Heute würde man von sexuellem Missbrauch einer Unmündigen sprechen.

Der in Liebesdingen sehr erfahrene Rudolf äußerte sich nie zu seiner Hochzeit. Diese Frau oder eine andere, es interessierte ihn kaum. Der anfängliche Reiz eines jungfräulichen Mädchens – höchstes, wenn auch nicht immer „echtes“ Luxusgut in den Edelbordellen der Epoche – war rasch verflogen und Stephanie war ihrem Mann nach wenigen Wochen gleichgültig. Eine habsburgische Heirat, das bedeutete für Rudolf lediglich ein offizielles, grotesk anmutendes, antiquiertes Ritual. Für ihn war die Hochzeit ein rückständiges Symbol einer Vergangenheit, die er zu überwinden trachtete. Bald begab er sich auf die Suche nach Abwechslung außerhalb des Ehebetts. Seine Frau verstand im Lauf der Zeit, dass auch sie als adelige, verheiratete Kronprinzessin mit Kind Möglichkeiten hatte, auszubrechen. Ihre Beziehung zu einem polnischen Grafen, die noch während ihrer Verbindung mit Rudolf begann, und ihre zweite, glückliche Ehe dürften ihr über das Trauma der ersten Nacht hinweggeholfen haben.

Auf Schritt und Tritt stand die junge Kronprinzessin nach ihrer Hochzeit mit Rudolf unter Beobachtung der Journalisten und der Untertanen. Man erwartete gebannt Anzeichen für das nächste freudige Ereignis im Hause Habsburg. Dafür war die „Neue“ schließlich an den Hof geholt worden. Wie heute in der Yellow Press üblich, wurde bereits im 19. Jahrhundert praktisch täglich eine Schwangerschaft der jungen Ehefrau herbeigeschrieben, was Stephanie belastete und unter Druck setzte. Trotz der allgegenwärtigen Pressezensur berichteten die zahlreichen Blätter ohne Unterlass über die (jungen) „Royals“. Die Schreiberlinge hatten keine Ahnung, was wirklich hinter der weiterhin unverändert schlanken Gestalt der großen Kronprinzessin steckte. Sie war noch immer gar nicht in der Lage, schwanger zu werden. Wahrscheinlich bekam sie erst mit 17 ihre

Hier wurden sowohl Erzsi als auch ihr Vater Rudolf geboren: Schloss Laxenburg bei Wien

Regel und erwartete somit – zieht man die Zeitungsberichte zu diesem Thema heran – fast zwei Jahre lang laufend ihr erstes Kind. Im Endeffekt dauerte es höchst ungewöhnliche 24 Monate, bis man die frohe Kunde von der Ankunft des „Kindes von Österreich“ in die Welt hinausposaunen konnte. Es sollte der einzige Nachwuchs der mittlerweile 19-Jährigen bleiben.

Zweieinhalb Jahre nach der Geburt, im Frühjahr 1886, begleitete Stephanie ihren leidenden Mann auf die Insel Lacroma (heute: Lokrum, bei Dubrovnik), die zu Rudolfs Besitzungen und später zu Erzsis Erbe gehörte. Woran Rudolf laborierte, sagte man Stephanie nicht. Vier Wochen später war sie selbst krank. Sie hatte starke Schmerzen, lag wochenlang im Bett, wusste nicht, was mit ihr los war. Auf Nachfrage erfuhr sie, es handle sich um eine Bauchfellentzündung. Oder einen Blasenkatarrh. Was alles nicht stimmte. Rudolf litt unter einer Geschlechtskrankheit, vermutlich Tripper, der mit Kokainzäpfchen und Morphium behandelt wurde. Seine Frau hatte der Kronprinz bereits angesteckt und sie wurde in der Folge unfruchtbar. Auf Befehl des Kaisers vertuschte der Hof die wahren Hintergründe. Stephanie durfte mit niemandem über die Infektion sprechen, sie sagte es ihren Eltern nicht, nur ihre ältere Schwester Louise war eingeweiht.

Der „Waclaw“

Auf sein erstes Kind hatte sich Rudolf sehr gefreut. Stephanie war ebenso froh, denn ihre Schwangerschaft festigte nicht nur ihre Stellung bei Hof, sie hoffte auch auf eine engere Bindung ihres Gatten an sie. Dieser rechnete fix mit einem Sohn und nannte ihn schon im Vorhinein „Waclaw“ (tschechisch für Wenzel). Stephanie lernte, was es hieß, in der Familie Habsburg schwanger zu sein. Als zukünftige Mutter des Thronfolgers war die Kronprinzessin die Hauptperson einer Staatsaktion ersten Ranges. Fast alles, was ihr Spaß machte, wurde verboten. Reiten, Tennis spielen, Ausfahrten mit dem Wagen, all das war aus gesundheitlichen Gründen zu vermeiden. Ihr Stundenplan sah vor, dass sie schon vor dem Frühstück spazieren gehen sollte, musizieren durfte sie nur noch gelegentlich. Harfe und Klavier mussten wegen der dafür nötigen Körperhaltung bis nach der Geburt warten. „Der Waclaw bewegt sich viel“, schrieb die werdende Mutter in einer glücklicheren Phase der Ehe an ihren Mann, der zu dieser Zeit viel in Prag zu tun hatte. Stephanie sollte im Schloss in Laxenburg bleiben und sich ausruhen. Malen und Zeichnen waren immerhin erlaubt, Tarock und Whist spielen ebenso. Doch wie einst die junge Kaiserin Elisabeth die Hofburg nicht gemocht hatte, so konnte auch Stephanie dem Wohnsitz ihres Mannes nichts abgewinnen. Laxenburg war unbequem und altmodisch, feucht, dunkel und kalt; es gab keine zeitgemäßen Badezimmer, kaum weiche Teppiche oder andere Annehmlichkeiten wie etwa Blumenschmuck, den Stephanie schmerzlich vermisste. Man gewann leicht den Eindruck, dass hier seit Rudolfs Geburt am 21. August 1858 kaum etwas verändert worden war. Außerdem erinnerte das Schloss wohl immer an die Schrecken der Hochzeitsnacht. Alle Einwohner von Laxenburg kannten die groß gewachsene, hochschwangere junge Frau, die in Begleitung ihrer Hofdamen regelmäßig durch den Park promenierte. Die Kronprinzessin hoffte, die Spaziergänge würden die Geburt beschleunigen. Marie Henriette, Stephanies Mutter, reiste nach Laxenburg an, um ihre Tochter bei der ersten Niederkunft zu unterstützen. Die Taufpatin in spe, Kaiserin Elisabeth, weilte noch in jenem Jagdschloss in Mürzsteg, das heute vom österreichischen Bundepräsidenten als Sommersitz genutzt werden kann. Doch sie wurde bald zurückgerufen, denn am 2. September um 7 Uhr 15 war es so weit: Die später der Astrologie so zugeneigte Elisabeth Marie erblickte blond und mit strahlend intensiv blau-grauen Augen im Sternzeichen der Jungfrau das Licht der Welt.

Die außergewöhnlich hellen Augen werden jedem sofort auffallen, der ihr begegnen wird. Der Vater, der im Nebenzimmer unruhig auf und ab lief, war im ersten Moment bestürzt. Statt des erwarteten tschechischen „Waclaw“ hatte er nun eine ungarische „Erzsi“. Es war wohl die erste Überraschung im an Überraschungen reichen Leben der soeben geborenen Erzherzogin. Stephanie bemerkte die Enttäuschung ihres Mannes und wandte sich verletzt ab. Doch der Kronprinz fing sich rasch und sagte, sie beide seien noch jung und es gäbe noch viele weitere Chancen, einem Thronfolger das Leben zu schenken. An seinen Freund, den Journalisten Moritz Szeps, schrieb Rudolf: „Die Kleine ist ein Mordsmädel, 7 Pfund schwer, vollkommen gut und kräftig ausgebildet, mit viel Haaren am

Kopf, sehr lebendig, schreit fürchterlich und trinkt sehr viel und ohne den geringsten Anstand." Auch die Nichte der Kaiserin Elisabeth, Marie von Wallersee, bemerkte es gleich: „Rudolf liebte seine kleine Tochter, die Erzherzogin Elisabeth, abgöttisch, die im dritten Jahr der Ehe geboren wurde."

Es folgte die allgemeine Bekanntmachung des freudigen Ereignisses. Von Wien bis Lemberg und von Triest bis Prag ertönten die Gewehrsalven. Die Menschen blieben auf den Straßen stehen, öffneten die Fenster, lauschten und zählten mit. Nach der 21. Salve war Schluss. Also ein Mädchen. Bei einem neuen Kronprinzen wären 104 Geschützsalven zu hören gewesen. Trotzdem läuteten die Kirchenglocken, es gab Fackelzüge und Aufmärsche des Militärs. Die Residenzstadt erstrahlte in festlichem Glanz. Franz Joseph spendete 50.000 Gulden für die Gründung eines Asylheims für mittellose Kinder und amnestierte 202 inhaftierte Straftäter. Stephanie wurde mit den erwähnten Smaragden ausgezeichnet. Zur Feier des Tages erhielt das Volk in den Vorstädten etwas Geld und Holz.

Dichtungen und Lieder für das neugeborene „Kind von Österreich" erschienen in Massen. Unter anderen konnte man lesen:

„Dein Großpapa Franz Joseph heißt
Und Rudolf dein Papa,
In Dir vereint sich Beider Geist
Mit Anmuth der Mama!"

Ein paar wenige teilten diese Ansichten nicht. Sie hielten nicht viel vom rückwärtsgewandten „Geist" des Kaisers, der sich bei Erzsi kaum je bemerkbar machen sollte, und dass bei Stephanie von „Anmuth" nicht viel zu sehen war, hatte auch bereits die Runde gemacht. „Geist" war bei ihr ohnehin nie für nötig befunden worden. Ein anonymes, vermutlich von einer anarchistischen Gruppierung verfasstes Flugblatt kursierte, in dem kundgetan wurde, dass „sich niemand freut als das privilegierte Diebsgesindel in Frack und Uniform". Auch vom Kronprinzen hielten diese radikalen Systemkritiker wenig. Er sei nur ein „gekrönter Tagdieb": „Wer sollte sich freuen. Gewiß nicht das Volk. Lächerlich!" Dennoch war es Rudolf, der nur wenige Jahre später bei der Eröffnung des „Hygienischen Kongresses" im September 1887 von der Bedeutung jedes einzelnen Menschen sprechen wird: „Das kostbarste Kapital der Staaten und der

Gesellschaft ist der Mensch. Jedes Leben repräsentiert einen bestimmten Wert." Das Versprechen eines Fortschrittsgläubigen, das sich vor allem an die Unterprivilegierten richtete. Diese informierten sich vorläufig lieber durch das erwähnte Flugblatt, in dem auch wahrheitsgemäß auf den Missstand hingewiesen wurde, dass viele Kinder in der Monarchie nicht einmal Brot zum Überleben hätten und Schwangere Selbstmord begingen aus lauter Sorge, ihr Kind nicht durchbringen zu können. Oder dass es viele Kindstötungen aus purer Not heraus gäbe. „Nieder mit allen Tyrannen und Schergen!", schloss der Aufruf. „Nieder mit allen Ausbeutern und Volksbetrügern!"

Die kleine Erzsi ruhte auf Samt in ihrem seidenen Steckkissen. Wie es Gleichaltrigen erging, lässt sich durch Zahlen belegen: Im Wien der 1880er-Jahre starben 340 von 1000 Kindern vor ihrem ersten Geburtstag. Den meisten wurde die Tuberkulose zum Verhängnis. In Budapest und anderen Großstädten des Reiches war die Kindersterblichkeit sogar noch höher.

Trotzdem feierten die Millionen Untertanen allerorten lärmend die Geburt der Prinzessin. Sie wurde von den Wienern sehr bald „Liesl" genannt. Heurigensänger schrieben für sie das Lied „Die grauen Augen". Gründe zum Feiern fanden sich in diesen Tagen auch sonst zur Genüge. Neben der zahlreich besuchten „Elektrischen Ausstellung" wurde des 200. Jahrestages der Osmanischen Belagerung von 1683 mit Festivitäten gedacht. Zum Beispiel konnte man spezielle Knallbonbons erwerben, die von einem Zuckerbäcker in der Kärntner Straße hergestellt wurden. Diese perfekten Nachahmungen österreichischer, französischer und preußischer Bomben und Granaten begeisterten vor allem die Kinder über alle Maßen. Es herrschte eine ziemliche Lautstärke in der Fast-zwei-Millionenstadt Wien.

Indessen wurde der Speisesaal des Schlosses Laxenburg zu einer Taufkapelle umgestaltet. Die katholische Familie Habsburg pflegte Kindstaufen möglichst rasch nach dem ersten Schrei abzuhalten. Sollten sich in den riskanten frühen Lebenstagen Komplikationen ergeben, die das Neugeborene womöglich nicht überstand, war nach der Taufe die Aufnahme ins Himmelreich gewiss. Großmutter Sisi waltete in einem

Eau-de-Nil-farbenen Seidenensemble ihres Amtes als Taufpatin. Wie bei allen Gelegenheiten zog die bald 46-Jährige sämtliche Blicke auf sich und überstrahlte sowohl die junge Mutter als auch ihre Amtskollegin, die Königin der Belgier, bei Weitem. Eau de Nil war eine der Top-Modefarben der allem „Orientalischen“ erlegenen Epoche, ein Ton zwischen Grün und Grau. Erzsi erhielt Vornamen, die hauptsächlich an ihre weiblichen Vorfahren erinnern sollten: Elisabeth Marie Henriette Stephanie Gisela. Ihr Großvater mütterlicherseits, Leopold II., wurde per Telegramm über die Ankunft der Enkelin in Kenntnis gesetzt, doch er erschien nicht in Österreich. Weder hatte er für seine Frau noch für seine Töchter das Geringste übrig und ein weibliches Enkelkind interessierte ihn schon gar nicht. Kaiserin Elisabeth war in Begleitung ihrer 15-jährigen Lieblingstochter Marie Valerie zur Tauffeier gekommen, damit diese das neue Familienmitglied kennenlernen konnte. Marie Valerie sollte unermüdlich sein, was den habsburgischen Familienzusammenhalt betraf, und viele Jahre später wird sie als Einzige in der weit verzweigten Dynastie den Kontakt zur totalen Aussteigerin Erzsi nie abbrechen. Aber nun hielt Kaiserin Sisi die Kleine mit ihren weiß behandschuhten Händen, als das Wasser aus dem Jordan über den Kopf des Babys gegossen wurde. Erzsi brüllte. Das traditionelle Zeremoniell war bei der Taufe peinlich genau eingehalten worden, denn bei Erzsi handelte es sich gemäß den Regelungen der Pragmatischen Sanktion um eine rechtmäßige Thronerbin. Sie war die Tochter des Kronprinzen in direkter Linie und hätte somit die Möglichkeit, einmal Regentin zu werden, wie im Jahrhundert vor ihr Maria Theresia. Nach Rudolfs Tod gab es keinen direkten Thronfolger mehr. Erzsis Taufe war demnach die letzte kaiserliche Taufzeremonie, die den althergebrachten Riten der österreichisch-ungarischen Monarchie folgte. Was der Täufling an diesem verregneten Septembertag nicht ahnen konnte: Das mit Abstand glanzvollste Ereignis in Erzsis langem Leben wird keine Spuren in ihrer Erinnerung hinterlassen. Denn es war nach der Taufe schon wieder vorbei.

Ein Mädchen unterm Doppeladler

„Ein Irrtum des Schicksals“ sei sie von Geburt an gewesen, soll Erzsi des Öfteren gesagt haben, wenn es um ihre ersten Jahre ging. Alle hatten einen

Passend zu ihrem ungarischen Rufnamen Erzsi durfte die kleine Erzherzogin gelegentlich eine Tracht der ungarischen Reichshälfte tragen, um 1888.

Sohn, den Thronerben, erwartet und erhofft. Als Tochter des Kronprinzen gehörte sie zu den ranghöchsten Mitgliedern des Kaiserhauses, doch es fiel der intelligenten Erzherzogin schon als Kind auf, dass sie eben „nur ein Mädchen" war. Alle um sie herum behandelten sie mit der ihr gebührenden Hochachtung, aber sie entwickelte sich in ihrer Isolation zu einer Einzelgängerin, was sie ihrem Vater, der sich am Hof als Fremdkörper ohne Unterstützung gefühlt hatte, noch ähnlicher machen sollte. Ihre ausschließlich weibliche Umgebung hatte vor allem die Aufgabe, Erzsi von ihrer Umgebung abzuschirmen. Auf keinen Fall sollte sich der gewohnte Tagesrhythmus verändern, nachdem Erzsi sich von ihrem Vater bei der Aufbahrung in seinem Schlafzimmer hatte verabschieden müssen. Eine immer gleichbleibende Routine und die herkömmliche Umgebung ihrer Zimmer sollten das Mädchen von der gewaltigen Unruhe in den Tagen rund um „Mayerling" ablenken und es am Nachdenken und Grübeln hindern. Dass Erzsi über ein gutes Erinnerungsvermögen verfügte, hatten ihre Erzieherinnen schon vor Rudolfs Tod erkannt. Auch ihr Hang zum Organisieren und Befehlen machte sich früh bemerkbar. Unterordnung war so gar nicht ihre Sache, was ihre gestressten Lehrer und Lehrerinnen regelmäßig ihren Vormund, den Kaiser, wissen ließen. Es gab kaum je Beanstandungen ihrer intellektuellen Leistungen; an Erzsis widerspenstigem Charakter stießen sich viele Lehrpersonen jedoch beharrlich.

Farm der Tiere

Man versuchte, die traumatischen Erinnerungen nicht übermächtig werden zu lassen und trachtete danach, dass sich Erzsi durch ihr Lernpensum mit immer neuen Dingen zu befassen hatte. Sie sollte gar keine Zeit finden, sich fruchtlosen Reminiszenzen rund um den Kronprinzen zu widmen. Doch sie vergaß die Geschichten, die ihr der Vater erzählt hatte, und die gemeinsamen Erlebnisse mit den von ihm und ihr geliebten Tieren ihr ganzes Leben lang nicht. Sie besaß einen halben Kleintierzoo, Hunde, Ziegen, zahme Rehe, Vögel in Volieren – fast alles Geschenke des Vaters. Doch auch Stephanie förderte das Interesse der Tochter und ließ ihr einen exotischen Papagei besorgen, den sie sich schon lange gewünscht hatte. Später erzählte Erzsi ihrer Schwiegertochter, er habe bis drei zählen und „Hurra!" schreien können. Die Tiere waren ihr die liebsten Freunde und ihre besondere Beziehung zu Hunden begann sich herauszukristallisieren. Ihre Hunde waren im Alter, als sie das Bett jahrelang nicht mehr verlassen konnte, ihre letzten Begleiter und sie wollte auch im Tod auf die Tiere nicht verzichten. So mussten sie mit ihr sterben.

Zum fünften Geburtstag erhielt sie ein Wägelchen mit einem echten Esel, der es zog. Weilte Rudolf auf einer seiner Bären- oder Hirschjagden, vergaß er nie, Erzsi ein paar (lebendige) junge Hasen oder Kaninchen mitzubringen. Die Kleine liebte die Geschöpfe der Natur, deren Gesetze und Ausdrucksformen Rudolf so sehr faszinierten. Erzsi weinte immer, sobald Rudolf sich von ihr verabschiedete. Er war spontan zu ihr, unterhaltsam, überraschend, wenn er von fremden Ländern erzählte oder die Rufe der Waldtiere nachahmte. Bei Abwesenheiten der Mutter besuchte Rudolf Erzsi so oft wie möglich in ihren Zimmern. „Der Kleinen und mir geht es gut“, rapportierte er dann an Stephanie, oder: „Die Kleine entwickelt sich prächtig.“ Zu Erzsis Lieblingsorten in der Hofburg gehörte das in Teilen bis heute erhaltene sogenannte Türkische Zimmer des Kronprinzen. Hier konnte sie auf den weichen, bunten Kissen und Polstern herumtollen, die Rudolf von seiner berühmten „Orientreise“ im Jahr 1881 mitgebracht hatte, als er Ägypten und das heutige Israel besuchte. Es gab wahre Unmengen von spannenden Dingen zu sehen und zu jedem Stück wusste der Papa eine Geschichte zu erzählen. Ein Geier, ein Adler und ein Milan schienen wie im Flug durch den Raum zu schweben. Die Vogelpräparate befanden sich später in Erzsis Villa in der Linzer Straße. Wie es der auch vor der Interieurgestaltung nicht haltmachende Makart-Stil vorgab, zierten Palmen die Zimmerecken. „Die Helden aus dem Orient sind da und auch Papa ist da“, sagte Erzsi immer, wenn sie das „Türkische Zimmer“ betrat, das sie noch Jahre nach Rudolfs Tod als ihr persönliches Eigentum betrachtete. Es gehörte zu den wenigen Räumen, die nach dem Selbstmord des Kronprinzen unverändert blieben. Einmal holte Rudolf eine Gruppe Roma-Musiker nach Laxenburg und Erzsi durfte zuhören. Es war eine Zauberwelt, die der Papa für seine Kleine heraufbeschwor. Und je mehr Zeit nach seinem Tod verging, desto stärker wurden die idealisierten Erinnerungen.

Lehrjahre

Im Frühling, Sommer und Herbst wohnte Erzsi in Laxenburg, den Winter verbrachte sie in der Wiener Hofburg. Schon früh wurde sie für ihre späteren Aufgaben als Repräsentantin des Kaiserreiches, eventuell sogar als Herrscherin, vorbereitet und ausgebildet. Sie besaß Puppen, die die Landestrachten der Kronländer trugen. So lernte sie spielerisch die Namen der Länder kennen und durfte selbst einmal eine ungarische Kindertracht tragen, die zu ihrem Rufnamen Erzsi perfekt passte. An der Wand hing eine große Weltkarte. Neben den Bezeichnungen musste auch die Lage der Staaten erlernt werden. Die kleine, aber jährlich anwachsende Bibliothek half Erzsi beim Studium der zahlreichen fremden Sprachen. Im Kindesalter wurde bereits begonnen, neben deutschsprachiger Grammatik und Ausdrucksweise auch Ungarisch, Französisch, Italienisch und Englisch nebeneinander einzuüben. Erzsi sprach alle diese Sprachen in ihrem Erwachsenenleben ohne Probleme. Das Mädchen hatte eine rasche Auffassungsgabe; sein Personal hielt es für begabt, aber für sehr störrisch und ohne die für Damen damals wünschenswerten Tugenden wie Bescheidenheit und Willfährigkeit ausgestattet. Widerspruch und Auflehnung traten oft überdeutlich als Wesenszüge hervor. Sie waren eindeutig aufseiten des Vaters vorzufinden gewesen.

Auf Fotos wirkt die kleine Erzsi mit ihren halblangen blonden Haaren konzentriert, nachdenklich, in sich gekehrt; Fröhlichkeit oder kindliche Unbeschwertheit sucht man in ihrem Ausdruck vergebens.

Erzsis Hauptbezugspersonen waren wie an einem Kaiserhof üblich nicht die Eltern, sondern die Erzieherinnen und Lehrerinnen. Ihrer Mutter fehlte das Talent für kleine Kinder, sie langweilte sich rasch beim Spielen. Das freudlose Elternhaus, aus dem sie kam, und die strenge Erziehung ließen Stephanie ratlos in Gesellschaft der Tochter zurück. Die Kronprinzessin musste nach ihrer Heirat hauptsächlich allein zurechtkommen, stellte jedoch fest, dass die Repräsentationspflichten ihr Freude bereiteten. Sie liebte es, im Mittelpunkt zu stehen und die Huldigungen der Massen entgegenzunehmen. Ansonsten brachte sie noch Interesse für Hofklatsch sowie Kleider und Accessoires auf – das musste sie auch, denn eine ihrer Aufgaben war es, als „Schirmherrin der Wiener Mode“ zu fungieren. Ihre Toiletten wurden daher besonders detailliert begutachtet und in der Presse beschrieben. Geistiges Format machte sich bei Stephanie kaum bemerkbar. Sie trat geziert auf und war darauf ausnehmend stolz. Zur Hochform konnte die eher langweilige Kronprinzessin auflaufen, wenn es zu den von Rudolf gefürchteten Eifersuchtsszenen kam. Vor aller Augen schrie sie dann ihren Gatten an und spulte Vorwurfslitaneien ab, warf ihm Namen von „Gspusis", die ihr die ständig brodelnde Gerüchteküche zugetragen hatte, an den Kopf und erinnerte den Kronprinzen lautstark an die Pflichten seiner Stellung und seines Amtes.

Rudolf empfand die sich wiederholenden Auftritte als kompromittierend und hielt sich nach Möglichkeit von den Aufenthaltsorten seiner Frau fern. Er blieb in den Kasernen, nahm an Manövern teil, trank im Offizierscasino oder amüsierte sich bei den ihn anbetenden Wiener Damen in einem Separee im Sacher. Kaum war er zu Hause, hatte er schlechte Laune, war mürrisch oder todmüde. Stephanie zeigte sich beleidigt, wurde unzugänglich und zog sich in ihre Welt der Aquarellmalerei und der Gesangsstunden zurück.

Im Fall der kleinen Erzsi fiel der Gräfin Elisabeth Coudenhove die Aufgabe zu, sich um alle erzieherischen Belange der jüngsten Erzherzogin zu kümmern. Die 30-Jährige war unverheiratet und ging später in ein Kloster, hatte ein großes Herz für Kinder, war tüchtig und vor allem fromm – ein Einfluss, dem sich ihr Schützling bis ins Alter nicht entziehen konnte. Kaiser Franz Joseph, dem die Gräfin Coudenhove auf Nachfrage Bericht zu erstatten hatte, überwachte den Lehr- und Tagesplan seiner Enkelin. Es konnte vorkommen, dass er unangemeldet in einer Unterrichtsstunde erschien und zuhörte. Elisabeth Coudenhove war Erzsis vorrangige Vertrauensperson, ihre „zweite Mutter" und beste Freundin, und blieb es bis weit über ihre Hochzeit hinaus. Für den Unterricht sorgten die französische Gouvernante Eugénie Touzet und je nach Fachgebiet ein ganzes Heer an Pädagogen und Lehrerinnen. Ein Grundzug des am habsburgischen Hof vorgesehenen Lehrplans war die Indoktrinierung mit traditionellen Werten und mit einer ständigen Wiederholung historischer Großtaten der Dynastie. Die Lehren aus der Vergangenheit mussten rigoros respektiert werden. Religion und Kirchengeschichte nahmen ebenfalls einen zentralen Platz im Lehrplan ein. Gemessen am damals generell geringen Status der Mädchenbildung wurde Erzsi hervorragend ausgebildet, immer vor dem Hintergrund, dass sie eventuell selbst einmal herrschen oder zumindest als Kaiserin mit einem Monarchen verheiratet sein könnte. Sie erhielt auch Unterricht in Fächern wie Zeichnen, Gesang und Tanz, wurde unterwiesen, wie man Räume einrichtet und ausstattet – was ihr als Erwachsene großen Spaß machen sollte –, außerdem wurden Fragen der Wirtschaft sowie des Geldwesens in ihren Unterricht einbezogen. Zumindest bis zum Ende der Monarchie hatte Erzsi allerdings nie auch nur ein einziges Zahlungsmittel in der Hand gehabt. Als sie einmal Franz Joseph bat, sich eine Münze ansehen zu dürfen, verweigerte er die Bitte mit dem Hinweis, dass sich dies für eine junge Frau ihres Standes nicht gehöre. Damit müsse sie leben. Auch später, als es schon dringend nötig gewesen wäre, hatte Erzsi überhaupt keine Beziehung zum Geld. Sie wusste nicht, was es wert war oder wie man damit umging.

Da sie später ein großes Haus in Schönau und auch in Wien führte, mit vielen Gästen und oft wichtigen Gesellschaften, kam ihr die Grundausbildung in Kochen und Hauswirtschaftslehre zugute. Sie erfuhr, welche Speisenfolgen zusammenpassten, wie man Vorbereitungen traf, welche Mengen an Lebensmitteln für wie viele Personen benötigt wurden und wie man Verschwendung in Haus und Hof vermied. Auch Nähen, Sticken, Stopfen sowie die Herstellung von Wandteppichen wurden ihr als Mädchen beigebracht. Zusätzlich bereitete man sie auf ihre Rolle als Mutter vor: Hygiene war in ihrer Jugend ein bestimmendes Thema, das den Diskurs in den Bereichen Medizin, Erziehung, Frauenbildung, Freizeit und Sport dominierte. Worüber Erzsi wie fast alle ihre höhergestellten Geschlechtsgenossinnen in christlich geprägten Ländern gar nichts erfuhr, waren Fragen der körperlichen Entwicklung und der Pubertät, der sexuellen Aufklärung, Verhütung oder Schwangerschaft. Seit der Generation ihrer Mutter hatte sich in den hohen Kreisen nichts geändert und es sollte sogar noch bis in die Zwischenkriegszeit so bleiben, dass Mädchen keinerlei Erfahrungen mit dem anderen Geschlecht machen durften, bis sie heirateten. Erzsis Unkenntnis dieser zentralen Lebensbereiche, die jeden Menschen, gerade Frauen, tagtäglich betreffen, wird sich bald nach ihrer Eheschließung bitter rächen.

Eine Erzherzogin musste sich in allen Lebenslagen vorbildlich zu benehmen wissen. Wie man mit Leuten aus anderen sozialen Schichten sprach und umging, wie man Bittstellern mit Verständnis und Diskretion entgegenkam, waren Dinge, deren Relevanz sie vielleicht noch gar

Für Mädchen vor dem Teenageralter galt Weiß als die angemessene Trauerfarbe. Erzsi in einem noch kniekurzen weißen Kleid, vermutlich an einem Jahrestag der Tragödie von Mayerling.

nicht zu bewerten imstande war. Doch in den Jahren der Republik sollte kaum etwas bedeutungsvoller für sie sein als ein entsprechender und passender Umgangston mit Menschen, die sie früher wahrscheinlich nicht einmal von der Weite zu Gesicht bekommen hätte. In den 1880er- und 1890er-Jahren freilich war daran noch nicht zu denken. Hier ging es nur darum, Erzsi zu einer in jeder Hinsicht perfekten jungen Dame heranwachsen zu lassen, die im Alter von 17 oder 18 Jahren den ebenso perfekten jungen Mann treffen sollte, der, von ihrem Großvater, dem Kaiser, ausgewählt, sie zu einer standesgemäßen Ehefrau machen sollte. Doch es wird ganz anders kommen.

Hofleben

Zweimal in der Woche fuhr Erzsi von Laxenburg aus nach Schönbrunn. Dann salutierten die Wachen vor ihr und die Trommeln ertönten, sobald sich ihre Kutsche näherte. Sie stieg mit kindlicher Grazie aus dem Wagen und ging, wie man es ihr beigebracht hatte, kerzengerade und gemessenen Schrittes die Stufen zum Arbeitszimmer des Kaisers hinauf. War ihre Großmutter Kaiserin Elisabeth auch anwesend, überreichte ihr Erzsi einen kleinen Blumenstrauß: Veilchen im Winter und Feldblumen im Sommer. Die damals modischen opulenten Rosengestecke mochte die Oma nicht. Ansonsten gab es keine Anzeichen dafür, dass sich die Taufpatin viel um ihr Patenkind sorgte. Vor allem nach Mayerling weilte Elisabeth kaum mehr in Wien. In Erzsis Augen erschien Sisi wohl eher wie eine ferne Märchenfee, über die sagenhafte Geschichten und Legenden am Hof kursierten. Eine Großmutter aus Fleisch und Blut, wie sie eine benötigt hätte, war die Kaiserin ganz bestimmt nicht. Sie sagte selten ein Wort und trug zum bedrückenden Schweigen, das Erzsi umgab, noch das Ihre bei. Wenn der Großvater Zeit hatte, begleitete er seine Lieblingsenkelin, die Erzsi lange Zeit war, zum kleinen Bauernhof hinter der Gloriette oder in den Tiergarten. Gemeinsam schauten sie bei den Affen und Löwen vorbei oder Erzsi verfütterte Semmeln an die Bären, wie Franz Joseph in Briefen mitteilte. Erzsi habe mit großem Geschick die Brotstücke in die aufgesperrten Mäuler der Bären geworfen. Hier zeigte sich bereits die gewiefte Tennisspielerin, die Erzsi in ihren Teenagerjahren bald sein wird.

Dass die Großmutter Elisabeth ihre Mutter Stephanie nicht mochte, dürfte Erzsi kaum entgangen sein. Sie selbst konnte sehr wütend werden auf ihre Mutter und überhaupt auf alles, was ihr nicht passte. Als Stephanie wieder einmal Klagen über Erzsis wenig fügsames Verhalten im Unterricht zu Ohren gekommen waren, dachte sie sich eine besondere Strafe für die aufsässige Tochter aus. Sie veranlasste, dass die Hofwachen Erzsi nicht mehr standesgemäß begrüßten. Die Trommeln blieben still, niemand präsentierte die Waffen, wie es sich in Anwesenheit einer Erzherzogin gehörte. Erzsi verwand den Schock schwer. Sie fühlte sich extrem erniedrigt und vergaß niemals diesen überaus demütigenden Tag. Noch unter den prolligen und überheblichen Nationalsozialisten wird sie auf die Frage nach ihrem Namen, den die NS-Beamten natürlich kannten und von denen Erzsi wusste, dass sie ihn kannten, in lupenreinem Schönbrunnerdeutsch antworten: „Mein Großvater war Kaiser Franz Joseph und mein Vater Kronprinz Rudolf. Wollen Sie sonst noch was wissen?“

Die wenig erbaulichen Charaktereigenschaften ihrer Mutter wie Eitelkeit, Geltungssucht oder Blasiertheit gingen nicht spurlos an der Tochter vorüber. Als Stephanie ihre privilegierte Stellung am Hof nach dem Tod des Kronprinzen eingebüßt hatte, litt sie sehr unter der Missachtung, die ihr ihrer Meinung nach entgegengebracht wurde. Sie fing an, Wien zu meiden, so gut sie konnte, suchte Abwechslung und Zerstreuung an der Adria, in mondänen Kurorten, auf Vergnügungsreisen und Kreuzfahrten. Kaum war Rudolfs Sarg in der Kapuzinergruft beigesetzt worden, begann Stephanie mit der Umgestaltung seines Appartements in der Hofburg. Sie glaubte, die quälenden Erinnerungen dadurch verscheuchen zu können. Als erste Maßnahme wurden die Räumlichkeiten des Kronprinzen den ihren angegliedert. Unter dem Vorwand, dass die Einrichtung dieser Zimmer ja wohl kaum passend für eine Dame sei, ließ Stephanie den überwiegenden Teil des Mobiliars entfernen. Die Stücke kamen in andere habsburgische Residenzen oder überhaupt außer Landes. Der Tote durfte nicht nur nicht erwähnt werden, es sollte auch noch so aussehen, als habe es ihn nie gegeben. Hofwaggons transportierten Rudolfs einstige Besitztümer etwa nach Belgrad oder Rom, wo sie als Büroausstattung der jeweiligen österreichischen Botschafter ein zweites Leben erhielten.

Kaiserliche Familienaufstellung: Erzsi rechts neben dem sitzenden Franz Joseph. Im Hintergrund die Porträts der bereits Verstorbenen: Kronprinz Rudolf blickt auf seine Mutter Kaiserin Elisabeth, 1900

Auch aus anderen Bereichen suchte man Rudolf verschwinden zu lassen. Den Regimentern der Armee, die nach ihm benannt waren, wies man neue Namenspatrone zu. Wer sich als Dienstnehmer im engsten Umfeld des Toten bewegt hatte, wurde mit einer generösen finanziellen Abfindung in den Ruhestand versetzt. Jeder Angestellte bekam außerdem eine hohe Auszeichnung, denn das lebenslängliche Schweigen, das erwartet wurde, wollte ordentlich belohnt sein. Stephanie entledigte sich unliebsamer persönlicher Souvenirs. Sie verschenkte unter anderem den ältesten Säbel ihres Mannes ausgerechnet an den Grafen Karl Bombelles. Dieser ehemalige Obersthofmeister Rudolfs war dessen besonderer Intimus gewesen, hatte alles gewusst über das desaströse Eheleben des Paares und hatte dem sexsüchtigen Rudolf immer wieder neue Damenbekanntschaften vermittelt. „Behalten Sie den Säbel im Gedenken an meinen teuren Rudolf“, soll Stephanie zu Bombelles gesagt haben. Vielleicht war es eine Erleichterung, mit den Erinnerungsstücken auch die Freunde des Ex-Ehemannes loszuwerden.

Als die Räume, in denen der Kronprinz einst gelebt hatte, bis zur Unkenntlichkeit behübscht worden waren, gab es für die Kronprinzessin-Witwe Stephanie, wie sie nun offiziell genannt wurde, keine Aufgaben mehr am Hof. Der Vormund ihrer Tochter war der Kaiser. Sie selbst musste alle ihre Wünsche zuerst von ihm absegnen lassen, hatte keine Freiheiten, kein selbstbestimmtes Leben, wie es zum Beispiel bürgerliche Witwen ihr Eigen nennen konnten – sofern die Finanzlage stimmte. Viele Mitglieder der Hofgesellschaft machten Stephanie für den Tod des Thronfolgers verantwortlich. Hinter vorgehaltener Hand tuschelte man, sie habe ihn durch ihre Szenen in die Arme anderer Frauen und schließlich in die der jungen Mary Vetsera getrieben. Die von Anfang an in Wien unbeliebte Belgierin sei an allem schuld. Da sie nun nicht mehr die erste Dame nach der Kaiserin Elisabeth war, durfte sie diese bei offiziellen Anlässen nicht mehr vertreten. Ein Pech, denn aufgrund der sich auf einer Art Flucht befindlichen Kaiserin hätte es reichlich Programm für die 24-jährige Stephanie gegeben. Das Protokoll sah jedoch vor, dass sie nun Zurücksetzungen in Kauf nehmen musste, was für die notorische „Gschaftlhuberin“ die schlimmste Strafe darstellte, die sie nach der verhinderten Kaiserinnenkarriere noch treffen konnte. Immerhin hatte sie sich das Protektorat über das Rote Kreuz bewahren können und auch für die weitere Herausgabe von Rudolfs Vermächtnis, des sogenannten Kronprinzenwerks („Die österreichisch-ungarische Monarchie in Wort und Bild“), war sie verantwortlich. Die 24 Bände waren im Februar 1902 endlich vollendet. Zu diesem Zeitpunkt befand sich Erzsi schon einige Wochen im Stand der Ehe.

Erzsis erste Reise

Bei öffentlichen Auftritten begleitete den Kaiser immer öfter die Erzherzogin Marie Theresa, dritte Ehefrau von Franz Josephs Bruder Karl Ludwig. Dies kam für Stephanie einem Entzug ihrer Daseinsberechtigung gleich und sie sah somit nur zwei Möglichkeiten, ihr zukünftiges Dasein zu gestalten: sich entweder an ein Leben abseits der Repräsentation zu gewöhnen oder abzureisen. Fern der Residenzstadt war sie schon als regierende Kronprinzessin immer viel zuvorkommender behandelt worden als in Wien, denn da gab es massenhaft Konkurrenz: die an Ausstrahlung und Drama unübertreffliche Kaiserin und etliche bedeutende Erzherzoginnen. Abseits von Wien fiel es leichter, den einzigen ihr zustehenden Rang einzunehmen, nämlich den ersten – wie sie meinte. So erbat sie sich nach den Begräbnisfeierlichkeiten für Rudolf beim Kaiser eine Auszeit. Franz Joseph blieb seiner Schwiegertochter gegenüber stets distanziert, aber korrekt. Da ihr Vater sie in Brüssel nicht sehen wollte, gestattete er ihr und seiner Enkelin Erzsi eine Reise an die von Stephanie heiß geliebte Adria.

Sie war dort schon häufig hingefahren, auch zu Zeiten ihrer Ehe, meist ohne Rudolf. Seit 1888 traf sie sich in Abbazia (heute: Opatija, Kroatien) mit ihrem Geliebten, dem polnischen Grafen Artur Potocki. Stephanie hatte schließlich den Ausbruch gewagt. Bescheid wussten nur die Einheimischen und Stephanies Schwester, die skandalträchtige Louise. Vermutlich hatten sich Stephanie und Potocki, den sie in ihren brieflichen Berichten an Louise „Hamlet“ nannte, in Galizien kennengelernt, als Stephanie Rudolf auf einer Reise begleitete. Potocki war schon lange Witwer. In Wien arrangierte Louise geheime Treffen für „Hamlet“ Potocki und „Ophelia“ Stephanie – was nicht allzu schwierig war, da Louises Mann und Rudolf oft gemeinsam jagen gingen. Anfang Jänner 1889, drei Wochen vor Mayerling, schrieb Stephanie ihrer Schwester aus Abbazia, wie „charmant" doch das Leben hier sei, ihre Kopfschmerzen seien wie weggeblasen. Dem Liebesglück der beiden war jedoch keine Zukunft beschieden, denn schon im März 1890 erlag der bereits länger leidende polnische Graf 40-jährig einer Krebserkrankung. In der „Wiener Zeitung" wurden die Leser über die „imposante Trauerkundgebung für den vorzeitig Dahingeschiedenen" informiert. Ziemlich genau zehn Jahre später schilderte dasselbe Blatt eine Eheschließung, die ebenfalls an der Adria, in Miramare, stattgefunden hatte: Die ehemalige Kronprinzessin Österreich-Ungarns heiratete den k. und k. Kämmerer Graf Elemér Lónyay von Nagy-Lónya und Vásáros-Namény, den sie einige Zeit nach Potockis Tod kennengelernt und dessen – unstandesgemäße – Beziehung zu ihr sie so lang wie möglich geheim gehalten hatte. Erzsi wusste jedoch schon in jungen Jahren, dass die vielen Reisen ihrer Mutter hauptsächlich den Zweck hatten, sich mit einem Mann zu treffen. Dem gigerlhaft wirkenden Ungarn war Erzsi einige Male begegnet, er war vorrangig auf seine äußere Erscheinung bedacht wie die Kronprinzessin-Witwe, besaß kein Vermögen und arbeitete als Diplomat in London. Dass es für die unfruchtbare und schließlich auf die 35 zugehende Stephanie nicht leicht gewesen war, einen Heiratskandidaten zu finden, dürfte Erzsi erst später klar geworden sein. Trotzdem lehnte sie den Stiefvater aus ganzem Herzen ab, was aber keine Rolle spielte. Erzsi, Erzherzogin mit Thronanspruch, hatte ihr eigenes Leben. Stephanie war ab 1900 nur noch die Gräfin Lónyay. Ihre Tochter durfte bei der Trauung nicht anwesend sein, da sie bei einer weit unter ihrem Rang stehenden gräflichen Hochzeit nichts verloren hatte. Eine Regelung, die wohl allen Beteiligten zum Vorteil gereichte.

À la mode

Doch vorerst fuhren am 18. Februar 1889 Mutter und Tochter mit dem Zug Richtung Süden. Rudolf lag seit fast 14 Tagen bei den meist ungeliebten Vorfahren in der Gruft. Mehrere Monate lang richteten sich seine Hinterbliebenen auf dem Schloss Miramare in der Nähe von Triest ein, in jenem Bauwerk, das der unglückselige Onkel des Kronprinzen, Kaiser Maximilian von Mexiko, als traumhaften Fluchtpunkt hatte errichten lassen. Stephanies Mutter und ihre beiden Schwestern kamen nach Miramare und versuchten, Stephanie und Erzsi über die erlittene Katastrophe hinwegzuhelfen. Das kleine Mädchen war überwältigt von den Wellen und dem Rauschen des Meeres; es empfand Liebe auf den ersten Blick. Genauso wie seine Mutter wird es ab sofort seine Sehnsucht nach dem tiefen Blau, der gelösten Stimmung und den Fischern mit ihren Booten kaum mehr bezwingen können. Der Erholungsaufenthalt dauerte schließlich länger an als ursprünglich geplant und erst im Mai kehrte Stephanie samt Erzsi und Gefolge nach Wien zurück. Die Witwe reiste wie einst als amtierende Kronprinzessin mit großer Entourage: Sekretäre, Zofen, Diener, Koch, Arzt – alle mussten dabei sein. Von Kaiserin Elisabeth hatte sie gelernt, dass es sinnvoll war, nicht überall gleich erkannt zu werden, und so legte sie sich alle möglichen Decknamen zu. Nicht zuletzt benötigte sie Unmengen von Gepäck, worüber sich die kleine und heranwachsende Erzsi lustig machte, allerdings nur so lange, bis sie selbst mit noch viel mehr Koffern und Schachteln unterwegs sein sollte. Spätestens bei ihrer Hochzeitsreise wird sie ihre Mutter überflügelt haben.

Nach dem Tod des Grafen Potocki suchte die 26-jährige Stephanie in den verschiedenen, von ihr häufig frequentierten mondänen Bade- und Kurorten nach einem neuen Lebensgefährten, den sie in der Person des Grafen Lónyay zu guter Letzt auch fand. Sie galt zu dieser Zeit als eine der modischsten, wenn auch nicht modernen Frauen. Während Coco Chanel schon in ihren Marinières herumspazierte, die an sich als Arbeitskleidung für bretonische Fischer gedacht waren, trug Stephanie noch immer ausgestopfte Vögel und künstliche Blumen auf dem Kopf. Das Leben in der damals vielleicht modernsten Stadt der Welt hinterließ bei ihr keinerlei Spuren. In Wien manifestierte sich ein ganz neues Denken in vielen Bereichen, hier schrieb Sigmund Freud an der Traumdeutung, hier malte Richard Gerstl radikal neue Porträts. Arthur Schnitzler brachte streng tabuisierte Inhalte skandalträchtig auf die Bühne. Obwohl Stephanie noch fast die Hälfte des 20. Jahrhunderts erleben sollte, gelang es ihr nie, die Gedankenwelt des 19. Jahrhunderts hinter sich zu lassen. Viel Zeit und Geld investierte sie lediglich in ihr

Stephanie posiert als Biedermeierdame für einen Kostümball, um 1885

Aussehen, machte jeden noch so absurden Modetrend begeistert mit – auch wenn ihr nicht alles stand, was gerade die Seiten der Modehefte und die Schaufenster der Kaufhäuser füllte. Schneiderinnen, Modistinnen, Korsettmacherinnen und Schuster mussten ihr ständig zur Verfügung stehen, Berge von Textilien lagen in ihren Räumlichkeiten herum, wurden an- und wieder ausgezogen, den Freundinnen vorgeführt, verworfen oder für chic befunden.

Die Mode der 1880er-Jahre, ihrer Jugendzeit, war dominiert von viel Rot, wie es der In-Künstler Hans Makart populär gemacht hatte, viel Brokat, schweren Seidenstoffen, „Makart-Hüten" mit farbigen Straußenfedern. Stephanie erschien mit dem neumodischen Cul de Paris, einem Aufbau zur Betonung des Gesäßes, der in Wien nicht allzu viele Nachahmerinnen fand. Manche Pariser Trends lehnten die Wienerinnen als „übertrieben" ab. Reize mussten im viktorianischen Zeitalter zwar durchwegs versteckt werden, wurden aber durch andere Hilfsmittel umso mehr betont. Erzsi fand es lachhaft, dass ihre Mutter Zofen beschäftigte, die nur für ihre Kleider zuständig waren. In all dem textilen Wirrwarr kam dem Mädchen jedoch eine bedeutende Rolle zu, denn die hochgewachsene Stephanie erzählte bei diesen Modenachmittagen den anwesenden Damen, dass ihre Tochter schon genauso groß sei, wie sie selbst es in diesem Alter gewesen wäre. Erzsi musste dann in ihrem schmucklosen weißen Kleidchen brav lächeln und sich neben die Mutter setzen, damit die Ähnlichkeit bewundert werden konnte. Der Zukünftige der Mutter liebte den Kleidungsstil Stephanies und stand seiner auffallenden Frau in nichts nach.

Bei Aufenthalten in der Hauptstadt trug Stephanie stets Schwarz. Die Trauervorschriften im Kaiserhaus kamen einer eigenen Wissenschaft gleich, jedenfalls war für die nächste Anverwandte des Toten ein Jahr tiefe Trauer vorgeschrieben, also Schwarz von Kopf bis Fuß samt Schleier vor dem Gesicht. Da Erzsi noch ein Kind war, durfte sie nur Weiß tragen, ohne bunte Borten und ohne Schmuck. Wenn sie nach Laxenburg hinausfuhr, grüßten die Wiener das kleine Mädchen und winkten ihm mit weißen Taschentüchern freundlich zu. Ihre große Hoffnung, den fortschrittlichen Kronprinzen, der die Menschen aus den Fesseln von Tyrannei und Aberglauben befreien wollte, der für Gerechtigkeit und Wahrhaftigkeit eingetreten war, hatten sie verloren. Nun zeigten sie ihre Verbundenheit seiner Tochter und liebten ihre „Liesl" umso mehr.

Stephanie indessen wollte das ihr kühl begegnende, emotionsgeladene Wien so oft wie möglich verlassen. Schon im Sommer 1889, kurz nach der monatelangen Reise an die Adria, ließ sie Erzsi für längere Aufenthalte in Brüssel und in Preßburg (heute: Bratislava) zurück. Ihre Abwesenheiten wurden immer länger und häufiger und bald konnte ihr Itinerar es durchaus mit dem der sich fast ununterbrochen von Wien fernhaltenden Kaiserin Elisabeth aufnehmen. Stephanie fuhr sogar bis ans Nordkap, was Sisi nie gelungen war. Im Prinzip machte es keinen Unterschied, ob Stephanie sich in Wien blicken ließ oder nicht; bei Kaiserin Elisabeth lag der Fall aber anders. Ihre Verpflichtung wäre es tatsächlich gewesen, sich in der Residenzstadt aufzuhalten, erst recht nach einer staatspolitischen Tragödie wie dem Selbstmord des Thronfolgers. Elisabeth wurde zu Recht kritisiert. Obwohl auch an den Vergnügungsreisen der „lustigen Witwe" zum Spielen nach San Remo, ihren Kreuzfahrten nach Tunis, Sizilien oder auf die Balearen heftig Anstoß genommen wurde, setzte Stephanie ihre kostspieligen Freizeitbeschäftigungen bis zu ihrer Wiederverheiratung fort. Es schicke sich nicht für eine Trauernde, in der Weltgeschichte umherzugondeln, monierten Untertanen sowie Gegnerinnen und Gegner am Kaiserhof. Als besonders verwerflich wurde gebrandmarkt, dass sich Stephanie nicht einmal bemühe, den Schein zu wahren, sondern ungeniert sogar die kleine, entzückende Tochter vernachlässige. Stephanie war eben jung, genoss ihre neue Freiheit, was nur abseits der Hauptstadt möglich war, spielte Tennis und ließ sich von jungen Offizieren hofieren. Es sollte keine zehn Jahre dauern, da wird die „vernachlässigte", mittlerweile sehr große Erzsi genau dasselbe tun.

Hielt sich Stephanie in Wien auf, fuhr Erzsi von Laxenburg aus in die Hofburg und besuchte ihre Mutter. Sie gewöhnte sich an die veränderten Lebensbedingungen. Die Mama sah sie auch sonst nicht sehr oft, Erzsi vermisste sie immer seltener, die langen Trennungen wurden Normalität und es sollte kein enger Kontakt zwischen Mutter und Tochter mehr zustande kommen. Außer höflichen, eher nichtssagenden Phrasen war von Stephanie ohnehin nicht viel zu erwarten gewesen. Erzsis Aufwachsen glich beinahe dem einer Vollwaisen.

1891, als sich Rudolfs Todestag zum zweiten Mal jährte, betrat seine Tochter erstmals die Kapuzinergruft, am Arm ihrer Mutter. Sie legte einen kleinen Kranz aus duftenden rosa Moosrosen nieder und wurde danach wieder in die Hofburg zurückgebracht. Auch der nunmehr Siebenjährigen wollte man keine Gelegenheit bieten, allzu sehr der Trauer um den Vater nachzuhängen. Zu dieser Zeit erhielt Erzsi als Geschenk ihrer Mutter eine der damals modernen, in Paris hergestellten lebensgroßen Modepuppen. Diese waren allerdings eher für erwachsene Damen gedacht; als Ebenbilder der Eigentümerin sollten sie in deren Boudoir sitzen. Erzsi fürchtete sich vor der ihr sehr ähnlich sehenden Doppelgängerin und soll – so ihre Erzieherinnen – angesichts des starren Blicks der Glasaugen im Porzellankopf der Puppe Aggressionsanfälle bekommen haben. Die Geschichte erinnert an E. T. A. Hoffmanns schwarzromantische Erzählung „Der Sandmann", in der es um eine Automatenpuppe namens Olimpia geht. Sie wirkt so „echt", dass ihr Hersteller sie als seine Tochter ausgibt. Hoffmann schreibt jedoch, dass ihr „ein belebter Ausdruck des Blicks" abgehe. Olimpia ist schließlich mitverantwortlich für den Wahnsinn der Hauptfigur Nathanael. Der Protagonist stürzt sich am Ende der Geschichte in den Tod.

In seinem Essay „Das Unheimliche" erklärt Erzsis Zeitgenosse Sigmund Freud, dass das Wort „unheimlich" mit „Heim", also Zuhause, zu tun hat. Etwas Ungewöhnliches in gewohnter Umgebung kann Unbehagen bis Horror auslösen – wie Erzsis Modepuppe. Die Aura der unerwünschten Doppelgängerin, die in ihrem Zimmer saß, erschreckte die kindliche Erzsi. Sie war seit Langem an das Alleinsein gewöhnt und wollte allein bleiben. Möglich, dass später ihre kranke Tochter Fee, die ihr ebenso ähnelte und die ebenfalls keine Reaktionen auf eine Ansprache zeigte, sie an die Puppe, die sogenannte Pariserin, erinnerte. Die Gouvernante ließ das Problempräsent damals diskret verschwinden. Jedenfalls könnte die bei Erzsi feststellbare „Doppelgängerangst" hier ihren Ursprung haben.

„Liesl" tritt auf

Selten, aber je älter sie wurde, immer ein wenig öfter, durfte Erzsi bei offiziellen Anlässen dabei sein. Sie sollte langsam an ihre

Mit dem Eintritt der Pubertät wurden die Kleider länger. Da der Tod des Vaters nun schon viele Jahre zurücklag, durfte Erzsi einen farbig abgesetzten Taillengürtel tragen, um 1895.

Repräsentationspflichten herangeführt werden. Als sie erstmals beim Blumencorso mitfuhr, dem traditionellen Wiener Frühlingsbeginn im Prater mit prächtig geschmückten Wagenkolonnen, flogen dem Mädchen im einfachen, hellen Batistkleid alle Herzen zu. Das Publikum war begeistert und rief ohne Unterlass: „Unsere Liesl! Unsere Liesl!" Stephanie, die herausgeputzt neben der „Liesl" saß, ahnte sicher, dass der Enthusiasmus der Wiener noch immer der Erinnerung an den toten Kronprinzen galt. Die kaisertreuen Zeitungen überschlugen sich fast vor lauter Andächtigkeit bei ihrer Beschreibung der „kleinen Prinzessin mit den himmelblauen Augen und den goldenen Locken".

Im Juni 1895 repräsentierte Erzsi das erste Mal offiziell das Kaiserhaus, und zwar bei ihrer Teilnahme an der Fronleichnamsprozession. Sie war nun bald zwölf Jahre alt und Franz Joseph meinte, es sei an der Zeit, dass sie vermehrt öffentlich in Erscheinung trete. Sie war jedoch oft krank und wuchs sehr schnell, sodass sie nach ihrem ersten großen Auftritt gleich nach Mürzsteg zur Erholung geschickt wurde.

Als Kaiserin Elisabeth im September 1898 ermordet wurde, hatte Erzsi gerade ihren 15. Geburtstag gefeiert. Die erzieherische Isolation war wieder ein Stück gelockert worden, wovon ein verschwenderisches Geburtstagsfest mit vielen hochadeligen Gästen in Erzsis Alter Zeugnis ablegte. Glückwunschbriefe und Berge von Geschenken stapelten sich in den Zimmern der verwöhnten jungen Dame. Franz Joseph musste feststellen, dass seine Enkelin ihn an Körpergröße bereits überragte. Sie war 180 Zentimeter groß und wuchs weiter, woraus immer wieder gesundheitliche Probleme resultierten. Migräneanfälle und Müdigkeit wurden in Miramare, in Traunkirchen am Traunsee in Oberösterreich und in der Umgebung von Bozen so gut wie möglich auskuriert. Bewegung in der frischen Bergluft und Sport standen ebenso regelmäßig auf dem Programm. Franz Joseph und die Gräfin Coudenhove einigten sich auf einige junge Damen des Hochadels, die Erzsi auf ihren Wander- und Fahrradtouren begleiten und mit ihr Tennis spielen sollten.

Einmal hatte Erzsi ihre Taufpatin, die Kaiserin, in Miramare gefragt, ob sie sie vielleicht mitnehmen würde, wenn sie wieder mit dem Schiff in Triest ablege. Sisi hatte geantwortet, dass das leider nicht möglich sei: „Eines Tages werde ich nicht wiederkehren." Und nun war es so weit. Kaiserin Elisabeth kam von ihrer Reise nach Genf im Sarg zurück. Sie war 60 Jahre alt geworden, doppelt so alt wie ihr Sohn Rudolf.

Erzsi erinnerte sich an sie als an eine schweigsame Frau mit Spitzenfächer und Sonnenschirm, nie anders als in Schwarz gekleidet. Gelegentlich hatte sie gelächelt. Lachen sah oder hörte man sie nie. Elisabeth mag der Tochter ihres einzigen Sohnes vielleicht innerlich nähergestanden haben als anderen Enkelkindern, engen Kontakt zu ihr hat sie nie gesucht. Es lag nicht in ihrer Natur. Die Kaiserin von Österreich war von ihrer ganzen Veranlagung her selbstverliebt, distanziert, unnahbar. Sie mochte Menschen nicht wirklich. Wenigstens vor diesen blieb sie ab sofort für immer verschont. Zu den ersten Kränzen, die vor ihrem Katafalk abgelegt wurden, gehörte der ihres Patenkindes. Erzsi hatte weiße Rosen mit einer weißen Schleife für die tote Großmutter ausgewählt. Durch ein Fenster im Sarg konnten die engsten Angehörigen das Gesicht der Ermordeten ein letztes Mal sehen. Im Kondukt ging Erzsi neben ihrer Mutter gleich hinter dem Kaiser. Mit den weißen Trauerkleidern und kurzen Söckchen war es vorbei. Die Erzherzogin Elisabeth Marie trug ein langes schwarzes Kleid und entsprechend der Hoftrauer bedeckte ein schwarzer Schleier ihren Kopf.

Goldmarie

Die Testamentseröffnung nach dem Tod der Kaiserin brachte Erzsi immense Zugewinne zum ohnehin schon riesigen Erbe ihres Vaters. Schon nach dessen Selbstmord hatte Kaiserin Elisabeth ihren Schmuck verschenkt und neben den Töchtern Gisela und Marie Valerie war auch Erzsi mit vielen exquisiten Perlen und Diamanten bedacht worden. Doch jetzt bekam sie ein Fünftel des Nachlasses der Kaiserin – die verbleibenden vier Fünftel gingen zu gleichen Teilen an die beiden Töchter. Allein zehn Millionen Gulden erbte Erzsi in Form von Wertpapieren. Die Privatbibliothek Elisabeths mit wertvollen Hungarica und Bänden ihres Lieblingsdichters Heinrich Heine gehörte nun Erzsi, die die Bücher bis zu ihrem Tod in großen Ehren hielt. Danach gingen die wertvolleren Stücke an die Nachkommen Marie Valeries nach Wallsee, den Rest übereignete Erzsi der Österreichischen Nationalbibliothek.

Das Erbe der Kaiserin enthielt außerdem noch zahlreiche Schmuckstücke, Broschen, Armbänder, wunderschöne Perlencolliers erster Güte. Insgesamt war es ein gewaltiges Vermögen, das da auf die 15-Jährige niederprasselte. Erzsi war eine außerordentlich reiche Jugendliche und kam ins heiratsfähige Alter. Dass sie als „beste Partie" der gesamten Donaumonarchie galt, überraschte niemanden. Und dass ein so hoher Marktwert auch viele Nachteile mit sich bringen kann, sollte sie erst nach ihrer Hochzeit, einer Mesalliance par excellence, leidvoll erfahren müssen.

III
Der Tod des Märchenprinzen

Otto, Egon und Goldi

„Die Vorwürfe an eine erloschene Liebe sind immer absurd und trostlos."

Erzsis Vormund Franz Joseph war bald 70 Jahre alt. Seine Frau weilte nicht mehr unter den Lebenden. Da die Kaiserin den heutigen Vorstellungen zum Trotz ihre Beliebtheit längst eingebüßt hatte, wollte der Herrscher dem Untertanenvolk nicht allzu viel erzwungene Trauer zumuten. Wie so vieles, was Elisabeth in ihrem Leben getan hatte, kam auch ihr Tod ungelegen und unpassend daher, denn 1898 sollte der betagte Kaiser sein 50-jähriges Amtsjubiläum feiern. Er regierte seit seinem 18. Lebensjahr. Gründe zum Jubeln waren schwer zu finden, doch Franz Joseph kannte den Hang der Leute zu Festlichkeiten, jeder Anlass war willkommen. Im Land stand es nicht wirklich zum Besten. Ein Überleben des alten und morschen Regimes konnte ausgeschlossen werden, sein Untergang war lediglich eine Frage der Zeit. Die soziale Lage um 1900 kann nur als trist beschrieben werden. Obwohl zumindest in den Städten viel gebaut wurde, gab es Zehntausende ohne festen Schlafplatz, sogenannte Bettgeher, die ein wenig hygienisches Bett für einige Stunden mieten konnten. Viele Taglöhner, ungelernte Arbeiter und Arbeiterinnen, Migranten auf Jobsuche schliefen in Schichten in fremden Betten. Diese standen in Kleinstwohnungen, bestehend aus einem Zimmer und einer winzigen Küche; sechs bis zehn Menschen hausten auf wenigen Quadratmetern. Noch immer starben jedes Jahr fast 10.000 Wiener an der „Wiener Krankheit", der Tuberkulose.

S. 119: Szenen einer „wilden" Ehe: Otto und Erzsi zu Windisch-Graetz

Abgesehen von solchen Missständen beschäftigten nationale Fragen in noch viel größerem Ausmaß Kaiser und Minister. Der von Elisabeth mit vorangetriebene „ungarische Ausgleich" von 1867 hatte dazu geführt, dass sich die anderen Völker im Reich benachteiligt bis hintergangen fühlten. Slawische Abgeordnete verlangten im Reichsrat gegenüber der Hofburg mit Nachdruck mehr politischen Einfluss, Dauerreden standen an der Tagesordnung, Pultdeckel wurden zertrümmert, Stühle flogen durch die Luft. Tschechen schlugen auf Deutschsprachige ein, Ruthenen (Ukrainer) brüllten Polen nieder, Ungarn und Kroaten, Italiener und Slowenen pochten auf ihre eigene Sprache in Schulen, Ämtern, in der Armee. Die Nationalitätenkonflikte waren das schwerwiegendste Problem der alten Monarchie, sie blieben ungelöst und führten zum Ersten Weltkrieg, dem Untergang des Kaiserhauses und zu vielen weiteren Krisen und Katastrophen, von denen keine einzige Erzsis Leben unberührt lassen sollte.

Trotz (oder wegen) der politischen Streitigkeiten: Die Veranstaltungen zum großen Regierungsjubiläum sollten planmäßig über die Bühne gehen und so wenig wie möglich sollte wegen des Todes der Kaiserin abgesagt werden. Der Kaiser, tatsächlich in tiefer Trauer, flüchtete aus der feierwütigen Hauptstadt zum Schloss seiner jüngsten Tochter ins niederösterreichische Wallsee. Dorthin kamen auch die ältere Tochter Gisela sowie die Enkelin Erzsi. Die Frauen der Familie suchten den alten Mann von seinem Kummer abzulenken. Überhaupt wollte Franz Joseph seine Lieblingsenkelin immer öfter um sich haben. Er sah sich in ihrer Schuld, war ihr gegenüber extrem großzügig, ließ ihr Starrsinn und viele Eigenmächtigkeiten durchgehen. Vielleicht dachte er manchmal, wenn er dem Scheidungswunsch seines Sohnes zugestimmt hätte, wäre es nicht zu den Geschehnissen in Mayerling gekommen. Er hätte Rudolf in die Regierungsentscheidungen miteinbeziehen müssen, eventuell ein Datum nennen, an dem er die Regentschaft in die Hände des Sohnes zu legen gedachte. Stephanie wäre abgefunden worden, Rudolf wäre am Leben, Erzsi hätte einen Vater. Der Kaiser machte Erzsi so viele Zugeständnisse, dass man von solchen Gedanken ausgehen kann. Doch wie ihrem Vater sollte es Erzsi bald gelingen, den Bogen zu überspannen.

Ein schwieriger Charakter

Franz Joseph lud Erzsi mehrmals in der Woche zum Nachmittagstee in seine Amtsräume ein. Er machte ihr klar, was er erwartete: Sie sollte in die Rolle einer Thronfolgerin, der ersten Dame in der Monarchie, hineinwachsen. Sie erfuhr, wie ihre Aktivitäten, hauptsächlich repräsentativer Natur, sukzessive erweitert werden sollten. Erzsi hörte aufmerksam zu, wie man es sie gelehrt hatte, doch sie hatte anderes im Sinn als Patronanzen, Auftritte bei Stiftungen oder Fahnenweihen. Sie wartete auf eine ganz bestimmte Gelegenheit, denn sie hielt sich nun für alt genug, um endlich die Wahrheit über die letzten Stunden ihres Vaters zu erfahren. Das Geheimnis hatte sie immer gespürt. Es hatte sie umgeben wie ein krankmachender Kokon. Viele Male versuchte sie, das Gesprächsthema auf Rudolf zu lenken. Doch Franz Joseph war auf der Hut und umschiffte diese Fragen, die er am wenigsten von allen zu diskutieren gewillt war. Der Name des Kronprinzen war weiterhin tabu. Erzsi wurde immer zorniger, was Franz Joseph nicht entging. Er erkannte das überschäumende Temperament seines Sohnes in dessen Tochter wieder.

Die jugendliche Erzsi nahm die ihr zugewiesenen Termine wahr, allerdings verliefen diese gelegentlich nicht im Sinn des Auftraggebers. Nach der Abnahme von Regimentsparaden oder dem Besuch gestifteter Heime hinterließ Erzsi oft ratlose oder gar wütende Offiziere, Soldaten, Institutsleiterinnen und -leiter. Es war nicht ihre Art, zu loben oder gute Stimmung zu verbreiten. Eher im Gegenteil. Bald löste die Ansage einer Visite der Erzherzogin Elisabeth Marie Angst und Schrecken aus, wie einst unter ihren Erziehern. Sie war nun nicht mehr „nur ein Mädchen". Sie wollte in ihrer Rolle, in ihren Aufgaben und Verpflichtungen ernst genommen werden. Eine einwandfreie Haltung und strengstes Befolgen der Etikette waren in ihren Augen Selbstverständlichkeiten. Soldatenstiefel, die nicht blitzeblank poliert sind? Ein in der Eile falsch zugeknöpfter Uniformrock? Ein Fleck am Revers? Erzsi, die noch mit über 70 ohne Brille las, entging nicht die kleinste Unregelmäßigkeit. Und bei jeder rastete sie aus. In Miramare etwa war

Die junge Fürstin zu Windisch-Graetz, um 1902

sie absichtlich ohne Ankündigung ins Meer gesprungen und hatte ihre Schwimmlehrer damit wie intendiert zur Verzweiflung getrieben. Dort spielte sich auch jene Episode ab, die in den Biografien über Erzsi einen fixen Platz einnimmt: Wegen eines Leutnants, der sie auf der Strandpromenade nicht vorschriftsmäßig ehrerbietig gegrüßt habe, sei es zu einer polizeilichen Anzeige gekommen. Da es für junge Angehörige des Kaiserhauses als unschicklich galt, sich über Gebühr modisch zu kleiden, zu schmücken oder zu schminken, wirkte es glaubhaft, als sich der bedauernswerte Soldat entschuldigte. Er habe Erzsi ganz einfach nicht erkannt. Bestraft wurde er trotzdem und Erzsi fand das nur gerecht. So sehr sie ihre Mutter zu dieser Zeit schon ablehnte: Sie hatte den Standesdünkel und das blasierte Getue Stephanies längst verinnerlicht. Und so richtig wurde sie diese Eigenarten auch nie mehr los.

Die Informantin

Miramare war der einzige Ort, an dem Erzsi unbeobachtet eine Freundin treffen konnte, die Tochter eines Grafen. Aufgrund ihrer Unebenbürtigkeit konnte dieses Mädchen nicht als „offizielle" Bekannte einer Erzherzogin durchgehen. Aber am Meer tickten die Uhren anders. Stephanie war mit dem Grafen Lónyay zusammen und verschwendete nicht allzu viele Gedanken an ihre pubertierende Tochter, deren Aufpasserinnen ohnehin nie sehr weit sein konnten. Erzsi gelang es, sich zumindest kleine Freiheiten herauszunehmen, was in Wien oder Laxenburg so kaum möglich gewesen wäre. Das Mädchen Odilia („Dili" gerufen) hatte keinen Vater mehr, genauso wie Erzsi. Während Odilias Vater in einem der Kriege des Kaisers gefallen war, hatte sich ihre Mutter in ein Kloster zurückgezogen. Odilia lebte bei ihren Großeltern in der Nähe von Triest und sie lud Erzsi zu sich nach Hause ein. Die Bekanntschaft der beiden Mädchen kann gar nicht überschätzt werden, denn hier sind die Anfänge der bedingungslosen Bewunderung zu suchen, die Erzsi ihrem bald zehn Jahre toten Vater entgegenbringen wird. Odilia war es auch, die die junge Erzherzogin auf die Zustände in den Wienerberger

Ziegelwerken aufmerksam machte, sodass Erzsi sich vornahm, ihren Großvater Franz Joseph darauf anzusprechen.

Dilis Großvater besaß eine passable Bibliothek, in der die neue Freundin stöbern durfte. Bald entdeckte Erzsi die Werke ihres Vaters, die man ihr bisher vorenthalten hatte. Sie dürfte regelrecht bezaubert gewesen sein, als sie Rudolfs Beschreibung seiner „Fünfzehn Tage auf der Donau“ und vor allem seine „Orientreise“ las. Schon in seinen frühen Schriften wurde die von den Zeitgenossen wiederholt hervorgehobene schriftstellerische Begabung des Kronprinzen deutlich spürbar. Und auch seine zwiespältige Ideenwelt dürfte Erzsi nicht kaltgelassen haben, kehrte diese doch bei ihr so überdeutlich wieder: Überzeugungen, die noch dem Traditionalismus feudaler Kreise entsprachen, fanden sich neben fortschrittlichen, intellektualistischen Gedanken. Bei den „Fünfzehn Tagen auf der Donau“ handelte es sich um die erste Publikation des noch nicht 20-jährigen Thronfolgers. Auf 310 Seiten versammelte er seine Eindrücke einer Jagdreise auf der Donau in Richtung Südungarn. Ziel der Unternehmung war es, seltene Tierarten in ihren Biotopen zu studieren und für naturwissenschaftliche Sammlungen einige Exemplare zu erlegen. Obwohl das Buch anonym erschien, stand der Kronprinz als Urheber fest und sogar die Fachwelt wurde auf den Hobbyornithologen aufmerksam. Rudolf beschrieb hier detailreich die von der Zivilisation unberührte Aulandschaft und seine vogelkundlichen Beobachtungen. Seine Naturkunde-Lehrer hatten es verstanden, die Neigungen des Jugendlichen zu fördern und ihn in Kontakt mit anerkannten Wissenschaftlern auf diesem Gebiet treten zu lassen. Vor allem der Zoologe Alfred Brehm, der Rudolf mit anderen Professoren auf der „Donaufahrt“ begleitet hatte, übte einen nachhaltigen Einfluss auf den jungen Mann aus. Das Spezialgebiet der Raubvögel, insbesondere Adler und Geier, hatte es Rudolf angetan und er entwickelte sich zum geschätzten Fachmann in diesem Bereich. Es war jene Zeit, in der er gern ein formelles Studium begonnen hätte.

Immer wieder in ihrem Leben las Erzsi in den zwei Bänden der „Orientreise“ und vertiefte sich in die Berichte, die ihr Vater nach seiner Rückkehr aus Ägypten und Palästina verfasst hatte. Von Februar bis April 1881 hatte er im „Orient“ Tiere geschossen und eine Menge altägyptischer Objekte erworben, die sich heute in der Ägyptisch-Orientalischen Sammlung des Kunsthistorischen Museums befinden. Die wissenschaftlichen, schriftstellerischen und journalistischen Interessen Rudolfs stießen nicht gerade auf ungeteilte Zustimmung der mächtigen Kreise am Hof und in den Ministerien. Schon im Jänner 1883, sechs Jahre vor Mayerling, beklagte sich Rudolf bei seinem Freund, dem Journalisten Szeps: „Ich sehe von Tag zu Tag mehr, mit welch engem Kreis von Spionage, Denunziation und Überwachung ich umgeben bin. (...) Hetzereien über und gegen mich an s e h r hoher Stelle – das habe ich alles schon durchgemacht." Es wurde für den Kronprinzen unvermeidbar, Chiffriereinrichtungen zum Verfassen und Entschlüsseln von Nachrichten zu verwenden. Eine solche Chiffrierfolie hat sich in Erzsis Nachlass erhalten, sie befindet sich heute im Mobiliendepot. Moritz Szeps half Rudolf in seiner misslichen Lage, schrieb dessen Manuskripte ab und verbrannte die Originale, damit in der Druckerei niemand die Handschrift und somit die Urheberschaft diverser kritischer Artikel Rudolfs identifizieren konnte. Die Korrespondenz, die der Kronprinz mit Szeps führte, fand fast durchgängig chiffriert statt.

Bei den Besuchen im Haus ihrer Freundin vertiefte sich Erzsi zunehmend in die väterlichen Werke. Endlich hatte sie auf Umwegen einen Zugang zu den Gedanken Rudolfs finden können. Dilis Großvater war vom unkonventionellen Kronprinzen und dessen Vorstellungen zu Politik, Gesellschaft und Wissenschaft positiv überrascht gewesen und erzählte Erzsi, welche Art von Zukunft ihr Vater für das Reich vor Augen gehabt hatte. Es war so ganz anders als alles, was Erzsi bisher im Unterricht und von ihrem Großvater oder gar von ihrer Mutter gehört hatte. Es faszinierte sie und sie stellte fest, dass viele von Rudolfs Ideen sich mit ihren eigenen, noch etwas verworrenen Ansichten deckten. Sie erkannte, dass die Gedanken des Vaters ihr helfen konnten, Ordnung in ihre eigene Welt zu bringen. Sie hatte ein Vorbild, mehr noch: ein Idol gefunden, dem sie nachzueifern gedachte. Dass es kein Mensch in ihrer Familie für angebracht gehalten hatte, ihr vom Vater und dessen Vorstellungen zu erzählen und dass sie es nur mit Mühe geschafft hatte, fundamentale Informationen über ihre Herkunft in Erfahrung zu bringen, hat einen großen Teil zu Erzsis Entfremdung von der Familie Habsburg beigetragen. Sie fühlte sich immer mehr in die Rolle einer grundlegenden Opposition zu den Werten und Haltungen dieses Herrscherhauses gedrängt.

Franz Joseph bat seine Enkelin weiterhin regelmäßig zu sich, um Tee zu trinken. An einem verhängnisvollen Nachmittag nahm Erzsi all ihren Mut zusammen und brachte ein Thema zur Sprache, das Dili ihr mehr oder weniger aufgedrängt hatte. Sie berichtete von einem Arzt, der über die Verhältnisse in den Ziegelwerken geschrieben hatte. Die Arbeiter dort stellten die Ziegel für die Modernisierung der Hauptstadt her, für die Paläste an der Ringstraße, für die offiziellen Gebäude, die der ganze Stolz des Kaiserhauses waren: die Oper, das neue Burgtheater, die beiden Hofmuseen, die Universität und das Parlament. Dili hatte erklärt, dass es in Wien eine Gegend gäbe, die sie, Erzsi, aufgrund ihres hohen Standes nie zu sehen bekäme, doch da würden Hunderte Familien leben, viele Kinder, im Dreck, ohne jede Chance, ohne Krankenversorgung. Es gäbe kaum genug zu essen. Das spiele sich in ihrer, Erzsis, Stadt ab, in all dem Glanz der Ringstraßenzeit, direkt vor ihren Augen, und doch so weit von ihr entfernt. Sie müsse mit ihrem Großvater darüber sprechen, er sei der Einzige, der etwas verändern könne. Sie betonte, dass eine große Gefahr für den Bestand der Monarchie genau dort heranwachse, eine Masse an verzweifelten Proletariern, die sich eines Tages an der herrschenden Klasse, also auch an Erzsi, für das erlittene Unrecht rächen könnten. Die Freundin meinte, Erzsi solle sich hinausfahren lassen und sich selbst von der Situation überzeugen. Das tat sie nicht. Noch nicht. Es sollten viele Jahre vergehen, ehe sich Erzsi mit den Anliegen der Arbeiter solidarisieren wird. Doch sie wird es später tun. Der Arzt, von dem Dili gesprochen hatte, war Dr. Viktor Adler gewesen, der Gründer der Sozialdemokratischen Arbeiterpartei.

Wieder einmal dröhnte das Schweigen des Kaisers in Erzsis Ohren. Unverblümt und deutlich, wie es ihre Art war, hatte sie ihn ersucht, sich mit der Lage der Industriearbeiter zu befassen und Reformen in die Wege zu leiten. Franz Joseph antwortete zuerst nicht. Dann sagte er ihr unmissverständlich: „Du hast den Verstand verloren! Du bist gefährlich! Ich sehe das Erbe deines Vaters! Dagegen muss man ankämpfen. Ich werde dich überwachen lassen. Geh!“ Von dieser Begebenheit, die Erzsi nie vergaß, erzählte sie in den 1920er-Jahren ihrem erwachsenen Sohn Franzi. Er begriff, dass es sich um eine zentrale Episode im Leben seiner Mutter gehandelt hatte.

Kaiser Franz Joseph sah seine Aufgabe umso mehr darin, seine Enkelin auf dem Boden der ihm wichtigen Tatsachen zu halten, und dazu gehörten vor allem zwei Dinge: Erzsis offizielle Repräsentationspflichten (Anwesenheit bei Denkmalsenthüllungen oder bei der feierlichen Benennung einer Straße nach ihr) und ihre „Einführung in die Gesellschaft", wie man das Debütieren einer jungen Dame von etwa 18 Jahren damals nannte. Ansonsten vertrieb sich Erzsi ihre Zeit sehr gern bei sportlichen Wettkämpfen verschiedener Art. Sie war eine hervorragende Reiterin und sobald die frühsommerliche Übersiedlung aus Wien nach Laxenburg über die Bühne gegangen war, lieferte sie sich Springreitduelle mit anderen ausgezeichneten Pferdekünstlern aus adeligen Familien. Gerne fuhr sie mit dem Fahrrad in die schöne Umgebung Laxenburgs aus, vor allem aber liebte sie den gefragten Modesport Tennis, den die meisten jungen Leute aus höhergestellten Häusern mit Bravour ausübten. Im Allgemeinen gelang es Erzsi, ihre Spielpartner zu besiegen, was ihrem ehrgeizigen Naturell entgegenkam. Sie fühlte sich gern überlegen, gerade den männlichen Spielteilnehmern gegenüber. Zu den Sportsfreunden gehörten gelegentlich auch junge Männer aus der fürstlichen Familie Windisch-Graetz.

Ballgeflüster

Weiterhin war ihr Freundeskreis vom Großvater streng ausgewählt und überwacht, doch Erzsi war nun 16 und bewegte sich freier als früher. Nicht mehr jedes Gespräch, das sie führte, konnte abgehört und ausspioniert werden. Sie hatte ein Zeichenatelier in Schönbrunn bekommen, wo sie von einem Kunstlehrer unterwiesen wurde, und vermutlich fragte sie auch diesen Erwachsenen wie fast alle älteren Personen in ihrem Umkreis, die nicht zu ihrer Familie oder den Angestellten gehörten, über ihren Vater aus. Mit der Zeit dürfte sie über ein recht beachtliches Repertoire an (Halb-)Wahrheiten, handfesten Lügen und dubiosen Vermutungen verfügt haben. Jedenfalls entwickelte sich ihre spezielle, ganz und gar nicht schüchterne Persönlichkeit in jenen

Jahren rasch. Eine sich in alles einmischende nervige Mutter, wie sie die meisten Teenagermädchen ertragen mussten und oft müssen, gab es in Erzsis Jugendjahren nicht. Sie organisierte ihre Tennispartien selbst, brachte sich mangels älterer Schwestern durch Beobachtung die Kunst des Flirtens bei und lernte, wie man sich trotz einer Körpergröße von fast 1,90 Metern vorteilhaft anzog. Es war ihr tatsächlich gelungen, größer zu werden als Stephanie. Bald wurde sie aufgrund ihrer sehr eng auf Taille geschnittenen Kleider von älteren Damen der Hofgesellschaft kritisiert. Nun war es so weit, dass das Thema Mode in Erzsis Leben eine ähnlich bestimmende Rolle spielte wie im Dasein ihrer Mutter. Erzsi kleidete sich nach dem allerletzten Schrei und stach in jeder Gesellschaft sofort durch die hohe Qualität und den auffallenden Schnitt ihrer Garderobe hervor. Sie war daran gewöhnt, im Mittelpunkt zu stehen, die Ranghöchste zu sein, umschwärmt und hofiert zu werden. Abgesehen von den geselligen Flirtstunden beim Sport gab es für die Töchter aus adeligem Haus noch andere Etappen, die man als die traditionellen „rites de passage“, also den Übergang vom Kind zum Erwachsensein, beschreiben könnte. Waren die notwendigen Tanzstunden einmal absolviert, wurde der erste Ball, eine institutionalisierte Begegnung der Geschlechter, ins Auge gefasst.

Franz Joseph hatte entschieden, die Tradition des Hofballs für Erzsi wieder aufleben zu lassen. Nach der Ermordung von Kaiserin Elisabeth hatte das Vergnügen in Wien auf Sparflamme geköchelt. Doch nun, zu Ehren seiner ins entsprechende Alter kommenden Lieblingsenkelin, sollte der Hofball im Jahr 1900 wieder stattfinden. Immerhin begann auch ein neues Jahrhundert. An sich durften Erzherzoginnen erst ab 18 teilnehmen, aber für die 16-jährige Erzsi machte der Kaiser (fast) alles möglich. Der Staatsball der Monarchie, ein wichtiges Ereignis des Wiener Faschings, ging gewöhnlich Ende Jänner über die Bühne. Der genaue Termin wurde zu ihren Lebzeiten von der Kaiserin bestimmt, die aber nie Interesse an derartigen Aufmärschen Wichtiger und Wichtigtuer gezeigt hatte. Geladen waren nicht nur Hochadelige, sondern auch Minister und Staatsbeamte, Vertreter des Klerus und Angehörige der k. und k. Armee, insgesamt kamen über 2000 Gäste. Für die meisten stand das Tanzen nicht im Vordergrund. Ähnlich wie heute auf dem ebenso staatslastigen Opernball ging es um gesellschaftliche Verbindungen, den Austausch von Informationen, die Anbahnung von Geschäften oder Ehen.

Immer „auf Figur“ gekleidet: Erzsi in Abendtoilette, um 1902/03

Gegen 21.30 Uhr betrat die kaiserliche Familie die festlich geschmückten Redoutensäle – ein besonderer Höhepunkt für viele Anwesende, die oft nur einmal im Leben den Hofball besuchten. Man sah hier sogar junge Leutnants mit stolzgeschwellter Brust, allerdings ohne Orden, diese wären fehl am Platz gewesen. Kleidervorschriften waren genau zu beachten, Herren wurden in Gala erwartet, Damen im großen Abendkleid. Mit Schmuck, vor allem Halsketten, durfte bei so einem Großereignis geprotzt werden, allerdings nur am passenden Ort, denn auch der Dekolleté-Ausschnitt blieb nicht dem Zufall oder dem Geschmack der Dame überlassen, sondern war reglementiert. Überhaupt lief alles mit militärischer Präzision ab, schon die Auffahrt der Kutschen erfolgte streng nach dem Rang ihrer Insassen.

Das 20. Jahrhundert war gerade drei Woche alt. Im Zentrum des Interesses stand die junge Tochter des der Zukunft gegenüber so aufgeschlossen gewesenen Querdenkers Rudolf auf ihrem ersten Hofball. Sie kam in Begleitung ihrer Mutter, für die dies einer der letzten offiziellen Auftritte im Rahmen des Kaiserhauses war. Zwei Monate später wird Stephanie den Grafen Lónyay heiraten und somit aus der Familie Habsburg-Lothringen ausscheiden. Diesmal schritt sie am Arm des Herzogs von Cumberland in den Ballsaal, wieder einmal hatte sich Franz Joseph nicht für sie als Balldame entschieden. Der Kaiser führte Maria Josepha, die Ehefrau des „schönen" Erzherzogs Otto, und Erzsi dürfte wie ihre Mutter wenig glücklich mit dem Ballherrn gewesen sein. Ihr war Ludwig Viktor, genannt Luzivuzi, der ziemlich offen schwul lebende jüngste Bruder des Kaisers, zugeteilt worden. Luzivuzi wohnte als einer der wenigen Hochadeligen an der Ringstraße, dem von manchen Repräsentanten der „ersten Gesellschaft" verspotteten „Boulevard der Neureichen mit seinen Palazzi Prozzi". Im Epizentrum der Wiener Aufsteiger-Society lebte es sich perfekt für den jüngsten Kaiserbruder, war der „Vergnügungs-Erzherzog" doch gerne dort zu finden, wo es hoch herging. Er verfügte über einen eigenen Ballsaal in seinem Palais am Schwarzenbergplatz, in den er oft zu Gesellschaften lud. Kaiserin Elisabeth hatte sich in ihren Gedichten über seine Tratschsucht mokiert. Viele Geheimnisse über seinesgleichen waren bei Luzivuzi tatsächlich nicht immer gut aufgehoben, er liebte Bälle und Theatervorstellungen und ließ bei solchen Gelegenheiten wohl hin und wieder die eine oder andere Bemerkung über ihm missliebige Personen, wie etwa den Thronfolger Franz Ferdinand, fallen.

Der Einzug der hohen Herrschaften ging rasch vorüber. Die jüngste und größte Frau auf dem Ball glänzte in ihrem mit Diamanten besetzten hellen Atlaskleid, geschnitten auf enge Taille, wie sie es liebte. Maiglöckchen als für alle sichtbare Erinnerung an ihren Vater schmückten die Rockvolants. Eine kostbare Perlenkette zierte den Hals der 16-jährigen, an diesem Abend sehr erwachsen wirkenden Erzherzogin Elisabeth Marie. Ihre modische, aber nicht jungmädchenhafte Frisur und das dezente Make-up trugen dazu bei, dass sie älter wirkte, als sie es war. Kosmetische Verschönerungen sollten kaum als solche erkennbar sein, sie galten für hochwohlgeborene Damen als „unfein". Manche dieser Vorschriften haben sich in etwas abgemilderter Form bis heute erhalten. Man denke an den Aufschrei in der britischen Presse, als Meghan „Megxit" Markle einer offiziellen Verpflichtung mit dunkel lackierten Nägeln nachkam. Bisher war bei den Windsors nur Nude erlaubt gewesen.

Unter Beobachtung

An die 10.000 Kerzen erleuchteten den Saal. Viele Ballgäste versuchten, mit dem Kaiser einige Worte zu wechseln, was aufgrund des Gedränges nur den wenigsten gelang. Für Franz Joseph war es im Prinzip ein Termin wie jeder andere, doch gelegentlich schweiften seine Blicke ab, in Richtung seiner Lieblingsenkelin. Das Tanzprogramm war nach Minuten festgelegt und wirkte auf Nicht-Eingeweihte wie der Eisenbahnfahrplan eines großen Bahnhofs. Für manche Tänze waren 20, für andere 40 Minuten vorgesehen. Zwischen den Tänzen gab es fünf Minuten Pause – auch hier wurde auf Pünktlichkeit größter Wert gelegt. Alles andere wäre bei Hof einem unverzeihlichen Fauxpas gleichgekommen. Diplomaten und hohe Militärs tanzten eher wenig, sie schlugen sich hauptsächlich in der später von Reinhard Mey besungenen heißen Schlacht am kalten Buffet. Der Gesellschaftsreporter der „Neuen Freien Presse" war immer am Ball: Erzsi habe wie „eine Märchengestalt" ausgesehen, wusste er seine Leserinnen und Leser tags darauf zu informieren.

Der Auserwählte: Herrenreiter Otto zu Windisch-Graetz

Nach der Beschreibung ihrer „blendenden Erscheinung" konzentrierte sich der Journalist auf ihre Gesprächs- und – natürlich – Tanzpartner. Sie hatte offensichtlich jemanden entdeckt, der ihr gefiel, und sie wusste bereits genau, was sie wollte. Durch den Zeremonienmeister ließ sie mehrfach einen blonden, groß gewachsenen Herrn zum Tanz befehlen. Der Aufgeforderte fügte sich brav den Wünschen der konkurrenzlosen Ballkönigin im Rang einer Erzherzogin. Es handelte sich um einen eleganten Offizier, Oberleutnant im Ulanenregiment „Erzherzog Otto Nr. 1", 27 Jahre alt, ledig: Otto zu Windisch-Graetz.

Der Pressemitarbeiter war nicht der Einzige, dem auffiel, dass Erzsi den Auserwählten im wahrsten Sinne des Wortes antanzen ließ. Man rätselte, wer denn, um Himmels willen, dieser Allerweltsmilitär sein sollte. Kaum jemand kannte ihn. Klar, schlecht sah er nicht aus. Ottos stündlich steigender Bekanntheitsgrad sollte manche bald sehr überraschen. Zu Walzern von Eduard und Johann Strauß tanzte er bis Mitternacht mit der vom Ballerlebnis begeisterten und zunehmend verknallten Kaiserenkelin. Als Franz Joseph kurz nach Mitternacht den Ball verließ, war die Veranstaltung zu Ende. Beim Ausgang erhielten die Gäste die begehrten Hofballzuckerl von der Hofkonditorei Demel: hochwertig hergestellte Pralinés in hübscher Verpackung, die manchmal in den Familien weitergegeben wurden und sich bis heute erhalten haben. Porträts von Mitgliedern der Kaiserfamilie befanden sich auf den Verpackungen.

Der Ball der Bälle

Der Höhepunkt des Wiener Faschings stand noch bevor, ein Ball aus einer fernen Zeit, der keine Leutnants mehr auf der Einladungsliste duldete. Ja, nicht einmal ein solches Namensverzeichnis gab es da, denn die handverlesenen Gäste wurden alle persönlich eingeladen. Statt eines kalten All-you-can-eat-Buffets bereitete die Hofküche ein exquisites Souper vor, Kellner bedienten an einer Tafel. Nicht mehr als 700 Menschen, die Wiener Créme de la Créme, versammelten sich zwei Wochen nach dem

Wien, Stadt der großen Bälle. Der Hofball war eine zentrale Festivität des Wiener Faschings. Man erkennt in der Bildmitte Kaiser Franz Joseph, umringt von Damen in farbenfroher Ballgarderobe. Auf diesem Ball im Jahr 1900 verliebte sich Erzsi Hals über Kopf in ihren zukünftigen ersten Ehemann.

Hofball im Rittersaal der Hofburg. Nur sogenannte hoffähige Personen waren zugelassen. Heute ist es schwer vorstellbar, dass man lediglich aufgrund eines Geburtsrechts zu einer Veranstaltung gebeten wird oder nicht. Doch die österreichisch-ungarische Monarchie war ein feudales Herrschaftssystem, das aus der Ungleichheit der Menschen seine Legitimation bezog. Zu diesem privaten Hausball des Kaisers wurde nur erwartet, wer mindestens 16 hochadelige Vorfahren aufweisen konnte, acht väterlicher- und acht mütterlicherseits. Beim exklusivsten Wiener Tanzereignis war die „erste Gesellschaft" unter sich. Es gab hier, auf dem „Ball bei Hof", nur Erzherzöge, Prinzen, Grafen und Fürsten. Der zahlreich angereiste ungarische Adel führte Pantherfelle und Krummsäbel aus. Die Erzherzoginnen und Fürstinnen sonnten sich im Glanz ihres Familienschmucks. Nie wäre ein neugeadelter Ringstraßenbaron der „zweiten Gesellschaft", ein „Ritter vom Ring", wie man die superreichen Bank- und Geschäftsleute auch abwertend nannte, hier hereingekommen. Offiziell war man in der Hocharistokratie „unter Freunden", jeder kannte jeden seit Jahrzehnten, doch bei den allgegenwärtigen Intrigen und Eifersüchteleien am Hof kamen wohl nur wenige echte Freundschaftsgefühle auf. Nicht zuletzt war der „Ball bei Hof" ein Fest für die „Jeunesse dorée", die sich hier näherkommen sollte. Man wusste, welcher Prinz auf Brautschau war, die halbwüchsigen Töchter aus den exklusivsten Familien wurden so vorteilhaft wie möglich von ihren Müttern in Szene gesetzt. Franz Ferdinand zum Beispiel schilderte das „Angebot" alles andere als begeistert: „Lauter siebzehn- oder achtzehnjährige Piperln, eine schiecher als die andere."

Um 21 Uhr – wie immer ohne eine Sekunde Verspätung – trat der Obersthofmeister des Kaisers mit der Ansage auf, ihm folgte Franz Joseph mit seiner Balldame, diesmal war die Herzogin von Cumberland in den Genuss dieser Ehre gekommen. Erzsi wurde erneut von „Prinz Party" Luzivuzi begleitet. Eduard Strauß dirigierte Kompositionen seines vor einem Jahr verstorbenen Bruders Johann Strauß. Die vielen Tänze Erzsis mit Otto zu Windisch-Graetz, die ihrem Großvater auf dem Hofball nicht besonders positiv aufgefallen waren, sollten dieses Mal unterbunden werden. Es waren daher im Vorhinein mehrere besser qualifizierte Herren sorgfältig ausgewählt worden, um die junge Erzherzogin – wie immer groß und strahlend – zu Polka und Quadrille aufzufordern. Dieses Mal hatte Erzsi ein enges rosafarbenes Kleid, in dessen Seidenstoff Konturen von Schwertlilien eingestickt waren, für sich machen lassen. Der Gürtel funkelte mit Silberpailletten. Sie tanzte folgsam mit den vorbestellten Grafen, doch zu späterer Stunde ließ sie wieder Otto zu Windisch-Graetz bitten. Die abschätzigen Blicke und das despektierliche Flüstern der stockkonservativen, hochadeligen Gesellschaft spornten das entschlossene und eigenwillige junge Mädchen erst recht an, den Angeschwärmten umso öfter an seine Seite zu holen. Sollten es doch ruhig alle sehen! Ein neues Zeitalter, ein neues Jahrhundert hatte begonnen. Die erste Frauenbewegung kämpfte für Wahlrecht, Universitätsstudium, Eigenständigkeit und Selbstbestimmung, nicht zuletzt im „privaten", familiären Bereich. Erzsi hatte entschieden, sich ihren Mann selbst auszusuchen. Die qualvoll gescheiterte Ehe ihrer Eltern stand ihr als warnendes Beispiel klar vor Augen. Sie hatte gesehen, wohin dynastisch arrangierte Verbindungen führten. Und überhaupt: Die Leute rund um sie herum waren nicht selten Gegner der progressiven Ideen ihres Vaters gewesen. Sie pfiff auf deren überkommene Vorstellungen.

Ottos blaue Augen, seine galante Art, seine vollendeten Manieren hatten es ihr angetan. Sie sah eine wundervolle Zukunft vor sich ausgebreitet, glücklich bis ans Ende aller Tage. Ihr Leben würde ganz anders verlaufen als das ihrer Mutter. Der Kaiser registrierte mit immer größeren Bedenken, was sich hier in aller Öffentlichkeit abspielte. Es war an der Zeit, die Reißleine zu ziehen.

Wie angelt man sich einen Ehemann?

Als die Ballsaison vorüber war, bot Franz Joseph seiner Enkelin wieder einmal Tee in seinem Arbeitszimmer an. Unter dem schönen Porträt, das seine tote Frau Elisabeth als jugendliche Braut mit Efeu im Haar darstellte, überraschte der Kaiser Erzsi mit aufmunternden Worten. Ob sie Lust hätte, ein wenig ans Meer zu fahren? Fort aus der winterlich-grauen Großstadt? Der Ballmarathon sei doch ohne Zweifel anstrengend gewesen und in Bozen und Miramare könne sie sich gut erholen. Sie dürfe ihre Mutter, deren Hochzeit mit dem „kleinen Ungarn" – so nannte Erzsi ihren künftigen Stiefvater – in wenigen Wochen stattfinden würde, bis nach Miramare begleiten. Erzsi stimmte den Vorschlägen bereitwillig zu und die beiden Frauen reisten ab. Nachdem sie ihrer Mutter alles Gute für die zweite Ehe gewünscht hatte, bestieg Erzsi in Triest ein Kreuzfahrtschiff und genoss das fröhliche Treiben auf See. Dass die Reise von ihrem Vormund inszeniert worden war, erschloss sich ihr nicht. Die aufwändigen Zerstreuungen an Bord und die Diners mit Musikbegleitung dienten dazu, Erzsi den jungen Windisch-Graetz vergessen zu lassen. In den Augen des Kaisers kam er nicht im Entferntesten als Ehemann für seine Enkelin, die vielleicht einmal Kaiserin sein sollte, infrage.

Zweifellos war die Familie Windisch-Graetz bedeutend, einflussreich, eine Stütze des Systems. Wie alle seine Vorgänger pflegte auch Franz Joseph seine Proklamationen mit dem Pluralis Majestatis „WIR“ einzuleiten. Im Dezember 1848, als er den Thron bestieg, hieß es ironisch, dies sei wohl die Abkürzung für „Windisch-Graetz, Jellačić und Radetzky“. Die genannten Militärbefehlshaber Alfred zu Windisch-Graetz, Josef von Jellačić und Josef Wenzel Radetzky von Radetz waren mit Kanonen, Säbeln und Standgerichten gegen die 1848er-Revolutionäre vorgegangen und hatten Erzsis Großvater einst den Weg zum Thron geebnet. Damals war er kaum älter gewesen als Erzsi auf ihrer Adriakreuzfahrt. Der Kaiser hatte seine Regentschaft nach der gewaltsamen Niederschlagung eines Bürgerkrieges begonnen. In einem Weltkrieg wird er sie beenden. Doch bis dahin sollte noch einiges geschehen.

Der Feldmarschall Alfred zu Windisch-Graetz war vor langer Zeit gestorben, nun war schon sein Enkel, der Dritte dieses Namens, in den Diensten der Monarchie. Alfred III. zu Windisch-Graetz hatte als wenig erfolgreicher k. und k. Ministerpräsident sein Glück versucht, war aber gescheitert und musste zurücktreten. Wie so oft kam es während seiner Amtszeit zu schweren Zusammenstößen zwischen Deutschsprachigen und Tschechen, die schließlich zur Demission der Regierung Windisch-Graetz führten. Bis zum Ende der Monarchie 1918 amtierte Alfred III. zu Windisch-Graetz als Präsident des Herrenhauses. Dies war der regierende Zweig der Familie gewesen.

Der Feldmarschall Alfred I. hatte einen jüngeren Bruder gehabt, Weriand, den Begründer der zweiten Linie Windisch-Graetz. Und dieser Weriand war der Großvater des Ulanenleutnants Otto, in den sich die Kronprinzentochter verguckt hatte. Der Angebetete stammte also weder aus einem regierenden Herrscherhaus, noch war er der Haupterbe eines Adelsgeschlechts. Er war einfach nur der Enkel eines jüngeren Bruders, und auch da nicht der Älteste seiner Generation. Sein älterer Bruder hieß Karl, er war der Haupterbe. Otto, so die damalige Denkungsart, war ein Zweitgeborener, der niemanden interessierte. Er besaß ein Schloss im heutigen Slowenien, verfügte über kein Vermögen und keinerlei politischen Einfluss. Der Familienchef Alfred III. Windisch-Graetz war in allen Belangen der Entscheidungsbefugte, und an ihn wird sich Franz Joseph später wenden, als die krisenhaften Symptome in der Ehe seiner Enkeltochter nicht mehr ignoriert werden konnten. Als Ehemann für eine Erzherzogin mit Erbanspruch war Otto keinesfalls anzudenken. Der Leutnant, geboren in Graz, hatte auch „nichts gelernt", er ging wie viele Adelige ohne Erbperspektive zum Militär, absolvierte in der Provinz eine Kadettenschule, dann eine Kriegsschule. Zu diesem Zeitpunkt lernte er Erzsi kennen. Seine Erziehung war gut katholisch gewesen, das war das Einzige, was man aus Sicht des Kaisers zu Ottos Vorteil ins Treffen führen konnte. Nach den Ballabenteuern sorgte Franz Joseph dafür, dass Otto zum Generalstab in eine abgelegene Garnison versetzt wurde. Sollte Erzsi sich in Wien aufhalten, etwa für Besuche oder Kleideranproben, wäre es ungünstig, würde ihr Otto über den Weg laufen. Lieber auf Nummer sicher gehen. Man bemühte sich nach Kräften, Erzsis Tanzpartner aus ihrem Kopf zu verbannen. Währenddessen suchte der Kaiser nach einem standesgemäßen Ehemann für die liebestolle junge Dame.

Problematische Liebeleien

Lange hatte Franz Joseph den Plan verfolgt, die verwitwete Stephanie mit dem neuen Thronfolger Franz Ferdinand zu verkuppeln. Doch dann erfuhr er von jenem fatalen Sommertag, an dem Franz Ferdinand nach einem Tennismatch seine Uhr hatte liegen gelassen. Er war oft in Preßburg bei Erzherzog Friedrich und dessen Frau Isabella zum Tennisspielen, denn seine heimliche Freundin stand als Hofdame in Isabellas

Der Thronfolger: Franz Ferdinand mit Sophie und den Kindern Sophie, Ernst und Maximilian

Diensten. Das durfte niemand wissen, war doch diese Freundin, Sophie, nur die Tochter des Grafen Chotek, der österreichischer Botschafter in Brüssel gewesen war und dort die Heirat Rudolfs mit Stephanie in die Wege geleitet hatte. Isabella war über jeden Besuch Franz Ferdinands hocherfreut, denn sie hatte eine Menge nach ihr geratener Töchter zu verheiraten und dachte insgeheim: Der Nandl, wie Franz Ferdinand genannt wurde, käme bestimmt wegen eines ihrer freundlichen, immer aufgeregten, rundlichen und eher klein gewachsenen Mädchen. Sie sah sich schon als Mutter einer Kaiserin. Nachdem ihr die vergessene Uhr aus der Umkleide des Thronfolgers übergeben worden war, traf sie beinahe der Schlag. Sie klappte die Taschenuhr auf und erblickte ein Foto ihrer Hofdame Sophie von Chotek. Keine Sekunde wäre ihr in den Sinn gekommen, der zukünftige Kaiser hätte eine Schwäche für diese bereits 32-jährige, etwas gouvernantenhaft auftretende, betont unauffällig gekleidete Frau entwickeln können, die noch dazu keinerlei finanziellen Rückhalt besaß. Dass Sophie womöglich einmal ins Kloster gehen würde, da sie ohnehin nie einen Mann ansähe, hielt Isabella für eine realistische Perspektive. Nun, die unterschätzte Hofdame hatte bereits einen und noch dazu schauspielerisches Talent. Jahrelang war es ihr perfekt gelungen, sich im Hintergrund zu halten und Isabellas Töchtern alle Aufmerksamkeit zukommen zu lassen. So bekam niemand Wind von der Affäre, immerhin kannten sich Sophie und Franz Ferdinand schon über zehn Jahre. Die Beziehung hatte in Prag begonnen, als der Erzherzog dort seinen Militärdienst ableistete.

Auch Erzsi war an diesem Tag beim Tennismatch in Preßburg eingeladen gewesen und wurde Zeugin des Riesenskandals. Erzherzogin Isabella warf die unglückselige Sophie in Anwesenheit der gesamten Sportgesellschaft aus dem Palais, in dem heute die slowakische Regierung residiert: „Sie verlassen sofort mein Haus. Sie sind nichts als eine Person und eine Person hat hier nichts verloren“, blaffte sie. Somit gab es gleich zwei unebenbürtige Liebesehen im Umfeld der Kronprinzentochter: Ihre Mutter nahm einen unbedeutenden Grafen zum Mann und sogar der Thronfolger durfte sein geliebtes Sopherl heiraten.

Erzsi hatte wohl gespürt, dass Franz Joseph auch sie selbst eventuell mit Franz Ferdinand hätte vermählen wollen. Von der Liaison Stephanies mit Lónyay hatte Katharina Schratt – eine der bestinformierten Frauen Wiens – dem Kaiser schon vor Jahren berichtet. So war er froh, dass Stephanie nun rechtmäßig vermählt war und das Gerede über die Affäre aufhörte. Eine Heirat zwischen Franz Ferdinand und seiner Großcousine Elisabeth Marie hätte die Thronfolge in der Familie belassen, was den Interessen Franz Josephs entgegengekommen wäre. Doch nun wusste Erzsi aus eigener Anschauung, dass der Thronfolger eine andere Frau auserkoren hatte. Wieder eine Sorge weniger.

Wovon Erzsi keine Ahnung hatte: Otto zu Windisch-Graetz musste nicht aus beruflichen Gründen, sondern nur ihretwegen so weit weg vom Schuss Dienst tun. In ihrer Jungmädchenfantasie malte sie sich aus, wie er sich in der Einöde nach ihr verzehrte. Die Wahrheit war, dass Otto ihr nie den Hof gemacht hatte. Er verhielt sich aufmerksam und charmant, was sich von selbst verstand, denn er hatte eine entsprechende Erziehung genossen und wusste, was sich in Gegenwart der höchstgestellten Frau im Reich geziemte. Doch einen Gedanken an eine Hochzeit mit der Erzherzogin zu verschwenden? Bestimmt nicht. Sie durfte nur einen standesgemäßen Mann heiraten, das wusste jeder. Dennoch war es Otto ohne Absicht gelungen, (unbegründete) Hoffnungen aufseiten Erzsis zu wecken. Sie war zu unerfahren, um ausgesuchte Höflichkeit von Verliebtheit unterscheiden zu können. Zusätzlich machte sie den Fehler vieler Frauen und meinte, ihre Gefühle würden auch für zwei ausreichen. Sie rechnete fix damit, Liebe zurückzubekommen. Obwohl Franz Joseph weitere Begegnungen des ungleichen Paares zu unterbinden trachtete, besuchte Erzsi wie viele Mitglieder der vornehmen Wiener Gesellschaft im Frühsommer das „Große Reit- und Springturnier“, das sich durch einen extrem schwierigen Parcours auszeichnete. Nur die besten Reitsportler in Europa waren dafür trainiert, und der ehrgeizige Otto zu Windisch-Graetz wollte bei diesen wagemutigen Sportsmännern ganz vorne mit dabei sein.

Sportsfreunde

Seit Jahrhunderten gehörten der Umgang mit Pferden und das Reiten zu den fixen Elementen adeliger Lebensgestaltung. In Ottos soldatischem

Milieu war es außerdem Teil einer gezielten Berufsvorbereitung. In den Disziplinen Jagd-, Kunst- und Springreiten zeigten sich Geschicklichkeit und Tapferkeit der jungen Männer, die schon als Kinder lernen mussten, Angstgefühle zu überwinden. Prinzen wurden bereits als Fünfjährige auf Ponys gesetzt und es zeigte sich bald, dass Otto zu den außergewöhnlich talentierten Rossebändigern gehörte. Er konnte Flüsse durchqueren, mehrere Pferde zugleich nach Hause führen – auch in der Dunkelheit –, an steilen Abhängen auf- und abreiten, scheue oder schwierige Tiere hatten nie ein Problem für ihn dargestellt und er beherrschte auch das Fahren mit verschiedenen Gespannen. Später waren es die Automobile, die es dem passionierten Polospieler angetan hatten. Hauptsache, PS in jeder Form, lautete die Devise. Wie motorisierte Fahrzeuge heute, waren Pferde ein Statussymbol. Besondere Pferde wurden an Staatsoberhäupter verschenkt, der Besitz eines Gestüts galt als Wertanlage. Auch das Autofahren wurde um 1900 als Sport betrachtet und entwickelte sich rasch zu einer Prestigesache. Je mehr Sportarten man ausübte, desto anerkannter war man in der männlich dominierten Sport- und Jagdgesellschaft. Otto zu Windisch-Graetz konnte ausgezeichnet turnen, schwimmen, fechten, reiten sowieso. Er hatte von klein an eine Kavallerieausbildung favorisiert.

Nicht wenige „Reit- und Springturnier“-Teilnehmer fielen in diesem Frühjahr des Jahres 1900 aus, es kam zu Verletzungen bei Rössern und Reitern. Einem jungen Offizier im blauen Armeerock der Ulanen machte dies jedoch kein Kopfzerbrechen. Auf seinem prächtigen Zuchthengst nahm er alle Hindernisse mit Bravour. Fehlerlos und in Rekordzeit absolvierte er das Rennen. Anschließend salutierte er vor der kaiserlichen Tribüne, auf der auch Erzsi saß. Aus den Händen von Kaiser Franz Joseph erhielt er den Siegerpokal überreicht, der für sein ganzes Regiment Geltung hatte und den Ulanen zur Ehre gereichte. Tage- und wohl vor allem nächtelang feierten Ottos Kameraden diesen Triumph. Erzsi war hin und weg. Die grandiose sportliche Leistung imponierte ihr, der großartigen Reiterin, über die Maßen und sie bewunderte Otto noch mehr als bisher. Dass seine Qualitäten als Reiter, Tänzer und Tennisspieler durchaus angemessen waren, für ein Leben mit ihm aber eventuell nicht ganz ausreichen könnten, bemerkte Erzsi viel zu spät.

Im Sommer gab sie wie jedes Jahr einige Tennisturniere und lud Spielerinnen und Spieler ihrer Wahl dazu ein. Auch in das Palais Windisch-Graetz flatterten Einladungen und Otto sagte dankend zu. Weiterhin dachte er sich nichts Besonderes dabei. Schließlich war er schon öfter zum Tennis in Laxenburg gewesen. Und da war auch noch sein jüngerer Cousin Vincenz, der älteste überlebende Sohn von Alfred III. Windisch-Graetz, der ebenso von Erzsi eingeladen wurde. Dieser Vincenz gehörte zu den zahlreichen Verehrern der Erzherzogin und schickte ihr glühende Liebesbriefe. Wie weit die Beziehung ging oder wie lange die Affäre andauerte, muss derzeit aufgrund fehlender Quellen offenbleiben. Es existieren Briefe an Erzsi, die Vincenz mit „VW" signierte und die aus späterer Zeit stammen, als Vincenz an der österreichischen Botschaft in Rom tätig war. Unter anderem schrieb er: „Ich küsse deine Hand, und denke daran, daß der Kopf und besonders Dein Kopf, hoch getragen werden soll." Oder: „Du hast den besten Willen (er meinte wohl den stärksten Willen, Anm.) von der Welt, ich weiß es, und ich glaube Dir alles, was Du sagst und ich glaube Dir überhaupt alles." Das Leben des Vincenz zu Windisch-Graetz war von Frauengeschichten und Geldproblemen geprägt, sein Vater ließ ihn und eine Geliebte, wahrscheinlich eine Schauspielerin mit Nebenberuf Sexarbeiterin, observieren. Die Diskrepanz, ein Leben nach den Vorstellungen des Vaters führen zu müssen, dies aber nicht zu wollen und schon gar nicht zu können, endete wie einst bei Rudolf in einer Katastrophe. 1913 erschoss sich der 30-jährige Vincenz in Rom, es hieß wegen der unglücklichen Liebe zu einer verheirateten Frau, die nicht bereit war, ihren Mann für ihn zu verlassen. Erzsi, zu dieser Zeit noch verheiratet, aber bereits in einer neuen Beziehung, war zutiefst geschockt, als sie vom Tod ihres Jugendfreundes hörte.

Obwohl vielleicht labiler Natur, hatte Vincenz mehr Gespür für emotionale Befindlichkeiten als der Dauergast in Laxenburg, sein älterer Verwandter Otto, der Erzsis Avancen nicht bemerkte oder nicht bemerken wollte. Die Erzherzogin war mit ihrem eigenen Gefühlswirrwarr so überfordert, dass sie zu wenig an dessen Auswirkungen dachte. Verwöhnt und anspruchsvoll wie sie war, ging sie davon aus, dass Otto auf jeden Fall in sie verliebt sein müsse. Etwas anderes war doch gar nicht möglich. Jedenfalls ließ sie sich eines Tages, ohne zuvor mit Otto geredet zu haben, beim Kaiser anmelden. Sie eröffnete ihm frei heraus, dass sie Otto

Im Gleichschritt nur zu Pferd: Erzsi mit ihrem ersten Ehemann Otto

zu Windisch-Graetz heiraten wolle. Franz Joseph hatte es kommen sehen. Und lehnte ab. Er versuchte ihr zu erklären, dass „die Liebe eine flüchtige Illusion“ sei, nur in den seltensten Fällen Bestand habe. In einer adeligen Ehe gehe es nicht um Liebe, sondern um Pflichterfüllung, Verantwortung, um eine Lebensaufgabe. Was er sagen wollte: Das Wohl des Staates habe über persönlichen Zu- oder Abneigungen zu stehen. Alles sei der Würde ihres Amtes als Repräsentantin der Monarchie unterzuordnen.

Davon wollte Erzsi nichts hören. Von den vielen Legenden rund um ihren Vater, die sie mittlerweile aufgesogen hatte wie ein Schwamm, war diejenige vom Liebestod mit Mary Vetsera die unwahrscheinlichste, aber leider auch jene, die auf ein junges Mädchen den größten Eindruck machen konnte. Erzsi fuhr schwere Geschütze auf. Sie wolle lieber Äbtissin werden als jemanden zu heiraten, den sie nicht liebe, sagte sie. Der Kaiser mag den Kopf geschüttelt haben. Als Franz Joseph von seiner ablehnenden Haltung Otto gegenüber nicht abrückte, zeigte sich der wahre Charakter von Rudolfs Tochter. Sie drehte durch und schrie den Großvater an, ihr Vater sei aus Liebe gestorben. Und auch sie fürchte den Tod nicht.

Rudolf hatte aus vielen Gründen den Freitod gewählt, Liebe allerdings war nicht darunter. Bestimmt hat Erzsi das später eingesehen. Vielleicht wusste sie es auch damals schon und führte dieses Argument nur aus Kalkül ins Treffen. Trotzdem: In der Vorstellungswelt Franz Josephs gab es keine Drohung, die ihn mehr aus der Bahn geworfen hätte. Seine 17-jährige Enkelin stand vor ihm und sprach von Selbstmord. Die Tochter seines Sohnes, der sich aus dem Leben gestohlen und seine Pflichten zum Teufel gejagt hatte. Nicht auszudenken, wenn die Tochter des Selbstmörders nun auch den letzten Ausweg wählte. Der alte Kaiser hätte wohl alles getan, um diese Provokation ein für alle Mal aus der Welt zu schaffen. Erzsi spürte, dass sie Oberwasser bekam. Ab diesem Moment hatte Franz Joseph Angst vor ihr. Er bestand zwar darauf, dass vor ihrem 18. Geburtstag auf keinen Fall eine Hochzeit anberaumt werde. Innerlich jedoch hatte er kapituliert. Er ließ Otto zu Windisch-Graetz zur Audienz rufen.

Heiraten auf Befehl

Der mit fast 30 Jahren noch immer unverheiratete Ulanenleutnant machte sich auf in die Hofburg. Dass er ledig war, hatte vor allem mit seinem Beruf zu tun und auch mit seiner finanziellen Lage. „Schulden wie ein Stabsoffizier" galt in der Monarchie als geflügeltes Wort. So mancher berufsmäßige Vaterlandsverteidiger befand sich permanent auf der Suche nach einer Mitgift, denn bei einer Heirat musste eine hohe Kaution erlegt werden; nicht selten kam diese vom – hoffentlich – vermögenden Vater der Braut. Man verdiente also nicht großartig bei der Armee und Otto hätte ein gewisses Vermögen benötigt, um eine Frau seiner Kreise heiraten zu können. Er überlegte, was der Kaiser ihm wohl zu sagen hatte. Eine Beförderung? Die hätte ihm eher sein Vorgesetzter mitgeteilt. Ein sportlicher Wettkampf? Wahrscheinlich nicht. Es blieb ihm also nichts anderes übrig, als abzuwarten. Franz Joseph begrüßte das Mitglied seiner Streitmacht förmlich. Nichts deutete darauf hin, dass er Otto als eine Art Schwiegerenkel ansah. Er informierte den überrumpelten Otto über die Zweisamkeitswünsche seiner Enkelin. Der Ulan fiel aus allen Wolken. Nachdem er sich einigermaßen gefangen hatte, lavierte er herum, stammelte etwas von der überwältigenden Ehre, die ihm da zuteilwürde, und sagte Nein. Er könne diesen Gunstbeweis nicht annehmen und hätte nie erwartet, dass Ihre Kaiserliche Hoheit ihn dermaßen auszuzeichnen gedenke. Er sei ihrer gar nicht würdig und – leider – er habe sich schon einem Mädchen versprochen, dem er nun verpflichtet sei. Franz Joseph horchte auf. Vielleicht kam man doch noch herum um die ganze Sache. Es mag ihm in diesem Moment ein Stein vom Herzen gefallen sein. Ganz unvermutet meinte er, eine große Belastung wieder losgeworden zu sein.

Ob die Geschichte von Ottos bereits erfolgter Verlobung auf Wahrheit beruhte, kann nicht bewiesen werden. Sie war wohl erfunden, denn sonst hätte Franz Joseph Bescheid gewusst. Er hatte beim Familienchef Alfred III. zu Windisch-Graetz Informationen über Otto einholen lassen, bevor er ihn zur Audienz bestellte. Wahrscheinlich handelte es sich um eine Schutzbehauptung Ottos, der sich so sauber wie möglich, ohne jemanden zu verletzen oder gegen sich aufzubringen, aus der Affäre ziehen wollte. Er hatte nicht im Traum die Absicht, die herrische, kapriziöse, launenhafte, ihn um einige Zentimeter überragende

Erzsi zu heiraten. Klar, dass er das nicht sagen konnte. Aber irgendeine glaubwürdige Antwort hatte er dem Kaiser zu geben und so musste wohl mangels Alternativen eine imaginäre Verlobte herhalten. Otto war aus der kaiserlichen Kanzlei entlassen. Für ihn war dieser verblüffende, unglaubliche Fall erledigt.

Franz Joseph indessen wappnete sich, denn ihm stand das schwierigste Gespräch noch bevor. Er musste seiner Enkelin mitteilen, dass es nichts würde mit dem Märchenprinzen. Der habe eine andere. Mehr brauchte es nicht. Als Erzsi vernehmen musste, was Otto gesagt hatte, ließ sie sämtliche Hemmungen sausen. Sie hyperventilierte, bekam einen Tobsuchtsanfall, brüllte und stand kurz vor einem Nervenzusammenbruch. Franz Joseph packte die nackte Angst. Was sollte er tun mit dem Teenager, der vollkommen außer sich geraten war? Die schiere Raserei seiner Enkelin beunruhigte ihn dermaßen, dass er ihr schließlich versprach, seine Befehlsgewalt als oberster Kriegsherr auf einem anderen als dem üblichen Schlachtfeld auszuüben.

Otto zu Windisch-Graetz wurde zum zweiten Mal vorgeladen. Vermutlich fuhren seine Gedanken Karussell. Was könnte der Kaiser noch wollen? Es wurde ihm eröffnet, dass die Erzherzogin sein Nein nicht akzeptiert habe. Otto erstarrte. Er erklärte, er könne doch sein Verlobungsversprechen nicht aufkündigen, seine Ehre als Soldat und als Mann stünde auf dem Spiel. Franz Joseph langte am Ende seiner Kräfte an und sagte: „Als Ihr Kaiser und oberster Kriegsherr befehle ich Ihnen, meine Enkelin Erzherzogin Elisabeth Marie von Habsburg-Lothringen zu heiraten.“ Diese Sprache verstand Otto sofort. Er schlug die Hacken zusammen und erwiderte laut und deutlich: „Jawohl, Majestät.“

Erzsi hatte ihren Willen durchgesetzt. Als Einzige zeigte sie sich zufrieden. Otto war gezwungen, sich mit dem Gedanken anzufreunden, dass er in Kürze in das Herrscherhaus Habsburg-Lothringen einheiraten würde. Er werde es tun, „für Kaiser, Gott und Vaterland“, gestand er einem guten Freund. Desaströse Ehen hatte es in dieser Familie zuhauf gegeben, nun kam eben eine weitere hinzu. Von den sogar für die Habsburger höchst abenteuerlichen Hintergründen wusste damals kaum jemand, nicht einmal in Ottos Familie wurden alle eingeweiht. Sein

Als Verlobte grüßen: Erzherzogin Elisabeth und Prinz Otto zu Windisch-Graetz, 1901

Vater war im Bilde und seine Schwester, die meisten in Erzsis Familie. Alle wahrten Stillschweigen, wie einst im Fall von Rudolfs Tod. Selbst Otto erzählte es seinem Sohn Franzi erst, als er schon ein alter Mann war.

Der Winterkönig

Erzsis 18. Geburtstag im September 1901 wurde abgewartet, doch dann verlor man keine Zeit mehr. Am 14. Oktober brachte die „Wiener Zeitung" die Verlobungsanzeige. Zur Bekanntgabe der Verlobung waren auch Erzsis Mutter und ihr Angetrauter Elemér Lónyay geladen, die von Kaiser Franz Joseph das Schloss Hetzendorf als Quartier zugewiesen bekamen. Dass dieser hübsche Barockbau im zwölften Wiener Gemeindebezirk zu Erzsis Zeiten mitten im Grünen gelegen war, wird für die heutigen „Bewohnerinnen und Bewohner", die Schülerinnen und Schüler der Modeschule der Stadt Wien, kaum mehr vorstellbar sein. Die Umgebung in Hetzendorf ist dicht verbaut und blickt man bei einer Fahrt mit der Straßenbahnlinie 62 nicht im richtigen Moment aus dem Fenster, kann einem die Zufahrt zum Schloss glatt entgehen. Ein Spaziergang im ansprechenden Park hinter der Modeschule lässt aber auch heute noch „Sommerfrischegefühle" aufkommen. Normalerweise lebte das Ehepaar Lónyay in Austerlitz im heutigen Tschechien, doch nun erschien Otto zu Windisch-Graetz in Begleitung der Noch-Erzherzogin Elisabeth Marie zum Antrittsbesuch bei seinen Schwiegereltern in Hetzendorf. Der erste Schock wegen des unebenbürtigen Bräutigams musste zwar überwunden werden, aber dann war Stephanie – wie nicht anders zu erwarten – von Otto ganz begeistert und gratulierte ihrer Tochter überschwänglich zu diesem „Fang". Der Schwiegersohn entsprach ganz und gar ihren Vorstellungen, er war genauso oberflächlich wie sie, erstklassig angezogen, mit besten Manieren ausgestattet, nicht von geistigen Untiefen geplagt wie ihr erster Mann und die gemeinsame Tochter. Der Auserwählte hatte Geschmack – und mehr brauchte es ja nicht. Auf den ersten Blick war es schwierig zu durchschauen, dass es sich bei Otto nicht um einen wirklichen Gentleman handelte. Erzsi und auch die viel ältere Stephanie waren von seiner äußeren Erscheinung geblendet, sie meinten, einen vollendeten Kavalier vor sich zu haben.

Der Besuchsreigen drehte sich weiter. Marie Valerie, Erzsis Tante, empfing Otto im Kreis ihrer zahlreichen Kinder in Wallsee. Er schaffte das – Haltung bewahren. Zur Feier des Tages verlieh der Kaiser dem neuen Familienmitglied den Orden vom Goldenen Vlies. Das war schon mal nicht übel. Ob Otto vielleicht begann, sich mit dem Arrangement anzufreunden? Sein Jugendfreund hatte ihm zugeredet, es bestehe kein Problem darin, die Erzherzogin zu heiraten. Geld, Hochachtung, Beförderungen ... Jeder andere würde auf Knien rutschen und dankbar sein. Man müsse es auf sich zukommen lassen. Eine der neuen Pflichten bestand darin, dem Bedürfnis der Öffentlichkeit nach Glamour entgegenzukommen. Der Hoffotograf Karl Pietzner übernahm die Aufgabe, die Frischverlobten für die Presse und die Postkartenhersteller abzulichten. Mit Zustimmung des Monarchen würde der große Tag mitten im Winter, am 23. Jänner 1902, über die Bühne gehen. Ein Zurück kam nicht mehr infrage. Die Hochzeitsvorbereitungen konnten beginnen.

Der Trousseau

Während Otto unter Anleitung seines Vaters Überlegungen darüber anstellte, wie er sich nun in den höchsten Staatskreisen, die bisher jenseits seiner Vorstellungskräfte gelegen hatten, am besten präsentieren sollte, bestand Erzsis Welt aus Kleidern, Schuhen, Wäsche und Schmuck. Der Trousseau, ihre Heiratsausstattung, musste bereitgestellt werden. Ganz Wien würde die Stücke zu sehen bekommen; sie selbst würde in ihrer Rolle als Erzherzogin noch drei letzte Galaroben benötigen: eine Kreation für die Renunziation, eine für ihren Abschied aus der Familie Habsburg-Lothringen und ein Hochzeitskleid.

Kaiser Franz Joseph hatte angeordnet, dass das Heiratsgut seiner Lieblingsenkelin alles bisher Dagewesene an Qualität, Quantität und Luxus übertreffen sollte. Es bestand offenbar die Sorge, Erzsi werde als verheiratete Frau unter ihren gewohnten Verhältnissen leben müssen. Während die Näherinnen drei Monate lang an der Herstellung der Teile arbeiteten, überzeugte sich der Kaiser immer wieder persönlich von Auswahl und Niveau der Stücke. In den Tagen vor der Trauungszeremonie, am 19. und 20. Jänner 1902, waren die Türen der Hofburg für 4000 glückliche Inhaber von Eintrittskarten geöffnet. Diese Wienerinnen und Wiener konnten nun die unschätzbaren Werte des Trousseaus der Erzherzogin aus der Nähe in Augenschein nehmen. Im Schweizerhof kam es zu lautstarken Auseinandersetzungen, als Hunderte Neugierige, die keine Billetts ergattert hatten, Einlass begehrten. Es wurde geschrien, gestoßen und gedrängt. Selbstverständlich besprachen die Zeitungen alle Ausstellungsstücke detailliert und so konnten sich die Spätzünder an den Objekten ihrer Begierde zumindest in den Fotobeilagen der Presse erfreuen. In den Zeitungen stand, 144 Bettgarnituren seien hergestellt worden, alle mit dem k. und k. Wappen Erzsis bestickt, 200 Tischtücher mit 1400 Servietten; es gab ein Silberservice für 36 Personen; in einer Vitrine lagen Berge von Batistwäsche, auch Straßenkostüme, Reit- und Teekleider waren zu sehen; Frisiermäntel, Hüte, mehrere Reiseausstattungen, unzählige Paar Schuhe für alle Gelegenheiten und einige Paar Jagdstiefel komplettierten den Trousseau, für den wahrscheinlich fünf Leben nicht ausgereicht hätten, um jedes Teil zu benötigen. Das größte Interesse zogen die Preziosen der aus dem Kaiserhaus ausscheidenden Fürstin zu Windisch-Graetz in spe auf sich, die in der Vitrine des Hofjuweliers Köchert arrangiert waren: Ein Diadem mit sieben Diamantsternen, 27 Diamantsterne aus dem Besitz der Großmutter Kaiserin Elisabeth, eine große Diamantbrosche in Schleifenform, ebenfalls aus dem Besitz Elisabeths, zahlreiche Perlenketten, Smaragdohrschmuck, Haarnadeln mit Diamantverzierungen und ein ganz besonderes Geschenk des Kaisers, nämlich das Ensemble, das Erzsi während der Trauung tragen würde – ein Armband aus 32 haselnussgroßen Diamanten im Wert von 40.000 Kronen und ein dazu passendes Diadem.

Am übernächsten Tag, dem 22. Jänner 1902, verzichtete Erzsi auf alle ihr von Geburt zustehenden Erbrechte. Seit Langem war sie die einzige Frau gewesen, die einmal Kaiserin hätte werden können. Nun, beim feierlichen Akt der Renunziation, war sie die einzige Frau im Saal.

Vor dem Kaiser, den großjährigen Erzherzögen, österreichischen und ungarischen Regierungsvertretern, dem Wiener Erzbischof, den Ministern und Geheimen Räten erschien die 18-Jährige, um nach den bestehenden Hausgesetzen und Familienstatuten vor ihrer Heirat einen Verzichtseid für sich, ihren Gatten und ihre Nachkommen auf die ihr bisher zustehenden Privilegien zu leisten. Sie musste den Namen Habsburg-Lothringen ablegen. Eineinhalb Jahre zuvor hatte Erzsi mit ihrem angeschmachteten Otto in Laxenburg Tennis gespielt, als dem zähneknirschenden Franz Ferdinand derselbe Schwur abverlangt worden war. Da er nicht überzeugt werden konnte, eine andere Frau als die unebenbürtige Sophie von Chotek zu ehelichen, musste er eine Menge Einschränkungen für den Fall in Kauf nehmen, dass er einmal Kaiser sein würde, wovon damals alle ausgingen. Ein Journalist dichtete:

„Dein Reich ist nicht von dieser Welt,
Im Herzen bist Du Herrscherin,
Für den, der einst das Szepter hält,
Heut' schon die Herzenskaiserin!"

Schon an der Schwelle zum 20. Jahrhundert war die Öffentlichkeit bei emotionsgeladenen Romanzen zwischen Kaiserhausangehörigen und „Untertanen" in ihrer Begeisterung kaum zu bremsen. Wallis Simpson oder Peter Townsend gab es zwar noch keine/n, aber man war schon auf gutem Weg dorthin. Das Attribut von der „Herzenskaiserin" dürfte Sophie von Chotek kaum erfreut haben. Es erinnerte sie bestenfalls daran, dass sie nie als „Kaiserin" betitelt werden durfte. Auch Königin von Ungarn würde sie nicht werden können. Selbst wenn Franz Ferdinand auf den Thron gelangt wäre, wäre sie nur die „Ehefrau des Kaisers" geblieben. Nach den Bestimmungen des spanischen Hofzeremoniells musste sie drei Schritte hinter ihrem Mann gehen, wenn sie überhaupt mit ihm auftreten durfte, was meist nicht der Fall war. Sophie durfte nicht in der Hofburg wohnen, durfte im Theater oder in der Oper nicht neben ihrem Mann in der Hofloge sitzen, an den Familiendiners des Kaisers durfte sie nicht teilnehmen und sobald Franz Ferdinand seinen Wohnort, das Obere Belvedere, verließ, wurden die Wachen abgezogen. Die Regelungen erweckten den Eindruck, als existiere sie gar nicht. Das Einzige, was Franz Joseph für sie tat, war ihre Erhebung in den erblichen Fürstenstand. Sie hieß nun Sophie von Hohenberg, wie auch die zu erwartenden Kinder des Paares. Sie würden nie dem Haus Habsburg angehören und waren von der Thronfolge ausgeschlossen. Nicht einmal im Tod würde Sophie zwischen all den Habsburgern in der Kapuzinergruft Platz finden, daher baute Franz Ferdinand vor und ließ in seinem Schloss Artstetten eine Begräbnisstätte anlegen. Das am selben Tag in Sarajevo ermordete Ehepaar ruht bis heute in dieser privaten Gruft. Das Erbrecht ging an den Sohn des Bruders von Franz Ferdinand über, jenen Karl I., der schließlich 1918 abdanken und vier Jahre später auf Madeira sterben würde. Erzherzog Franz Ferdinand unterschrieb seine Verzichtserklärung übrigens auf die Stunde genau 14 Jahre vor seinem Ableben und dem seiner Frau: am 28. Juni 1900.

Erzsi gelobte nun mehr oder weniger dasselbe wie vor ihr Franz Ferdinand. In einem himmelblauen Satinkleid mit Silberstickerei, ohne Ärmel, dafür mit einer zweieinhalb Meter langen Schleppe und einem Mantel mit Pelzbesatz – es war schließlich Winter – stand sie da und unterschrieb einen vorgefertigten Akt, dessen Tragweite ihr erst später bewusst wurde. Die Renunziation fand unter Ausschluss der Öffentlichkeit statt, doch die Zeitungen kamen dem Bedürfnis der Leserschaft, über royale Outfits Bescheid zu wissen, gerne nach. Erzsi nahm den Namen ihres Mannes an, verlor den hohen Rang einer Erzherzogin und war nun nur mehr Fürstin. Damit sie „wenigstens" das sein durfte, wurde Otto in den Rang eines Fürsten erhoben und war nun seinem Familienoberhaupt, Alfred III. zu Windisch-Graetz, der das Schriftstück ebenfalls signierte, gleichgestellt.

Die Standeserhebung Ottos dürfte Franz Joseph nur seiner Enkelin zuliebe unterzeichnet haben. Es ging weniger darum, Ottos Status zu erhöhen, sondern darum, Erzsi nicht allzu sehr zu erniedrigen. Graf Lónyay hatte es erfasst: Er äußerte sich später dahingehend, dass die nicht standesgemäße Heirat Erzsis mit Otto einen Vorteil für Franz Joseph gebracht hätte, der solche Ehen unter „normalen" Umständen bekanntermaßen zu verhindern trachtete. Nun war es für Erzsi nämlich unmöglich geworden, den gemäß der Pragmatischen Sanktion ihr zustehenden Thronanspruch anzumelden. Eigennutz spielte auch eine Rolle, denn Lónyay hätte Stiefvater einer Kaiserin werden können, was mit einer beträchtlichen Erhöhung seines Standes und der Apanage einhergegangen wäre. Möglicherweise hatte man es mit voller Absicht verabsäumt, Erzsi über ihre tatsächlichen Geburtsrechte zur Gänze aufzuklären. Auf jeden Fall machte sie später, als die Ehe mit Otto spektakulär scheiterte, ihrer Mutter Stephanie heftige Vorwürfe und meinte, diese hätte sie von der Renunziation abhalten müssen. Elemér Lónyay vertrat die Ansicht, Franz Joseph habe in Wirklichkeit gar nicht so ungern die Zustimmung zur Einheirat in die Familie Windisch-Graetz gegeben, denn nachdem er die Charakterschwächen seiner Enkelin erkannt hätte, wäre sie von ihm ohnehin nicht mehr als Regentin in Betracht gezogen worden. Eine weibliche Erbfolge war weit entfernt von seinen Idealvorstellungen, und so gab er dem Sohn des Bruders die Vorrangstellung vor der Tochter des Sohnes. Erzsi behielt das Recht, als Kaiserliche Hoheit angesprochen zu werden, und die Hofwachen salutierten auch weiterhin bei ihrer Ankunft und Abfahrt. Dennoch: Mitglied des Kaiserhauses war sie bald keines mehr.

An diesem Jännertag war in der Hofburg eine sensationelle Neuerung installiert worden: In den meisten Räumen gab es erstmals elektrisches Licht. Erzsi strahlte daher umso mehr, als sie wenige Stunden nach der Renunziation in einem rosa Samtkleid mit diamantbesetzten aufgestickten Rosenblättern den Saal betrat, in dem die von Marie Valerie veranstaltete Abschiedssoiree gegeben wurde. Sie sagte ihren bisherigen Familienmitgliedern Adieu, auch von der Hofgesellschaft verabschiedete sie sich. Manche bedauerten ihren Abgang. Erzsi stand leibhaftig für die Erinnerung an den früheren Hoffnungsträger der Monarchie, ihren Vater Rudolf. Sein Andenken würde immer mehr verblassen. Wie Rudolf lehnte seine Tochter die sie beengenden Zwänge des spanischen Hofzeremoniells ab. Sie hatte das Gefühl, für die Durchsetzung ihres privaten Glücks den Aufstand geprobt und gesiegt zu haben. Es war der Vorabend ihrer Hochzeit.

Kaiser Franz Joseph schrieb an seine Freundin Katharina Schratt, „die Braut (habe, Anm.) sehr hübsch und glücklich“ ausgesehen, und, weil er wusste, dass die Schauspielerin sich dafür interessierte, fügte er erläuternd hinzu: Erzsi sei „bei der Renunciation, der Soirée und der Trauung sehr gut und elegant angezogen“ gewesen. Ob diese für Franz

Joseph typische nüchterne Schilderung die „gnädige Frau" zufriedengestellt hat, muss offenbleiben, aber sie konnte sich in der Presse ausreichend informieren. Das „Illustrierte Wiener Extrablatt" frohlockte: „Es ist ein schönes, frohes Familienfest, bei dem es sich nur um den schönen Bund zweier edler, liebender Herzen handelt." Die in Umlauf kommenden Hochzeitsfotos zeigten die Gemahlin meist sitzend, Otto stehend, um den Größenunterschied nicht allzu sehr hervortreten zu lassen. Die Hochzeit hatte in der Josephskapelle in der Hofburg stattgefunden, dort, wo sich heute die Räumlichkeiten des Bundespräsidenten befinden. Als Ort einer Heirat war diese Kapelle bisher noch nicht oft in Erscheinung getreten, aber einige Anwesende hatten noch die Aufbahrung des Kaisers von Mexiko in Erinnerung, dessen Sarg hier Monate nach seiner Erschießung, ebenfalls im Monat Jänner, aufgestellt gewesen war. Einst hielt Maria Theresia ihre privaten Andachten in der Josephskapelle ab und die Eltern des Kaisers, Sophie und Franz Karl, waren oft in der kleinen Kirche anzutreffen gewesen, wo sie beinahe täglich beteten.

Da Erzsis Heirat keine offizielle Staatshochzeit des regierenden Hauses war, hielt sich der Aufwand in Grenzen. Es gab keine Edelknaben und keine Musik, die Anzahl der Gäste gestaltete sich überschaubar. Außer den Familien Habsburg-Lothringen, Windisch-Graetz und Lónyay waren nur noch einige Minister und höhere Beamte erschienen. Damals nicht anders als vor wenigen Jahren, als die Welt gespannt auf den Givenchy-Traum der mittlerweile abgedankten Herzogin von Sussex blickte, warteten am 23. Jänner 1902 alle Anwesenden auf den Einzug der jugendlichen Erzherzogin. In einer Robe von Rose Maux schwebte die 18-Jährige zum Altar, das Kleid war in einem cremefarbenen Milchton gehalten, was – im Gegensatz zu Weiß – die junge Frau nicht blass oder kränklich wirken ließ. Die Farbe unterstrich ihre Jugend und war sehr schmeichelhaft für die von Natur aus sehr blonde, bleiche Erzsi. Eine drei Meter lange Schleppe vervollständigte das Hochzeitskleid und so wie die Wappen des gesamten Commonwealth Meghan Markles Schleppe geziert hatten, wurden in Erzsis Schleppe aus Brüsseler Spitze die heraldischen Zeichen aller Provinzen Belgiens sowie der österreichischen Kronländer eingewebt, womit sie ein letztes Mal ihren Eltern Tribut zollte. Wie die Schleppe stammte auch der Brautschleier, gefertigt ebenso aus Brüsseler Spitze, aus Stephanies Besitz. Als Kopfschmuck trug Erzsi das ungeheuer prächtige Köchert-Diamantdiadem, das die Wiener schon im Rahmen der Trousseau-Schau bestaunt hatten. Der Mode der Zeit entsprechend waren Myrten und echte Orangenblüten, die einen wunderbaren Duft verströmten, in das Diadem eingeflochten. Auch den Taillengürtel zierten frische Orangenblüten. Erzsis Adjutant und die Vorsteherin ihres Hofstaates hatten sie in ihren allerletzten Minuten als Erzherzogin in die Kapelle geleitet und warteten nun auf das „Ja" ihrer langjährigen Vorgesetzten. Danach traten beide zurück und nahmen bei den Hochzeitsgästen Platz. Ihre Aufgaben hatten sich erledigt. Hofbedienstete dieses Ranges würden der neuen Fürstin zu Windisch-Graetz nicht mehr zustehen. Tante Marie Valerie hielt ihre Bedenken gleich nach der Trauung fest: „Ob dieses so wenig warme Wesen (gemeint war Erzsi, Anm.) den ernsten gemütvollen jungen Mann wie Otto Windisch-Graetz befriedigen wird?" Sie sollte sich sowohl in Erzsi als auch in Otto täuschen.

Die geringe Wertschätzung, die ihr Großvater Erzsi als Frau entgegenbrachte, zeigte sich im Ehevertrag, der vom Oberhaupt der Familie Windisch-Graetz, Fürst Alfred III., und Kaiser Franz Joseph mit juristischer Beratung ausgearbeitet worden war. Der Kaiser hatte Otto in mehreren Gesprächen vor der Heirat zugesichert, er werde schon darauf achten, dass er, also der Ehemann und „Haushaltsvorstand", der Herr im Haus sein werde. Vermutlich sorgte er sich wegen des viel niedrigeren Standes des Bräutigams im Vergleich zu einer wenn auch ehemaligen Erzherzogin, ganz zu schweigen wegen Erzsis Temperament, das nie deutlicher zutage getreten war als in den Monaten ihres Kampfes um den gewünschten Ehemann. Dessen Rolle werde nicht die eines „Prinz-Gemahls" sein, so der Kaiser, sondern Otto sei ihm genauso lieb wie Erzsi. Das würde der Gewährleistung des häuslichen Friedens dienlich sein, dachte er; gerade dass er nicht sagte, „im Herzen" betrachte er Otto als ebenbürtig …

Laut Ehevertrag erhielt Erzsi zusätzlich zu den genannten Werten aus dem Trousseau 420.000 Kronen (fast drei Millionen Euro) als Heiratsgut. Der Großteil davon war in Wertpapieren veranlagt und wurde zusammen mit dem bereits zuvor vorhandenen riesigen Vermögen (Erbe nach Rudolf und Kaiserin Elisabeth, Zuwendungen des Kaisers zu Geburtstagen etc.) verwaltet. Das Recht, über den Ertrag dieses Kapitals zu verfügen, wurde jedoch dem nunmehrigen „Herrn im Haus“, also Otto, eingeräumt. Dieser hatte weder eine juristische noch eine volkswirtschaftliche Ausbildung, schon die Kavallerie-Kadettenschule hatte er mit mittelmäßigem Erfolg absolviert und im theoretischen Denken und allen geistigen Belangen war er eher „mau“, wie seine Erzieher sinngemäß festhielten. Laut Ehekontrakt sollte Erzsi 36.000 Kronen im Jahr zu ihrer persönlichen Verwendung erhalten, solange die Ehe aufrecht war. Außer Zweifel stand, dass Otto eine unermesslich reiche Frau geheiratet hatte, was seine Position in der Ehe und auch innerhalb seiner Familie nachhaltig schwächte. Er wird sich immer unterlegen fühlen und gerade seine Minderwertigkeitskomplexe waren es, die nur allzu bald Auseinandersetzungen über Pekuniäres aller Art Tür und Tor öffnen sollten. Obwohl sein Schwiegervater ihm das Vermögen anvertraut hatte, wurde Otto den Eindruck, auf die Mittel seiner Frau angewiesen zu sein, nie los. Finanzkapital und Sozialprestige bestimmten im 19. und noch weit bis ins 20. Jahrhundert hinein die Wahl der Ehepartner. Beide Kriterien wiesen Otto in seiner Ehe als den Unterlegenen aus. Hier lag die Wurzel des Scheiterns dieser von Anfang an wenig hoffnungsvollen Verbindung.

Honeymoon

Auf Erzsis Seite galt, dass man mit seinen Wünschen vorsichtig sein sollte – sie könnten in Erfüllung gehen. Davon konnte die Fürstin bald ihr eigenes, ganz persönliches Klagelied singen. Die Flitterwochen, die sie und Otto auf den Spuren von Kronprinz Rudolfs „Orientreise“ nach Ägypten und nach Palästina führen sollten, hatten gerade erst begonnen, als Erzsi schon Grund zum Ausflippen hatte. Franz Joseph verabschiedete das frischgebackene Ehepaar am Tag nach der Hochzeit tränenreich am Südbahnhof. Erzsi trug – ganz die Ehefrau eines Sportverrückten – ein sportliches grünes Reisekostüm. Es war so weit. Endlich hatte sie ihren

Otto ganz für sich allein. Doch schon traten wieder Störenfriede auf den Plan. Manche Ortschaften, die auf der Strecke lagen, ließen sich Beflaggungen, Ansprachen und hocherfreute Begrüßungsworte der lokalen Würdenträger nicht nehmen. Wie oft kam es denn vor, dass ein Mitglied des Kaiserhauses, wenn auch soeben ausgetreten, durch eher abgelegene Regionen reiste? Die Enkelin des Kaisers und die Tochter des verehrten Kronprinzen würde die „Liesl" ja immer bleiben. Eben. Obwohl Order gegeben wurde, die Fahnen auf dem Dachboden zu behalten und ins Auge gefasste Aufmärsche auf den Bahnhöfen gleich wieder abzusagen, bestanden diverse Bürgermeister und Gemeinderäte darauf, die schöne Erzsi und ihren feschen Sportler gebührend willkommen zu heißen. Offizielle Begrüßungen verursachten bei Erzsi jedoch unkontrollierbare Wutanfälle. Sie wähnte diese Episode ihres Lebens hinter sich. Otto musste sie beruhigen. Als man endlich im heutigen Slowenien ankam, wo Otto bei Veldes (Bled) am Südufer des Sees ein Schloss besaß, in dem man Station zu machen gedachte, wartete schon die nächste Belastungsprobe. Die Honoratioren in Veldes hatten nämlich ein Feuerwerk zur Begrüßung des Promipaares veranstaltet und auch der See erstrahlte in künstlicher Beleuchtung. Wieder musste die ersehnte Privatheit hinausgeschoben werden. Erzsi schüttelte zahlreiche Hände, erduldete Verbeugungen, musste artig danken für den überwältigenden Empfang. Doch wenigstens gefiel es ihr auf dem frisch renovierten Anwesen des Angetrauten, dem Schloss Seebach, recht gut. Man hatte keine Mühen gescheut, den bekannt hohen Ansprüchen der Ex-Erzherzogin gerecht zu werden. Ihr rosa Salon in Laxenburg war speziell für sie nachempfunden wurden.

Nach etwa zehn amourösen Tagen, in denen Otto sich für Erzsi verausgabte, so wie sie sich das Eheleben bis zum Ende aller Zeiten vorstellte, ging es weiter nach Triest. In den Süden, wie immer in den Wintermonaten. Mit den zwei Bänden der „Orientreise" im Gepäck erfüllte sich Erzsi einen lang gehegten Traum. Sie würde die Regionen, von denen ihr Vater so viel gesprochen und in die sie sich im „Türkischen Zimmer" als Kind hineingeträumt hatte, endlich mit eigenen Augen sehen. Das Ziel der Hochzeitsreise hatte mit ziemlicher Sicherheit Erzsi ausgewählt. Noch war es kaum zu bemerken, dass sie keine Habsburgerin mehr war. Überall stand sie im Mittelpunkt, alle Wünsche wurden ihr von den Augen abgelesen. Otto genoss die Aufmerksamkeit, die ihm allseits zuteilwurde. Im Glanz seiner Frau ließ es sich gut sonnen.

Die Fürstin zu Windisch-Graetz, um 1913: Kurz vor Beginn des Ersten Weltkriegs war Erzsi bereits Mutter von vier Kindern. Von ihrem Ehemann, den sie als impotent bezeichnete, lebte sie zu diesem Zeitpunkt mehr oder weniger getrennt.

Der Heizerstreik

In der wichtigsten Hafenstadt der österreichisch-ungarischen Monarchie, in Triest, wartete jedoch eine unliebsame Überraschung. Es wurde gestreikt. Die Heizer auf den Dampfschiffen gehörten zu jenen Berufsgruppen, deren Arbeitsbedingungen als besonders unmenschlich bezeichnet werden mussten. An jenem Tag, als Erzsi zusammen mit Otto den Hafen von Triest Richtung Alexandria verlassen wollte, verlangten die Triester Heizer unter anderem eine Reduzierung der täglichen Arbeitszeit von zehneinhalb auf acht Stunden. Außerdem drängten sie darauf, dass die verpflichtende Anwesenheit der Hälfte der Mannschaft auf Schiffen, die sich zum Beispiel nachts im Hafen befanden, abgeschafft würde. Die Nachricht, dass die Heizer des „Österreichischen Lloyd" zu streiken begonnen hatten, verbreitete sich rasch. Fast alle Heizer, die auf einlaufenden Schiffen tätig waren, verschwanden sofort, um die Streikenden zu unterstützen. Bald hatten 250 Männer ihre Arbeit niedergelegt. Zur Aufrechterhaltung des Postverkehrs musste Ersatzpersonal von der Kriegsmarine sowie von anderen Adriahäfen wie Pola angefordert werden. Als sich abzeichnete, dass die Forderungen der Streikenden nicht in absehbarer Zeit erfüllt würden, weitete sich die Bewegung am 14. Februar 1902 zum Generalstreik aus. 10.000 Menschen waren auf den Straßen, es kam zu Plünderungen und Demolierungen. Nach ersten Zusammenstößen der Arbeiter mit dem aufmarschierenden Militär wurde Verstärkung aus Görz (heute: Gorizia/Nova Gorica) und Laibach (heute: Ljubljana) nach Triest beordert. Soldaten schossen auf Streikende, deren einzige Waffen ein paar Steine gewesen waren. Insgesamt waren 14 Tote – 13 Arbeiter und ein Student – sowie über 50 Verletzte zu beklagen. Nach dieser Eskalation und der anschließenden Einsetzung eines unabhängigen Schiedsgerichts ging der „Lloyd" auf die Forderungen der Heizer ein. Überstunden waren ab sofort nur im Notfall einzufordern und wurden durch eine Sonderzahlung vergütet. Während der Fahrt mussten die Heizer nur mehr acht Stunden Dienst tun. Und in der Nacht war die „Bemannung auf das unbedingt Notwendigste zu beschränken". Am 17. Februar kehrten jene Heizer, die den Arbeitskampf überlebt hatten, auf ihre Posten zurück. Das Standrecht war in den Krisentagen ausgerufen worden und blieb nach der Einigung in Kraft, bis die Situation sich in den Augen der Stadtverwaltung beruhigt hatte. Heute erinnert ein Gedenkstein auf dem großen St.-Anna-Friedhof in Triest an das Massaker an den Arbeitern, die für gerechtere Bedingungen gekämpft und dafür ihr Leben gelassen haben.

Indessen wurden die Gepäckberge des Ehepaars Windisch-Graetz an Bord gehievt: Hutschachteln, Koffer, Sportausrüstungen, Geschenke für die Würdenträger, die man treffen würde. Erzsis Garderobe hatte die ihrer modischen Mutter längst überflügelt. Von den aufwühlenden Protesten rund um sie herum bekamen die Flitternden nichts mit. Erst viel später informierte sich Erzsi über den Arbeitskampf der Heizer und interpretierte die Geschehnisse nachträglich als böses Omen für ihre Ehe. Sie begriff, wie ein Leben in materieller Unerschöpflichkeit sie der Wirklichkeit gegenüber blind gemacht hatte; gedankenlos und leichtfertig war sie aus ihrem goldenen Käfig in eine falsche Vorstellung von Glück geschlittert. Unabhängigkeit und Liebe, die Dinge, die sie am meisten ersehnte, sollten noch lange auf sich warten lassen. Und als sie endlich erreicht waren, machte die Politik Erzsis Glück einen Strich durch die Rechnung.

„Orientalische" Träume

Doch nun war sie 18, jung verheiratet und auf dem Weg übers Meer ins Traumland Ägypten. Den wahren „Orient" hatte sie schon einmal kurz kennenlernen dürfen, als ihr Franz Joseph gestattete, beim Empfang des persischen Schahs Mozaffar ad-Din dabei zu sein. Der Schah war aus Erzsis Perspektive eher klein und kam in schwarzer Uniform samt Fellmütze mit einer berühmten Diamantspange im September des Jahres 1900 auf Staatsbesuch nach Wien. Eine ungeahnte Entfaltung von Pomp und Prunk zog die Bevölkerung in ihren Bann. Erzsi war gerade 17 geworden, doch sie repräsentierte in diesen Tagen wie eine Kaiserin. Da bekannt war, dass der Herrscher eine nicht näher definierte Anzahl von Frauen geehelicht und mehr als 20 Nachkommen in die Welt gesetzt hatte, ging der Kaiser auf Nummer sicher und platzierte die matronenhafte Erzherzogin Isabella neben dem Schah. Erzsi sollte vor unerwünschter

Kontaktaufnahme geschützt werden. Flankiert wurde Isabella auf der anderen Seite von Franz Ferdinand, der wohl ebenso wie der Schah keine Freude mit dieser Sitzordnung gehabt haben dürfte. Seine Hochzeit mit Isabellas einstiger Hofdame Sophie von Chotek lag erst ein paar Monate zurück. Es wurmte ihn verständlicherweise, dass seine unebenbürtige Frau nicht am offiziellen Staatsempfang teilnehmen durfte. Indessen zeigte sich der vom Besuchsprogramm und den zahlreichen Vorstellungen bereits ermüdete Schah von der „wundervollen nordischen Schönheit“ der Enkelin des Gastgebers sehr ergriffen. Er konnte Erzsi nur aus einiger Entfernung betrachten. Ihre schier unfassbare Körpergröße und die helle Haut ließen sie in seinen Augen wie eine Märchengestalt erscheinen. Er überreichte ihr zwei seidene Gebetsteppiche als persönliche Gabe. Eine Kutschenfahrt und eine Jagd im Lainzer Tiergarten wurden abgesagt, da der Schah lieber Kaffee trinken wollte. Obwohl manche Hofchargen schon verbreiteten, der Schah habe die Einladung in die Hofoper verschlafen, machte er am Ende des ersten Aktes doch noch seine Aufwartung. Erzsi erzählte noch lange vom Vergnügen, das ihr die Visite des „orientalischen Potentaten“, wie die Zeitungen schrieben, bereitet hatte. Seine Tischmanieren seien sehr gewöhnungsbedürftig gewesen und ihrer Schwiegertochter berichtete sie Jahrzehnte später, alles sei ihr als junges Mädchen „sehr komisch“ vorgekommen. Der Staatsbesuch des Schahs blieb die einzige Gelegenheit für Erzsi, als „Quasi-Kaiserin“ ihres Amtes zu walten. Ein Jahr später stand sie schon kurz vor ihrer Verlobung.

Nachdem endlich alle Habseligkeiten der hohen Honeymooner ihren Platz auf dem Schiff gefunden hatten, ertönte das Signal zum Ablegen. Die Seeroute führte Erzsi und Otto über Sizilien und Malta in jenes noch relativ neue Reiseziel, das sich ab der Jahrhundertwende zu den Top-Destinationen der High Society entwickelte. Kaiserin Elisabeth hatte ihre Flitterwochen todunglücklich in Laxenburg verbringen müssen, da es zu ihrer Zeit noch Usus gewesen war, sich nach der Hochzeit auf die Familiengüter des Ehemannes zurückzuziehen. Im Windisch-Graetz-Anwesen im winterlichen Veldes hatte sich Erzsi nur zehn Tage aufhalten müssen, bevor sie ins wohltemperierte Ägypten weiterreisen konnte. Am ersten Abend in Kairo, damals im Vergleich zu Wien eine kleine Stadt mit etwa 500.000 Einwohnern (in Wien lebten um 1900 zwei Millionen Menschen), checkte das Ehepaar in einem Luxushotel ein und wurde am nächsten Tag vom ägyptischen Gouverneur, dem Khediven, offiziell empfangen. Dieser kannte Österreich gut, hatte die Theresianische Militärakademie besucht und sprach fließend deutsch. Der Besuch der Kaiserenkelin und ihres Mannes war in allen Details vorbereitet und organisiert worden. Da Bescheid gegeben wurde, dass Erzsi das Land und seine Geschichte kennenlernen wollte, hatten die Beamten des Khediven einen Ägyptologen abgestellt, der das Paar zuerst durch Kairo und dann hinaus auf das Plateau von Giza begleitete, wo die Pyramiden und die Sphinx besichtigt wurden. Die Neugier nach allem, was mit dem alten Ägypten zu tun hatte, kannte bei Erzsi keine Grenzen, und ihrem Experten wurde bestimmt nicht langweilig bei all den Fragen, die beantwortet sein wollten. Ein Kamel und ein Vollblut-Araberpferd standen für Erzsi und Otto bereit, sollten sie Ausflüge in die Wüste planen, was sie sich nicht entgehen ließen. Das Pferd sei nicht einfach zu bändigen gewesen, erzählte Erzsi später ihrem Sohn Franzi.

Nach der eingehenden Besichtigung der Djoser-Pyramide in Sakkara bestiegen Erzsi und Otto das nächste Schiff, die nach dem gleichnamigen ägyptischen Gott benannte „Horus", die sie nilaufwärts nach Assuan bringen sollte. Wie sie es erwartet hatte, übten die monumentalen Bauwerke in Luxor sogleich eine magische Faszination auf die Hobby-Ägyptologin aus Wien aus. Das heute bekannteste ägyptische Grab, das des Pharaos Tutanchamun, wurde zwar erst 20 Jahre später entdeckt, doch zeigte sich Erzsi von den singenden „Memnonskolossen" sowie der bestechenden Schönheit des Tals der Könige am westlichen Nilufer überwältigt. Ehrfürchtig stand sie auf den Stufen des Totentempels der Pharaonin Hatschepsut. Die Tempelanlagen auf den Nilinseln Edfu und Philae gehörten ebenso zum Reiseprogramm wie die Anlage von Abu Simbel in der Gegend von Assuan. Zu Ostern 1902 befanden sich Erzsi und Otto bereits im heutigen Israel. Sie waren mit dem Zug zurück nach Alexandria gefahren und hatten sich von dort nach Jaffa (heute: Tel Aviv) eingeschifft. Auf Eseln machten sie die religiösen Zeremonien der Karwoche in Jerusalem mit und besuchten die Grabeskirche. Die Rückfahrt erfolgte wieder über Kairo, wo sie vom österreichischen Botschafter mit einem Galadiner verabschiedet wurden. Mit dem Schiff reiste man weiter über Athen nach Konstantinopel (heute: Istanbul), wo Erzsi und

Das Palais Windisch-Graetz im 3. Wiener Gemeindebezirk

Otto beim aufgrund der Massaker an den Armeniern mit bis zu 300.000 geschätzten Opfern weltweit berüchtigten Sultan Abdul Hamid zum Diner geladen waren. Nach der üblichen Besichtigungstour durch die Hauptstadt des Osmanischen Reiches geriet das Schiff in der Nähe von Kreta in ein stürmisches Gewitter. Doch wie einst ihre Großmutter Elisabeth zeigte Erzsi keine Furcht. Wohlbehalten erreichte die Reisegruppe Korfu, wo das Achilleion, der Traumpalast der ermordeten Kaiserin, besucht wurde. Die restliche Fahrt verlief ohne besondere Vorkommnisse und nach dreimonatiger Abwesenheit kehrten Erzsi und Otto von Triest nach Wien zurück.

Ein neues Leben

Inzwischen war es Mai geworden. Der Flieder blühte, doch der Bahnsteig am Südbahnhof war leer. Kein Empfangskomitee stand bereit, um Erzsi abzuholen. Das war neu für sie und Enttäuschung machte sich breit. Wenige Monate zuvor hatte sie sich gegen Ehrenbezeugungen an Bahnhöfen gesträubt, jetzt gingen sie ihr ab. Vielleicht fiel ihr in diesem Moment zum ersten Mal auf, dass sie keine Erzherzogin mehr war. Fürstinnen gab es in der Monarchie zuhauf, das war nichts Besonderes. Und bei ihrem Mann handelte es sich um keine wirklich wichtige Persönlichkeit. Er fuhr mit ihr ins Palais Windisch-Graetz, in dem einige Zimmer für das Ehepaar vorbereitet worden waren. Das von Ottos Vater errichtete, sehr repräsentative Gebäude im Stil der Renaissance war damals für seine recht protzige Innenausstattung und das opulente Stiegenhaus bekannt. Es steht in einer bis heute noblen Gegend im dritten Wiener Gemeindebezirk an der Ecke Strohgasse/Metternichgasse. Den Großteil des Hauses, das Erzsi nun zum ersten Mal betrat, bewohnte ihr Schwiegervater Ernst, ein begeisterter Münzensammler. Erzsi fand das Palais sogleich beengend. Wer, der 18 Jahre lang in den über 1000 Zimmern der Hofburg verbracht hatte, würde das nicht?

Erzsi musste sich jedoch nicht lange im Palais aufhalten, denn Otto war vom Kaiser befördert worden. Dieser höhere Posten beim Ulanenregiment verlangte eine Stationierung in Prag und so stand dem jungen Paar der erste Umzug von vielen bevor. Möglicherweise wollte Franz Joseph seine Enkelin aus Wien weghaben. Es war klar, dass er sie als verheiratete Frau nicht ständig bewachen lassen konnte, außerdem hatte er immer noch ihre Forderung im Ohr, er möge Reformen zugunsten der arbeitenden Klasse in Angriff nehmen. Einen Skandal konnte er nicht gebrauchen. Erzsi hatte weiterhin die Möglichkeit, in der Hofburg oder in Schönbrunn Quartier zu beziehen, wenn sie ihn besuchte. Auch ihren Kindern standen später die kaiserlichen Schlösser immer offen. Otto allerdings war dort nie willkommen. Trotzdem: Fürs Erste schien ihm die Familie Windisch-Graetz in Prag besser aufgehoben. Erzsi sollte sich daran gewöhnen, die zweite Geige zu spielen. Sie war nun „die Frau von“, denn in Prag würde aus beruflichen Gründen Otto im Mittelpunkt stehen und nicht sie. Ihre unzähligen Besitztümer wurden also zusammengepackt und das Paar bezog ein Gebäude in dem wunderschön gelegenen Prager Viertel Königliche Weinberge, die Villa Gröbe, welche früher dem Großindustriellen Moritz Gröbe gehört hatte.

Da Otto während seiner Hochzeitsreise das Heilige Land besucht hatte, erhielt er zusätzlich zum höheren Dienstgrad einen hohen päpstlichen Ritterorden – was für böses Blut sorgte. Nur weil er in Palästina geflittert hatte, bekam er eine solch hohe Auszeichnung? Andere mussten sich lange hinaufdienen. Und die neue militärische Stellung? Woher kam die? Von der Heirat mit einer Erzherzogin! Alles fiel diesem jungen Windisch-Graetz einfach in den Schoß, er wurde mit Ehrungen und Reichtümern überhäuft. Zumindest war er immer noch der beste Reiter der Ulanen, da konnte ihm niemand das Wasser reichen. Wenn er wieder ein Reitturnier gewann, glänzte er mit der schönen Frau an seiner Seite, die immer und überall die Eleganteste war. Er konnte wunderbar mit ihr angeben. Ihre Originalität und spitze Zunge waren berühmt und schüchterten viele richtig ein. Das gefiel Otto. Die konventionelle Form des Reisens mit Zug und Kutsche sagte ihm weniger zu. Er langweilte sich, wenn er seine Wagen nicht selber lenken konnte. Vor der ersten Automobilwelle überboten sich die reichen Herren der Hautevolee geradezu mit ihren Ben-Hur-Kunststücken. Otto lenkte Zweier-, Viereroder sogar Sechser-Gespanne selbst. Um seinen Namen in der Welt des Pferdesports zu bewerben, führte Otto Pferde und Wagen über hohe Gebirgsstraßen hinauf, meist in Begleitung seiner Frau. Mehrere Male übernachteten Erzsi und Otto nach einer solchen Ochsentour in einer Jagdhütte auf dem Stilfser Joch in den Ortler-Alpen. Heute ist es der höchste Gebirgspass in Italien. Otto zu Windisch-Graetz war ein Sportidol der sogenannten Turfgesellschaft, also jener Adeligen, aber auch Angehörigen der „zweiten Gesellschaft", die sich mit Vorliebe auf den Pferderennplätzen und in den exklusiven Jockey-Clubs herumtrieben. Selbstverständlich pflegte auch Erzsi solche Kontakte, doch wusste sie in den ersten Jahren ihrer Ehe bereits, was ihr Vater von den Sportskanonen gehalten hatte. Nämlich wenig bis nichts. Schon als 19-Jähriger hatte Rudolf kein gutes Haar an seinen feudalen Standesgenossen gelassen. Er verachtete diese als „die blaublütigste sogenannte erste, aber weiß Gott nicht, beste Gesellschaft". Die „Sporting-Character-Manieren" der Aristo-Playboys kritisierte er mit harschen Worten. Sie seien „nichts als bloß eine faule Eiterbeule am Staatskörper", so der Kronprinz, sie zeichneten sich lediglich durch „grenzenlose Rücksichtslosigkeit" und einen „mangelnden Bildungsgrad" aus. Diese Beschreibung hätte er wohl auch für Otto parat gehabt, hätte er ihn je kennengelernt. Erzsi machte dem Ärger über ihren Mann später folgendermaßen Luft: Er repräsentiere „jenen Aristokraten, welcher auf der Bühne und in der Literatur verhöhnt wird, den geistig minderwertigen, moralisch unterentwickelten, feigen Geck". Er sei extrem geldgierig und beurteile andere nur nach Äußerlichkeiten, „speziell die Güte der Hosenbügelfalte schien ihm bei Männern besonders beachtenswert", so Erzsi in einem Zeitungsinterview, als sie bereits in Scheidung lebte.

Ihr Vater hätte sie gut verstanden. Der Modesport der Wagenwettkämpfe, Postkutschenrennen über weite Distanzen und ähnliche Zeitvertreibe der besseren Gesellschaft gerieten wegen ihrer Gefährlichkeit nicht selten in die Schlagzeilen. Häufig berichteten die Zeitungen von schweren Unfällen, doch Otto beherrschte seine Pferde wie kaum ein Zweiter. In Pardubice etwa galt es einen Jagdparcours von 80 Kilometer Länge zu bewältigen, es ging querfeldein, Wassergräben von zwei Meter Breite mussten übersprungen werden. Viele Teilnehmer, obwohl alles erfahrene Pferdenarren, stürzten und verletzten sich, doch für Otto war dies alles nicht mehr als ein Kinderspiel.

Erzsi begleitete ihren Mann nach Möglichkeit zu allen seinen Sportterminen, denn sie hatte wenig Vertrauen zu ihm, was die eheliche Treue betraf. Bald nach ihrem Einzug in der Villa Gröbe hatte Otto eine Sängerin, Marie Zieglerová, kennengelernt. Und wie Erzsi vermutete, nicht nur das. Die Affäre erzürnte sie. Selbstverständlich war das unter Männern höheren Standes nichts Erwähnenswertes. Ihr Vater und ihr Großvater väterlicherseits pflegten Umgang mit Künstlerinnen von der Bühne, von den Vorlieben ihres Großvaters mütterlicherseits ganz zu schweigen. Otto ging davon aus, die in ihn gesetzten Erwartungen erfüllt zu haben. Er hatte Erzsi geheiratet, die Hochzeitsreise an die von ihr gewünschten Orte absolviert und einen Hausstand gegründet. Er meinte, das müsste fürs Erste reichen. Jetzt wollte er wieder Soldat sein, seine Wettkämpfe ausfechten, sich amüsieren. Mit seinem Verhalten Erzsi gegenüber hatte das nichts zu tun, es war einfach Normalität. Kinder würden sich bestimmt noch einstellen. Otto kam als neu zugereister, beförderter Militär viel in Prag herum, machte Antrittsbesuche bei Statthalter und Bürgermeister, wurde ins Theater und in die Oper eingeladen. Erzsi hingegen war nun ausschließlich Privatperson. Sie hatte viel zu viel Zeit, hätte sich in der fremden Stadt umsehen, eigene Kontakte knüpfen, ein selbstständiges Leben aufbauen können. Das alles tat sie nicht. Stattdessen kreisten ihre Gedanken obsessiv um ihren Mann, was im Lauf der Monate zu einer Veränderung der Atmosphäre geführt haben wird. Zuerst hatte sie begonnen, den großen, aber ziemlich verwahrlosten Garten, der die Villa Gröbe umgab, auf Vordermann zu bringen. Gartenarbeit war eine ihrer Lieblingsbeschäftigungen, der sie sogar hochbetagt und bettlägerig noch nachging, indem sie ihre Bediensteten entsprechend kommandierte. In Prag engagierte sie Gärtner, überwachte aber alle Neuanpflanzungen selbst. So rasch wie möglich wollte sie ein Blumenmeer um sich herum wachsen sehen, es war Mai und somit die beste Zeit dafür. Erzsis Wunsch, nicht in der Stadt, sondern im Grünen zu wohnen, war entsprochen worden.

Die Sommermonate liefen in den gesellschaftlichen Kreisen des Adels immer nach demselben Muster ab. Man machte Verwandtenbesuche, fuhr in Kurorte oder in die Berge, packte ununterbrochen ein und aus und wechselte alle paar Wochen den Wohnort. Erzsi war daran gewöhnt, seit sie ein Kleinkind war, es störte sie nicht. Obwohl dies mühsam klingen mag: Für vermögende Familien stellte das Herumreisen keine

Schwierigkeit dar. Kaum ein Handgriff musste selbst erledigt werden, für alles gab es Personal. Erreichte man den Zielort, warteten die hergerichteten Räume schon, das Gepäck war ausgepackt, die Badezimmer und Betten standen bereit, die Räume waren geheizt oder gelüftet, je nach Wetterlage. Bewegungsfreiheit und Bewegung gehörten als fixe Bestandteile zu Erzsis Leben. Sie war wie ihre Großmutter Elisabeth eine unstete Person, die sich nicht allzu lange am selben Ort aufhalten wollte. Ottos Alltagsplanung ließen sich mit Erzsis Vorstellungen überhaupt nicht in Einklang bringen. Das Herumfahren zu Freunden und Bekannten entsprach nicht seinem Geschmack, für ihn standen Militärturnier-Termine und Reitjagden im Vordergrund. Ansonsten wollte er in Prag bleiben, seiner Arbeit beim Regiment nachgehen und das Armeeleben genießen. Doch Erzsi bestand darauf, dass Otto sie bei allen ihren Unternehmungen begleitete, sie ließ ihn nicht aus den Augen.

Ihre Eifersucht führte so weit, dass sie Otto zum Begräbnis ihrer Großmutter mit nach Brüssel nehmen wollte. Auch Stephanie hatte ihr Kommen zugesagt. Doch als die Paare Lónyay und Windisch-Graetz in der Zwischenstation Frankfurt am Main eintrafen, wartete dort ein Telegramm des Witwers König Leopold II., der den Frauen seiner Familie die Teilnahme am Begräbnis untersagte. Er selbst weilte bei seiner jungen Geliebten in den Pyrenäen, als ihm die Nachricht vom Tod der Königin der Belgier überbracht wurde. Leopold wünschte niemanden zu sehen, was in Brüssel bekannt wurde und einen Skandal auslöste. Stephanie fuhr trotzdem weiter, um ihre Mutter zu verabschieden. Sie wurde sehr wohlwollend von der belgischen Bevölkerung aufgenommen. Erzsi war froh, nicht nach Belgien reisen zu müssen. Sie hatte es ihrem Großvater nicht verziehen, dass er ihren Ehemann nicht wichtig genug gefunden hatte, um zu ihrer Hochzeit nach Wien zu kommen. Dass er vielfach Ehebruch begangen hatte, machte es nicht besser. Eine schlimmere Verfehlung gab es in Erzsis Vorstellungswelt als junger Ehefrau kaum. Die zerrütteten Ehen ihrer Großeltern mütterlicherseits und ihrer Eltern gingen ihrer Ansicht nach hauptsächlich auf das Konto der flatterhaften Ehemänner. Und nun stand sie, wenige

Monate nach der Hochzeit, selber mit einem Ehemann da, der einer Opernsängerin den Hof machte.

Familie

Doch in diesem Herbst 1902 hielt das Leben noch eine weitere Überraschung bereit, die das ohnehin schon angeschlagene Eheglück Erzsis weiter verdunkeln sollte. Sie stellte fest, dass sie schwanger war. Ein Winter in Prag kam für sie in ihrem Zustand nicht infrage und daher packte sie wieder einmal die Koffer, um zusammen mit Otto ihren Wohnsitz für zwei Monate nach Nizza zu verlegen. Die Côte d'Azur war bereits seit Jahren eine sehr beliebte Überwinterungs-Destination der europäischen und amerikanischen noblen Gesellschaft. Das Malheur passierte gleich im ersten Moment. Als Erzsi in Südfrankreich aus dem Zug stieg, stolperte sie so unglücklich, dass sie auf den Bahnsteig stürzte. Die verheerenden Folgen zeigten sich am nächsten Tag, als sie mit schweren Blutungen ins Krankenhaus eingeliefert wurde. Die Ärzte konnten dem Ungeborenen nicht mehr helfen und Erzsi wurde von einer Totgeburt entbunden. Es wäre ein Bub gewesen, sagte man ihr. In Ottos Familie kamen Fehlgeburten und nicht lebensfähige Kinder häufig vor, Erzsis Gatte dürfte sich mit dem Schicksalsschlag rasch abgefunden haben. Die Frau von Alfred III. Windisch-Graetz, Gabriele, litt schwer unter den psychischen Folgen ihrer Fehlgeburten, da sie ihre zahlreichen toten ungetauften Kinder nicht auf dem christlichen Friedhof beerdigen durfte.

Als Erzsi nach dem Abort eine notwendige Kürettage in Aussicht gestellt wurde, ersuchte Otto sie plötzlich um die Errichtung eines Testaments zu seinen Gunsten. Nach den Komplikationen rund um die fehlgeschlagene Schwangerschaft war er wegen seines aufwändigen Lebensstils in Panik geraten. Welche Zukunft würde ihm bevorstehen, sollte seine noch nicht einmal 20-jährige Ehefrau die Routineoperation nicht überleben? Er erklärte Erzsi, im Fall des Falles stünde er mittellos da. Sie konnte es nicht fassen. War ihr Mann etwa nicht fähig, für sich sorgen? Interessierte er sich nur für seinen weichen finanziellen Polster, nicht für ihre Gesundheit? Erzsi hatte den zentralen Stellenwert des Pferdehobbys in Ottos Leben nicht korrekt eingeschätzt. Zwar hatte sie selbst ein Leben lang solche Tiere besessen, doch welche Unsummen deren

Aufzucht und Pflege verschlangen – solche profanen Fragen hatten sie nie tangiert. Otto aber wusste darüber sehr genau Bescheid. In seinen Ställen befanden sich an die 50 Pferde aller Art, Renn- und Kutschpferde, Jagdpferde und Traber, darunter einige sehr seltene russische Orlow-Traber, die er als einziger Besitzer weit und breit in einem Sechser-Gespann zu lenken vermochte. Die Orlow-Pferde zeichneten sich durch ihre sagenhafte Schnelligkeit aus, sie waren schwer zu beschaffen und extrem teuer, nicht zuletzt deswegen, weil Otto nur solche mit pechschwarzem Fell erwerben wollte. Im 18. Jahrhundert hatte der russische Graf Alexei Grigorjewitsch Orlow, der Mörder Zar Peter III., einen persischen Araberhengst mit einer dänischen Stute gekreuzt. Das Ergebnis dieser Kreuzung wurde wiederum mit einem Araber gekreuzt, wodurch jene besonders schnelle Pferderasse entstanden war. Otto präsentierte seine schwarzen Orlows bevorzugt vor weißer Kulisse bei Eis und Schnee – was Erzsi als Provokation auffasste, denn die Kälte war ihr zuwider und sie wollte im Spätherbst immer so bald wie möglich in Richtung Süden aufbrechen.

Einige seiner wertvollsten tierischen Geldanlagen ließ Otto porträtieren – damals eine übliche Passion adeliger Jäger und Reiter. Seine Rösser wurden Tag und Nacht von einer Menge Stallburschen betreut und von englischen Bulldoggen – diese mussten weiß sein – bewacht. Vergleichbar wäre Ottos Steckenpferd mit dem heutiger vermögender Autosammler, die Garagen voller Bentleys oder Rolls-Royce-Wagen ihr Eigen nennen. Die Finanzen des Ehepaares Windisch-Graetz reichten für diese Leidenschaft nicht aus und Franz Joseph wurde immer wieder von Erzsi um „Spenden" gebeten, die er ihr nie verweigerte. Doch sollte diese Quelle einmal versiegen, was würde dann aus Otto werden? Erzsi gab zwar massenhaft Geld für Reisen, Kuren und ihre Garderobe aus, doch im Vergleich zu Ottos Pferden und deren Kosten für Unterhalt, Training und Einsatz bei Wettkämpfen waren das Peanuts. Otto wollte von seiner Frau, die gerade eine Fehlgeburt erlitten hatte, ausgehalten werden. Sie lehnte seine Bitte ab.

Nach dem wenig erfreulichen Aufenthalt in Nizza wurde Erzsi bald wieder schwanger, doch die Sache mit dem Testament in Kombination

Das Ehepaar Windisch-Graetz mit dem ersten überlebenden Kind Franz Joseph, 1904

mit Erzsis ständigem Verdacht, ihr Mann könnte sie hintergehen, machten ein vertrauensvolles Zusammenleben der Eheleute unmöglich. Als der Geburtstermin näher rückte, begann Otto erneut mit seinen Fragen nach Erzsis Testament. Die werdende Mutter fand dies widerlich, doch die Angst vor einer neuerlichen Fehlgeburt belastete auch sie und schließlich entsprach sie Ottos Wünschen. Am 19. März 1904 unterzeichnete sie ihr Testament. Sie war 20 Jahre alt.

„Im Falle meines Todes hinterlasse ich mein *ganzes* Vermögen, meinen Schmuck und *alle* mir gehörenden Sachen meinem Manne.
Elisabeth Marie Fürstin Windisch-Graetz
Geb. Erzherzogin von Österreich."

Wenige Tage später, am 22. März 1904, ging glücklicherweise alles gut. Der Urgroßvater Kaiser Franz Joseph freute sich sehr über seinen gleichnamigen Urenkel. Von den dramatischen Auseinandersetzungen und den sentimentalen, rasch vorübergehenden Versöhnungen in der Ehe seiner Lieblingsenkelin dürfte er – abgesehen von den ununterbrochenen Geldforderungen – noch wenig geahnt haben. Nach Franzis Geburt war die Beziehung jedoch bereits kläglich gescheitert. Erzsi suchte Beschäftigung, es war ihr langweilig. Sie hatte sich nach der Fehlgeburt schonen müssen und auch als junge Mutter stand wieder Zu-Hause-Sitzen auf dem Programm. Fahrten und Reisen sollten aus gesundheitlichen Gründen unterbleiben. Sie blieb in Prag, das sie nie zu mögen gelernt hatte, und schikanierte Otto mit ihrer Eifersucht. Sie rechnete ihrem Mann vor, dass seine Abwesenheiten vom Prager Regiment hauptsächlich mit seinen Pferden zu tun hätten, und sie erwarte sich, so Erzsi, dass er ihr mindestens so viel Zeit widme wie seiner Liebhaberei. Otto wiederum quälte Erzsi mit seinen Abwesenheiten, denn sie wollte so viel Zeit wie möglich mit ihm verbringen, in der Hoffnung, dies werde sie als Paar zusammenschweißen und der Ehe nützlich sein.

Als die Ärzte ihr wieder mehr Aktivität gestatteten, wollte Erzsi sofort aufbrechen. Sie lebte fürs Reisen, doch Otto wollte davon nichts hören. Er fuhr weg, wenn es der Militärdienst oder seine Mitwirkung bei Turnieren verlangte, doch sonst entsprach ein Leben auf Achse keineswegs seinem Naturell. Schließlich gab er dem Drängen seiner Frau nach – vorläufig, wie er damals noch glaubte. Damit er Erzsi jederzeit begleiten konnte, ließ er sich im Mai 1904 auf ihren Wunsch ein Jahr lang beurlauben. Seine kindischen Angebereien bei Kutschenfahrten hatte sie bereits zu hassen gelernt und sich, um dem zu entgehen, ein chromblitzendes Daimler-Coupé zugelegt. Höchstgeschwindigkeit: 40 Stundenkilometer! Nun war sie nicht mehr auf Ottos Wagenlenkerkünste angewiesen. Er saß hinterm Steuer und Erzsi genoss die Kraft des Motors und nicht mehr die der starken Arme ihres Mannes, der mit Vorliebe demonstriert hatte, wie er allein durch seine Muskelkraft imstande war, die Pferde zu zügeln.

Später gestand Otto seinem Sohn Franzi, dass die Beurlaubung überhaupt nicht in seinem Sinn gewesen war. Er habe in Wahrheit gerne gearbeitet, wollte selbstständig Karriere machen, doch seine Frau habe mit ihrer Eifersucht seine Laufbahn zerstört. Er nahm weiterhin Repräsentationstermine in Prag wahr und kümmerte sich vor allem um seine Lieblinge, die Pferde. Er ließ Erzsi zunehmend spüren, dass er sie auf Befehl und nicht aus Liebe oder wenigstens Zuneigung geheiratet hatte. Ottos Erziehung war konservativ und konventionell verlaufen, er hatte sich kaum in der Rolle gesehen, von einer Frau erobert zu werden. Tagtäglich fühlte er sich der „geborenen Erzherzogin" unterlegen, gefangen in einer Beziehung, die er nie wollte. Von Anfang an herrschte eine Situation zwischen den beiden, wie sie desaströser kaum hätte sein können.

Aller Unbill zum Trotz erwartete Erzsi im Herbst 1904 zum dritten Mal ein Baby und brachte 1905 den zweiten gemeinsamen Sohn zur Welt, der der Familie Windisch-Graetz zu Ehren Ernst Weriand genannt wurde: nach Ottos Vater Ernst und dem Begründer seiner Familienlinie Weriand. Er wurde „Erni" gerufen. Die Ehe von Ernis Eltern war weiterhin starken Stürmen ausgesetzt, denn im Jahr seiner Geburt schoss seine Mutter auf ihre Rivalin Marie Zieglerová, mit der Otto bereits seit Längerem eine Bekanntschaft pflegte.

Die goldene Kugel

Obwohl Erzsi vermutet hatte, dass zwischen Otto und der Sängerin an der Prager Oper mehr lief als nur „Bewunderung", waren Beweise für einen Ehebruch nicht ganz leicht aufzutreiben. Otto war auf der Hut, keinesfalls lag es in seinem Interesse, Eifersuchtsanfälle seiner Frau heraufzubeschwören. Doch einige vertrauenswürdige Bedienstete beschatteten Otto gegen gutes Geld aus Erzsis Börse. Sie erzählten ihr, wann und wo er welche Frauen traf, welche Damen er in der Kutsche mitnahm usw. Als Erzsi einmal „Eheurlaub" genommen hatte und bei ihrem Großvater in Wien weilte, ereilte sie die Nachricht, dass Marie Zieglerová auf Einladung Ottos Quartier in der Villa Gröbe aufgeschlagen habe. Erzsi überlegte nicht allzu lang, packte einen Revolver ein und setzte sich in den Zug nach Prag. Sie betrat die eheliche Villa, drängte den vor der Tür postierten Diener Ottos zur Seite und sah, womit sie längst gerechnet hatte: Otto mit seiner Flamme in eindeutiger Situation. Erzsi zielte ohne Vorwarnung auf die Sängerin und drückte ab. Ihr Vater hatte einst besser geschossen, als er seine Geliebte Mary Vetsera mit in den Tod nahm. Man wird Erzsi zugutehalten können, dass sie Marie Zieglerová zwar einen gehörigen Schock versetzen, sie aber nicht hatte umbringen wollen. Otto geschah nichts, aber die Künstlerin brach zusammen.

Da der Knall im ganzen Haus zu hören gewesen war, eilte das aufgeschreckte Personal sogleich herbei und kümmerte sich auf Ottos Befehl um die verletzte Soubrette, die noch nicht ahnen konnte, dass diese Seifenoper auch Vorteile mit sich bringen würde. Zwar nicht für Otto oder Erzsi, sehr wohl aber für sie selbst. Wie im Haus Habsburg üblich – man verfügte schließlich nicht umsonst über jahrhundertelange Erfahrung –, wurde die Angelegenheit „gütlich" beigelegt. Marie Zieglerová war gesundheitlich bald wieder auf der Höhe, erhielt eine „Abfindung", die sie nicht ablehnen konnte, und die Empfehlung, der österreichisch-ungarischen Monarchie den Rücken zu kehren – was sie ebenso nicht ablehnen konnte. Auch Helene Vetsera, der Mutter Marys, war die Ausbürgerung angedroht worden, sollte sie jemals ein Wort über den Mord an ihrer Tochter verlauten lassen. Sie war die Frau eines geadelten Diplomaten und durfte bleiben. Eine einfache Operettensängerin aus dem Volk wurde jedoch weggewiesen. Die Pressezensur funktionierte, wenn auch nur für einige Monate.

Geldsorgen im Hause Zieglerová waren gestern. Mit der „Unterstützung" aus Franz Josephs Schatulle ging die Sängerin in die USA und trat erfolgreich an der Metropolitan Opera in New York auf. Ein Jahr lang schwieg sie, doch 1906 brachten US-Zeitungen ihre Sex-and-Crime-Story, mit allen Details über die eifersüchtige und schießwütige Tochter des weltbekannten (Selbst-)Mörders Kronprinz Rudolf. Die Amerikaner waren begeistert von den Vorkommnissen in einer altehrwürdigen europäischen Monarchie und lachten sich kaputt. Unvermeidbar, dass 1906 auch eine österreichische Zeitung den betreffenden Artikel aus der US-Presse übernahm, wodurch die lockere Hand der Kronprinzentochter mit Verspätung auch in der Heimat bekannt und diskutiert wurde. Indessen häuften sich bei Marie Zieglerová, die ihre Popularität glänzend ausschlachten konnte, schon die Filmangebote. Erzsis Revolverkugel hatte sich gewissermaßen in Gold verwandelt.

Der ehemaligen Erzherzogin war dies alles ganz egal. Für eine Hupfdohle vom Theater konnte sie keine Aufmerksamkeit erübrigen, die Sängerin war aus dem Gesichtsfeld ihres Mannes entfernt worden und damit war der Fall für Erzsi erledigt. Nur leider wiederholten sich solche Fehltritte mit anderen, auch professionellen, Damen. Als Erzsi zu Ohren kam, dass Otto erneut ein Schäferstündchen in seinen Räumlichkeiten abhielt, genügte es ihr nicht mehr, seinen Kammerdiener zur Seite zu stoßen, sondern sie schoss auf den bedauernswerten Mann, der Erzsi eine Mitwirkung an der „Besprechung" seines Dienstgebers verwehren wollte. Ob sich diese Begebenheit im Palais Windisch-Graetz oder im Schloss Schönau zugetragen hat, darüber sind sich die Quellen uneinig. Eher ist das Palais als Schauplatz in Betracht zu ziehen, denn als Erzsi nach Schönau zog, lebte das Ehepaar kaum mehr zusammen. Übereinstimmend berichten die Quellen, dass der Kammerdiener nach dem Attentat tot war. Wie auch immer die Details aussahen, das Schlimme war, dass Erzsi vermutlich jemanden erschossen hat und die Tat von Kaiser Franz Joseph vertuscht wurde.

Erzsi hörte nicht auf, mit ihrem Mann wegen seiner Affären zu schreien und zu toben, was Otto unbegreiflich blieb. Seiner Meinung nach ging es um nichts. Er konnte nie verstehen, warum seine Frau wegen einer harmlosen Liaison, die schließlich mehr oder weniger jedem Mann das Leben versüßte, in Rage geriet. Er wollte seine Ruhe und seinen Frieden, gelegentlich ein wenig Amüsement. Doch Erzsi war nicht der Typ, der Kränkungen auf die leichte Schulter nahm oder gar vergaß. Schließlich kehrte Otto um des häuslichen „Glücks" willen nicht mehr zur Armee zurück und gab seinen Beruf gänzlich auf. Möglich wäre genauso, dass er es für unter seiner Würde hielt, sich als Ehemann einer Kaiserenkelin weiter hinaufzudienen. Am wahrscheinlichsten ist eine Mischung aus beidem. Er war nun nur mehr Reservist, saß zu Hause bei Erzsi und es stellten sich – trotz gewaltiger Zwistigkeiten – noch zwei Kinder ein, die nach Erzsis Eltern benannt wurden: Rudolf, geboren 1907, und Stephanie, geboren 1909. Da Erzsi zu Ottos Gunsten ihr Testament gemacht hatte (das sie später widerrief), plagten ihn vorerst keine finanziellen Sorgen mehr. Und Vermögensverwalter war er schon seit der Heirat, er hatte also freie Bahn und lebte nur mehr für seine Hobbys: tägliches Schwimmen und Fechten, Geländereiten, Springreiten, Rallyefahren, Polospielen und Jagen. Ein Tag ohne körperliche Anstrengung war für Otto ein verlorener Tag.

Auf dem Land

Die Rudi und Fee gerufenen letzten beiden Kinder des Ehepaares Windisch-Graetz waren nicht mehr in Prag, sondern auf dem Landschloss Ploschkowitz zur Welt gekommen. Nachdem Otto den Militärdienst an den Nagel gehängt hatte, verfolgte Erzsi ihren nächsten Plan. Um ihren Mann besser kontrollieren zu können, strebte sie danach, aus dem „Sündenbabel" Prag wegzuziehen. Für ihre große Familie stellte sie sich ein dörfliches Dasein vor, außer Reichweite der Schauspielerinnen, Opern- und Operettensängerinnen, der Sexarbeiterinnen und „Turf-Engel", wie die in der Nähe der Rennbahnen anzutreffenden jungen Damen auf der Suche nach vermögender Herrenbekanntschaft genannt wurden. Doch damit hatte sie sich verkalkuliert.

Ploschkowitz liegt 60 Kilometer von Prag entfernt, in der Nähe des Provinzstädtchens Leitmeritz (heute: Litoměřice), an dem Erzsi vor allem ein Gebäude rasch zu schätzen lernte, den Bahnhof. Einmal pro Tag verließ ein Zug die ländliche Idylle in Richtung der Haupt- und Residenzstadt Wien. Die Regierungsbeamten in Leitmeritz strahlten, als sie vom unerwarteten Zuzug der allerhöchsten Prominenz in Kenntnis gesetzt wurden, denn weitab von Wien wurde die Fürstin Windisch-Graetz noch immer als Repräsentantin der Herrscherfamilie wahrgenommen. Ununterbrochen sagten sich „Provinzkaiser" zum Antrittsbesuch im Schloss an, was bei Erzsi regelmäßig Wutanfälle auslöste. Ihr Interesse an diesen Herrschaften lag im nicht wahrnehmbaren Bereich, auch die Nachbarn in den umliegenden Besitztümern fand sie alles andere als amüsant. Dabei hatte sie nach Ernis Geburt ihren Großvater angefleht, er möge für sie und die wachsende Familie doch bitte eine angemessene Bleibe finden. Die Villa Gröbe mit ihren 30 Räumen sei zu klein geworden, außerdem wolle sie, Erzsi, nicht mehr in die Prager Paläste der Schwarzenberg, Lobkowitz, Schönborn etc. eingeladen werden, denn sie sei ohnehin schon viel zu oft dort gewesen. Doch diese Gefilde des Reiches waren für Erzsi klimatisch bedingt ungeeignet, sie mochte eigentlich nur Laxenburg, die Hofburg und Schönbrunn, wo sie jederzeit mit den Kindern unterkommen konnte. Viel mehr kannte sie von Wien auch gar nicht. Am liebsten waren ihr Aufenthalte an der oberen Adria, also am südlichen Ende der Habsburgermonarchie, wo sie sich frei fühlte und jahrein, jahraus das angenehme Wetter genießen konnte.

Franz Joseph hatte stets getrachtet, die hochfahrenden Wünsche seiner Enkelin auch nach ihrer Verheiratung so prompt wie möglich zu erfüllen. Diesmal sollte es eben ein neuer Wohnort sein. Gut, Schlösser im Besitz der Habsburger gab es ja mehr als genug. Er schlug ihr Ploschkowitz vor. Dort hatte der alte Kaiser Ferdinand „der Gütige" nach der Thronbesteigung Franz Josephs (1848) im „Ausgedinge" gelebt. Gar nichts in diesem einsam gelegenen Barockschloss entsprach Erzsis Vorstellungen vom bequemen und vor allem modernen Wohnen. Die vielen Räume erwiesen sich als unzweckmäßig angeordnet; die sanitären Einrichtungen waren ungenügend oder gleich gar nicht vorhanden; es war überall düster, die Installationen funktionierten aufgrund ihrer Altersschwäche nicht. Während sich Erzsi in der Villa Gröbe noch selbst an den Renovierungsplänen beteiligt hatte, übergab sie diese Agenda nun ihrem Mann Otto, der ja das Geld verwaltete. Da er keine beruflichen Verpflichtungen mehr zu erfüllen hatte, sollte er sich um den Umbau in Ploschkowitz kümmern. Sie selbst verließ das Schloss, um den Winter in Wien zu verbringen. Eigentlich floh Erzsi nicht so sehr vor dem alten unbehaglichen Gemäuer auf dem Land, denn an sich liebte sie Renovierungen, Innenraumgestaltung sowie das Anlegen von Gärten und Pflanzungen. Diese Dinge erwiesen sich in ihrem Fall meist als erfolgreiche Beschäftigungstherapien. Doch sie wollte Ottos Gesellschaft entkommen. Zwar hatte sie ihn endlich dort, wo sie ihn haben wollte, nämlich ohne Beschäftigung und unter ihrer Fuchtel, doch das passte ihr erst recht nicht. Mit Ottos Widerstand dürfte sie auch nicht gerechnet haben, hatte dieser doch keineswegs die Absicht, im öden Ploschkowitz an Langeweile zugrunde zu gehen und sich um Handwerker und Gärtner zu kümmern. Otto war ein Lebemann und Gesellschaftslöwe, ein Charmeur und Verführer. Bestimmt saß er nicht während der Wiener Ballsaison allein in der böhmischen Provinz. Einladungen, Bälle und Soireen, wo man schöne Frauen treffen und sich unterhalten konnte – das waren seine natürlichen Biotope. Flirten gehörte für ihn zu den abwechslungsreichen Gesellschaftsspielen. Er wollte umschwärmt werden, war ein Blender und selbstgefälliger Dandy, ein Materialist mit einem luxuriösen Lebensstil, den er vom Geld seiner Frau bestritt. Diese Möglichkeiten waren neu für ihn gewesen, hatte er doch ohne Vermögen geheiratet. Aber seine Partnerin hätte eine ganz andere sein müssen, eine anpassungsfähige und eher unterwürfige junge Frau, die sich seinen Neigungen und Plänen ohne viel Federlesens unterordnete.

Wenn Otto und Erzsi in Wien zusammen bei gesellschaftlichen Events auftauchten, endete dies oft in einer Katastrophe. Erzsi wollte sich auch vor aller Augen nicht beherrschen und machte ihrem Mann Szenen wie einst ihre Mutter dem Kronprinzen. Otto hatte viel Erfolg bei Frauen, was er vor Erzsi nicht zu verbergen suchte. Gut aussehend und leicht zu haben mussten die Damen sein, nicht, dass er sich beim Schäkern hätte anstrengen wollen. Doch auch Erzsi trumpfte mit ihren Bewunderern auf. Zu nächtlicher Stunde versammelte sie stadtbekannte Frauenhelden in ihrem Gefolge, um Otto zu verletzen und ihm Grund

Eine selbstbewusste Fürstin: Erzsi um 1913. Sie wirkt ein wenig wie die in ähnlicher Pose porträtierte Gabrielle „Coco“ Chanel. Es war eine Zeit, in der sich Erzsi intensiv auf die Suche nach einer neuen Rolle in ihrem Leben begab.

für ein Duell zu geben. Neun Mal musste sich Otto auf Erzsis Geheiß duellieren und sollte sie gehofft haben, sie könne ihren Mann auf diese Art loswerden, so hatte sie sich getäuscht. Otto – als Beleidigter lag die Wahl der Waffen bei ihm – wurde nicht einmal verwundet, Sieger blieb er sowieso.

Während Otto nur zum Spaß flirtete, hatte Erzsi konkrete Ziele. Sie versuchte ständig, Otto eifersüchtig zu machen, denn es gelang ihr nicht, Liebe und Eifersucht auseinanderzuhalten. Erst ein sich ihretwegen duellierender Ehemann war ihrer Liebe würdig. Vor allem nach Ballnächten explodierte lautstark der Ehekrieg. Otto verabscheute das Drama-Queen-Gehabe seiner Ehefrau. Nach dem Tanzen, Trinken und Flirten wollte er sich zurückziehen. Seine Ruhe war ihm heilig und wenn Erzsi ihn mit endlosen Vorwürfen konfrontierte, ging er einfach aus dem Zimmer und ließ sie stehen – was bei ihr zu einem drastischen Rappel führte. Otto jedoch verfügte über Nerven wie Drahtseile – was als Ehemann einer Frau wie Erzsi nicht schaden konnte.

Zusätzlich war er mit einer beneidenswert eisernen körperlichen Konstitution ausgestattet, litt praktisch nie an Krankheiten oder Verletzungen, bis zu seinem Tod im Alter von 79 Jahren. Auch aus diesem Grund konnte er den ständigen Kurreisen oder Fahrten in den Süden, die Erzsi für sich selbst und ihre zu Tuberkulose neigenden Kinder unternahm, nichts abgewinnen. Er hörte bald auf, seine Familie zu begleiten. In den Badeorten sprach er fast ständig von seinem Wunsch nach baldiger Abreise, doch Erzsi wollte bleiben und verlängerte ihre Aufenthalte eher, als dass sie diese verkürzte.

Krisen

In jener Zeit der Kalamitäten, die das Paar nicht mehr in den Griff bekommen sollte, malte der berühmte – eigentlich aus Ungarn stammende – britische Porträtmaler Philip Alexius de László jenes oft abgebildete Bildnis von Erzsi, das die 23-jährige Fürstin in einem hellen Kleid mit schwarzem Samthalsband und einer hochmodischen Hutkreation

„Venus im Pelz“: Erzsi um 1910

zeigt. Sie blickt melancholisch auf den Betrachter. Das Bild verblieb im Palais Windisch-Graetz, Erzsi wollte es nie sehen oder gar in ihrem Besitz haben. Als alte Frau sagte sie, sprach man sie auf das Gemälde an: „Es erinnert zu sehr an die tiefe Traurigkeit, in der ich damals lebte.“ Otto, der Held, hatte ausgedient. Für die fordernden Begierden seiner Frau brachte er kein Interesse auf und zeigte dies auch deutlich, indem er Auseinandersetzungen umging. Erzsis seelische Abgründe und ihr Verlangen nach leidenschaftlicher Liebesvereinigung waren ihm ein Rätsel und wie sein Schwiegervater Franz Joseph begann er Angst vor seiner Frau und ihren in seinen Augen unbegreiflichen Ausbrüchen zu verspüren. Der alte Mann in der Hofburg hatte Hoffnungen gehegt, seine streitbare Enkelin, immerhin eine Mutter von vier Kindern, müsse mittlerweile zu einer gewissen inneren Ruhe gefunden haben und sich nach familiärer Sesshaftigkeit sehnen. Doch so, wie er seine sich immer in Bewegung befindliche Ehefrau Elisabeth einst nicht verstanden hatte, arbeitete er sich nun an seiner Enkelin ab. Erzsi war genauso unruhig wie Sisi, aber sie wurde noch von weiteren Dämonen geplagt. Die selbstverliebte Kaiserin Elisabeth fand in den Ritualen ihres auf den eigenen Körper fixierten Gegenzeremoniells eine gewisse Befriedigung. Sie genügte sich selbst. Doch Erzsi suchte (Selbst-)Bestätigung bei anderen Männern, da ihr Ehemann sie unausgelastet zurückließ. Die mittlerweile erwachsen gewordene Ex-Erzherzogin fühlte sich nach wenigen Jahren Ehe enttäuscht und um ihre Jungmädchen-Illusionen betrogen. Ihrer Ansicht nach war die Ehe dazu da, die sexuelle Lust zu befeuern. Bei einem Mann verlangte sie Liebe bis zur Selbstaufgabe, für sich selbst uneingeschränkte Selbstverwirklichung.

Dass es im Eheleben um das Gegenteil solcher Luftschlösser geht, musste sie schweren Herzens zur Kenntnis nehmen. Ihr hitziges Temperament machte jedoch vor solchen Einsichten nicht halt. Otto tat, was er wollte, und auch für Frauen ihres Standes hatten sich die Zeiten geändert. Rundherum konnte Erzsi beobachten, wie Frauen für ihre Rechte auf die Barrikaden stiegen, sie forderten nicht nur das Wahlrecht, sondern radikalere Stimmen sprachen auch von sexueller Selbstbestimmung. Fortschrittliche Frauen wie die Frauenrechtlerin Marie

Lang, die Schriftstellerin Bertha Eckstein-Diener („Sir Galahad"), die Schauspielerin Lina Loos, Gina Kaus oder Alma Mahler verließen ihre unbefriedigenden Ehemänner. Junge Frauen hatten „Verhältnisse". Sexuelle Unabhängigkeit war damals ein extremer Akt des Widerstands gegen die männliche Fremdbestimmung, übertroffen vielleicht nur noch von Frauenbeziehungen untereinander – was das Selbstbewusstsein der Männer nachhaltig unterminierte. Sollten sie etwa überflüssig geworden sein? Das wohl noch nicht, doch gab es untrügliche Zeichen dafür, dass die männliche Kontrolle über den weiblichen Körper brüchig geworden war.

Sexuelle Selbstermächtigung

Erzsi folgte den modernen Ideen, vor allem dem Gedanken, wonach Frauen in den sogenannten privaten Bereichen wie Ehe und Familie dieselben Rechte haben sollten wie Männer. Aus heutiger Sicht scheint es fast, als hätte sie den Feminismus übersprungen, da sie sich den Männern gleichgestellt empfunden hat. Eher sogar überlegen. Dass Frauen forderten, frei über ihren Körper und dessen Empfindungen bestimmen zu können, war damals noch eine unerhörte Novität, für den Großteil der Männer abschreckend, geradezu abstrus. In den Jahren um 1910 dürfte Erzsi erkannt haben, welche politischen Dimensionen das „Private" beinhaltet. Es dauerte noch einmal zehn Jahre, bis sie die theoretischen Grundlagen dieser Tatsachen kennenlernte, doch sie ging daran, ihr Leben umzukrempeln und sich zu verändern. „Sinnentleerte" typische Zeitvertreibe für höhere Töchter und gelangweilte Frauen wie Singen, Malen oder Klavierspielen gab sie auf, was Otto sehr erstaunte. Seine Frau machte sich auf die Suche nach eigenen Freiräumen. Erzsi war – ganz im Gegenteil zu ihrer Großmutter und Taufpatin – eine Frau, die Freude an ihrer Sexualität hatte und diese ausleben wollte. Die Ehejahre hatten sie gelehrt, dass Otto ihre Erwartungen nicht erfüllen konnte.

Sie begann, Kontakte in Kurorten und an der Adria zu knüpfen. Und auch eine andere Frauenbefreiung machte sie begeistert mit: Das Korsett wurde aus ihren Schränken verbannt. Die verbliebenen teuren, pastellfarbenen Wäschestücke schenkte sie ihren Zofen, die sich noch nicht so ganz mit der fortschrittlichen Mode anfreunden konnten. Immerhin

Ein neues Role-Model: Modedesignerin Emilie Flöge, 1902

hatte das Korsett in seinen unterschiedlichen Ausprägungen die weibliche Silhouette der letzten 100 Jahre bestimmt. Manchen Frauen gelang es erst in den 1920er-Jahren, diese „Pein“ endgültig hinter sich zu lassen. Doch der Stil des französischen Designers Paul Poiret machte bei einigen progressiven Wienerinnen schon Schule. Der Körper Evas im Paradies wurde als neues Ideal präsentiert, ungeschnürt, biegsam, beweglich und erotisch. Die Moderevolution des korsettfrei getragenen Reformkleides wandte sich gegen die männerbestimmte „Figurtortur“, gegen die Moraldiktatur der Männer über die Frauen und gegen die allgemein noch kaum hinterfragte Übereinkunft, Frauen hätten schon allein durch ihre Kleidung die sexuellen Fantasien der Männer anzuregen.

Erzsi stellte sich ab sofort außerhalb all dieser Konventionen. Noch dazu wollte sie ihrer Epoche voraus sein und beschloss jene Frau aufzusuchen, die in mehreren Belangen als Vorreiterin weit über Wien hinaus bekannt war. Sie lebte ohne Trauschein mit einem berühmt-berüchtigten Künstler zusammen und verdiente mit moderner Frauenkleidung ihr eigenes Geld: Emilie Flöge, Freundin von Gustav Klimt. Der vom Architekten und Designer Josef Hoffmann als modernes Gesamtkunstwerk eingerichtete Salon der „Schwestern Flöge“ befand sich in der Mariahilferstraße und während Helene und Pauline Flöge die Modelle entwarfen und herstellten, fungierte Emilie als „Spokeswoman“ und führte die Kleider vor. Erzsi wurde von einem regelrechten Rausch erfasst, als sie das Atelier der avantgardistischen Schwestern betrat. Sie bestellte nicht nur ein weites, fließendes Kleid, sondern gleich das Gesamtpaket, wie sie es gewohnt war: passende Hüte, Schuhe, Accessoires. Natürlich hatte sie nicht die leiseste Ahnung, was so ein Couture-Modell im angesagtesten Salon der Stadt kostete. Doch das spielte keine Rolle – es war schließlich ihr Geld. Otto verwaltete es nur.

Eine andere, nicht weniger resolute Dame gehörte ebenfalls zu Erzsis täglichem Umgang: Anna Sacher. Die zigarrenrauchende, gebieterische Witwe pflegte eine Liaison mit einem verheirateten Banker, Julius Schuster, der für die Rothschild-Bank arbeitete. Sie überwachte nicht nur ihre äußerst beflissenen Angestellten, sondern auch sämtliche Gäste. Kaum etwas entging ihr und vieles, was die stets bestens informierte Katharina Schratt wusste, hatte sie zuerst von Anna Sacher erfahren, in deren Hotel alles verkehrte, was in Wien über Rang und Namen verfügte. Affären, Beziehungen, Geldgeschäfte, Familiengeschichten: Im

Sacher kam alles zusammen, unter dem gestrengen Auge der „Königin von Wien", wie die Hotelchefin genannt wurde. In einer Zeit, in der Frauen ohne Begleitung nur in die Kirche oder ins Kaufhaus gehen konnten, hielt Frau Sacher ihre Räume auch für Damen ohne männliche Begleitung geöffnet. Da Anna Sacher ihre Gunst gern den besonders Privilegierten schenkte, hielt ihr gutes Verhältnis zur viel jüngeren Erzsi zahlreiche Jahre. Diese konnte sich bei Frau Sacher Rat holen oder auch einmal diskret in einem der bekannten Sacher-Separees verschwinden. Männer taten dies schließlich seit Ewigkeiten.

Ein zentrales, jahrtausendealtes Thema geriet in den Umbruchsjahren um 1900 ebenfalls langsam in den Fokus der Frauenbewegung, nämlich die nach Ansicht der Männer notwendige „Jungfräulichkeit" der Braut vor der Eheschließung. Otto war selbstverständlich ein erfahrener Mann gewesen, als er mit Erzsi vor den Altar trat, doch sie selbst hatte aller Wahrscheinlichkeit nach ihr erstes Mal noch vor sich. Der berühmte Architekt Adolf Loos, dreimal verheiratet mit zwar bestimmt nicht jungfräulichen, aber wesentlich jüngeren Frauen und wegen seiner Vorliebe für minderjährige Mädchen im Jahr 1928 vor Gericht, hatte es auf den Punkt gebracht: „Wenn die Braut nicht als Jungfrau ins Brautbett steigt, kann sie vielleicht herausfinden, daß ihr Mann gar nichts Besonderes ist, aber die Jungfrau hat keine Vergleichsmöglichkeit, denn sie kennt nichts anderes. Das ist der springende Punkt."

Erzsi hatte die unumstößliche Wahrheit dieser Bemerkung nach wenigen Ehejahren erkannt und beschlossen, sich selbst ein Bild zu machen. Zu ihrem Leidwesen gehörte Otto wohl in die Kategorie „nichts Besonderes". Mit der mangelnden Vergleichsmöglichkeit dürfte es bald vorbei gewesen sein, denn später klagte Otto, die „Unterhaltungen" seiner Frau „mit jüngeren Männern" seien „bedenklicher Art" gewesen und er habe Erzsi „ernsthafte Vorstellungen machen" und von ihr „die Wahrung des äußerlichen Anstands verlangen" müssen. Sie habe bereits nach dem zweiten Kind, also 1905, mit außerehelichen Beziehungen begonnen. Die Doppelmoral der Zeit sah vor, dass Frauen höherer Klassen, die ihre Reproduktionspflichten in der Ehe erfüllt hatten, „Freundschaften" zu Männern pflegen konnten – nur eben mit

Erzsi mit Fee auf dem Schoß, umgeben von den Söhnen Rudi, Erni und Franzi, um 1913

der gebotenen Diskretion. Helene Vetsera riet ihrer Tochter Mary, so bald wie möglich den Prinzen von Braganza zu heiraten, dann könne sie tun, was sie wolle, also auch mit dem Kronprinzen zusammen sein. Aber: Zuerst die Hochzeit. Eine unverheiratete Frau aus der besseren Gesellschaft, der vor der Ehe Affären nachgesagt wurden, fand keinen passenden (= vermögenden) Ehemann – sie hatte mit der Jungfräulichkeit gewissermaßen ihr „Kapital" eingebüßt. Dass sich die gesamte Monarchie das Maul zerriss oder die außereheliche „Freundschaft" auf eine Scheidung hinauslief – das war alles nicht vorgesehen. In Erzsis Fall sprach man bald von der „sexsüchtigen" und „sexbesessenen" Fürstin zu Windisch-Graetz, die das Erbe des „haltlosen" Vaters nicht verleugnen könne. Sie selbst, eine Frau des höchsten Standes, meinte über diese kleinlichen Dinge erhaben zu sein und verschwendete keinen Gedanken an das Gerede. Es sollte noch viel schlimmer kommen.

„Klein-Laxenburg"

Franz Joseph blieben die Gerüchte rund um seine Enkelin nicht verborgen. Obwohl er bereits versuchte, Besuche ihrerseits abzulehnen oder wenigstens kurz zu halten, kam Erzsi nicht gerade selten zu ihm in die Hofburg und jammerte, dass sie in Ploschkowitz höchst unglücklich sei. Das Schloss sei einfach zu abgelegen und es böten sich keinerlei Zerstreuungen und Ablenkungen. Sie wolle zurück in die Nähe von Wien, aber es müsse etwas mit einem großen Garten sein, denn sie plane, eine Parkanlage zu gestalten. Im Jänner 1909, sieben Jahre nach der folgenschweren Heirat mit dem „Winterkönig" Otto, rückte der Kaiser die beträchtliche Summe von eineinhalb Millionen Kronen heraus, damit Erzsi das Gut Schönau an der Triesting für sich erwerben konnte. Dieser nach dem Vorbild von Erzsis Geburtsort Schloss Laxenburg Ende des 18. Jahrhunderts erbaute Landsitz diente dem sehr vermögenden Seidenindustriellen Peter von Braun als Wohnschloss. Es verfügte über einen damals berühmten englischen Landschaftsgarten, der heute nur noch in Teilen erhalten ist. Braun war Mitglied einer Freimaurerloge.

Von seinen mystischen Vorlieben zeugen noch das Sternentor sowie der denkmalgeschützte Tempel der Nacht. Leider wurde dieser in den 1970er-Jahren als Nachtlokal verwendet und ist derzeit nicht in einwandfreiem Zustand. Einst fuhr man durch einen Wasserfall ins Innere des Tempels. Das gesamte Ensemble erfreute sich um 1800 bei Interessierten und Touristen großer Beliebtheit. Es dürfte nicht zuletzt diese außergewöhnliche Geschichte des Schlosses gewesen sein, die eine Frau wie Erzsi in ihren Bann ziehen konnte.

Das Schloss samt Nebengebäuden und einer Landwirtschaft hatte später Erzherzog Otto gehört, dem Bruder des Thronfolgers Franz Ferdinand. Die heutige Gestalt des Schlosses Schönau geht auf jene Jahre zurück. Erzherzog Otto, man nannte ihn den „schönen Erzherzog", war 1906 der Syphilis erlegen. Tatsächlich gelang es Erzsi in den Jahren nach 1918 – sie scheute weder Geld noch Mühen –, die Herrschaft zu einem Juwel umzugestalten und ein hinreißendes Zuhause für sich und ihre vier Kinder daraus zu machen. Viele Jahre fühlte sie sich in Schönau daheim. Die Einrichtung des Appartements für Otto sowie die Stallungen für seine Pferde bezahlte Erzsi aus ihrer eigenen Tasche, obwohl sich Otto als Co-Eigentümer der Liegenschaft Schönau eintragen ließ, was Erzsi nicht mitbekam und was nicht rechtens war. Laut Widmung des Kaisers gehörte die Liegenschaft in Schönau nämlich ihr allein. Zu dieser Zeit hatte Otto eine neue Geldquelle für sich aufgetan. Wollte Erzsi in den Süden aufbrechen und die Kinder mitnehmen, ließ er sich diese „Eigenmächtigkeiten" seiner Frau in barer Münze abgelten. Erzsi zahlte kommentarlos, Hauptsache, sie konnte über ihr Leben selbst bestimmen. Otto hatte sich von den Kindern oft bei der Ausübung seines Pferdehobbys gestört gefühlt. In Wahrheit war er froh, die gesamte Familie los zu sein. Und wenn es dafür auch noch Geld gab, umso besser. Die Ehe zwischen Erzsi und Otto hatte an sich bereits aufgehört zu bestehen.

Urlaub auf Brioni

Werkte Erzsi nicht in ihrem neuen Schloss herum, das erst mitten im Ersten Weltkrieg, 1915, so richtig bezugsfertig war, so verbrachte sie die Wintermonate fast immer auf Brioni, einer kleinen Inselgruppe, die heute zu Kroatien gehört und von Pula aus erreicht werden kann. In den Jahren vor 1914 war Brioni ein beliebter Ferienort der Reichen und Schönen, nach 1947 lebte dort der jugoslawische Staatschef Josip Broz Tito in einer prunkvollen Residenz, wo er auch seine offiziellen Gäste gerne empfing. In diesen Jahren war Brioni für die „normale" Bevölkerung Jugoslawiens nicht zugänglich.

Erzsi, die bei Reisen niemals auf die Begleitung ihrer Kinder verzichten wollte, mietete auf Brioni ein großartig in einem Pinienwald und direkt am Meer gelegenes Ferienhaus, die Villa Punta Naso. Ihre häufige Abwesenheit von Ploschkowitz hatte dazu geführt, dass Otto seine beiden jüngsten Kinder nur wenig zu Gesicht bekam. Rudi und Fee kannten ihren Vater kaum, sie wuchsen relativ unstet zwischen Schönbrunn, der Hofburg, diversen Kurorten und der oberen Adria auf. Erzsi liebte das Lebensgefühl von Triest, Pula und Abbazia. Überall gab es fröhliches Gelächter, das blaue Meer, eine Menge schicker Lokale und Bars sowie – nicht zu vergessen – eine große Auswahl an Kavalieren und k. und k. Offizieren, die nur darauf warteten, eine schöne, unglückliche, liebeshungrige Fürstin mit etwas lockerem Ruf ein wenig aufzuheitern. Im Prinzip ging es zu wie im Saint-Tropez der 1950er- und 1960er-Jahre, mit der Schickeria-Prinzessin Erzsi mitten drin. Die 30-Jährige wurde oft in Gesellschaft jüngerer Männer gesichtet, die ihr schmeichelten, kritiklose Bewunderung entgegenbrachten und ihr auch sonst gaben, was sie in der Ehe schmerzlich vermisst hatte. Fast war es wieder wie damals, mit 16, als sie die umschwärmteste junge Frau im ganzen Reich gewesen war.

Zu dieser Zeit, 1913, erfuhr Erzsi vom Selbstmord ihres Freundes und Bewunderers seit Teenagertagen, des in der bisherigen Literatur zu Erzsi lediglich als „VW" erwähnten Verehrers. Es handelte sich um Vincenz zu Windisch-Graetz, der ihr leidenschaftliche Briefe geschrieben hatte und dessen Tod bei den Tombe Latine (heute: Parco Archeologico Tombe della Via Latina) in Rom großes Aufsehen erregte. Er hatte sich wegen der nicht im selben Ausmaß erwiderten Zuneigung zur verheirateten Gräfin Piccolomini, die vor seinen besitzergreifenden Avancen mit ihrem Mann nach Indien geflohen war, mit einem

Revolver erschossen. Sein Vorgesetzter in der Botschaft in Rom, wo er tätig gewesen war, wiederholte, was schon bei Rudolfs Selbstmord ins Treffen geführt wurde und in beiden Fällen nicht der Wahrheit entsprochen hatte: Der Unglückliche sei zum Zeitpunkt der Tat nicht im Vollbesitz seiner geistigen Kräfte gewesen. Die Nachricht hatte bei Erzsi Bestürzung ausgelöst. Der Vater des Selbstmörders, Familienchef Alfred III. Fürst zu Windisch-Graetz, sammelte jeden Zeitungsschnipsel, der zum Tod seines Sohnes erschien. Er hatte über dessen emotionale Befindlichkeiten kaum Bescheid gewusst, ihm ständig nur Vorhaltungen wegen seiner oft problematischen Frauenbeziehungen gemacht und dadurch das Seine zu Vincenz' unrühmlichen Ende beigetragen. Obwohl die Liebesgeschichte zwischen Erzsi und dem mit ihr fast gleichaltrigen Vincenz vorüber war, hegte sie freundschaftliche Gefühle für ihn und trauerte aufrichtig.

Sehr zum Missfallen des dafür zuständigen Erzherzogs Franz Ferdinand hatte Franz Joseph seiner skandalträchtigen Enkelin Erzsi gestattet, Kriegsschiffe als Vergnügungsboote zu chartern. Schon Kaiserin Elisabeth war mit dem nach ihr benannten Schiff komfortabel zwischen den ägäischen Inseln umhergegondelt. Nun diente dieses Wasserfahrzeug Erzsi und ihrem uniformierten Gefolge als Ausflugsvehikel. Einige auserwählte Herren in ihren fleckenlos weißen Marinemonturen durften die Fürstin auch in der Villa Punta Naso zum Diner beehren. Die an einem besonderen Abend ziemlich übermütige Erzsi hatte beschlossen, an den Vertretern der von ihrem Ehemann so hoch geachteten kaiserlichen Armee ein Exempel zu statuieren. In bester „Don Camillo und Peppone"-Manier war dem ersten Gang des üppigen Abendessens ein starkes Abführmittel beigemengt worden. Nun war Erzsi immer noch irgendwie eine Erzherzogin und es gehörte sich nicht für einen Marinesoldaten, aufzustehen, wenn die adelige Gastgeberin saß. Man kann sich das Malheur vorstellen … Der Skandal kam der höheren Gesellschaft in Wien und auch dem Kaiser zu Ohren, doch wie bei fast allen Aufregern, die seine Enkelin betrafen, schwieg Franz Joseph auch zu diesem Fall. Das Ausbleiben der offiziellen Ruge vonseiten des Hofes schützte Erzsi vor Angriffen anderer Personen. Schussattentate, Demütigungen, Ehebruch, „Scherze" auf Kosten anderer: Die privilegierte ehemalige Erzherzogin konnte sich praktisch alles erlauben.

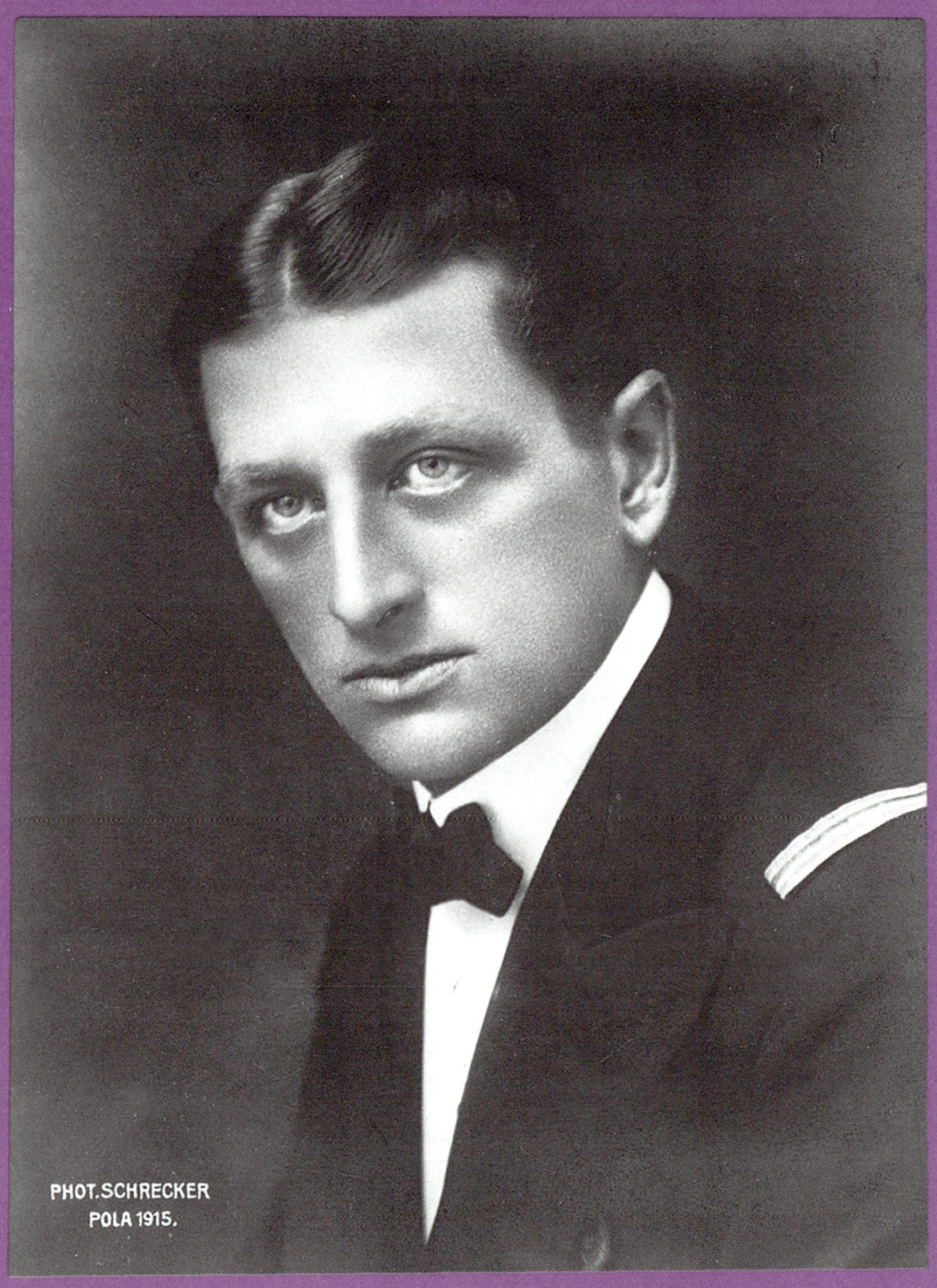

Er träumte von der Heirat mit der Kaiserenkelin und vom Maria-Theresien-Orden, doch er fand nur ein vorzeitiges, nasses Grab: Erzsis Geliebter, der Linienschiffsleutnant Egon Lerch.

Fürstin Erzsis große Liebe

Ein ganz bestimmter Marineangehöriger fehlte bei diesem folgenschweren Diner. Erzsi hatte seit Kurzem ein Auge auf ihn geworfen und er darf wohl als die große Liebe ihres Lebens bezeichnet werden: Egon Lerch, Marineleutnant, drei Jahre jünger als die Kaiserenkelin. Er war ihr im Winter 1913 bei einer Gesellschaft in der Hafenstadt Pola vorgestellt worden. Vom Äußeren her glich er Otto stark, Lerch war ebenso blond, blauäugig, groß, athletisch. Genau wie Otto galt auch Lerch als Womanizer. Schon als er 19 war, wurde er mit dem wenig schmeichelhaften Prädikat „zur Beförderung nicht geeignet" bedacht, weil er sich einen Tripper eingefangen hatte. Was er nicht nötig hatte, waren Potenzmittel, die das Personal des bedauernswerten Otto in der Apotheke gleich ums Eck beim Wohnpalais Windisch-Graetz zu erwerben gewohnt war. Friedrich Weissensteiner druckte in seiner Biografie über Erzsi ein solches Rezept für „seine Durchlaucht Otto Fürst zu Windisch-Graetz" ab. Es ging um Yohimbin-Tabletten, deren Wirkstoff aus der Rinde des afrikanischen Yohimbe-Baumes gewonnen wird. Die Wirksamkeit des Naturmittels ist nicht schlüssig bewiesen, aber Viagra gab es eben noch nicht. Sein gesunder Lebensstil, viel Sport und frische Luft, was bis heute als Hilfe bei Erektionsstörungen angepriesen wird, scheint bei Otto jedenfalls nicht auf fruchtbaren Boden gefallen zu sein. Doch dieser Sorgen hatte sich Erzsi nun entledigt. Zusammen mit Lerch schwebte sie auf Wolke sieben.

In Wien, der Welthauptstadt des Tratsches, posaunte jeder seine Meinung zu den frischgebackenen Urlaubs-Turteltäubchen hinaus, und die Kommentare, die Otto zum Verhalten seiner Frau zugetragen wurden, waren zweifelsohne schwer verdaulich. Auch im Ausland war man im Bild über die katholische Sternkreuzordensdame im Stand der unauflöslichen Ehe, Mutter von vier Kindern, Enkelin eines der mächtigsten Männer der Welt, die bereits bewaffnete Überfälle mit Personenschaden verübt und ihren Mann mehrfach betrogen hatte sowie wegen der Geldschwierigkeiten ihres Angetrauten häufig im Gerede war. In ihrer Familie herrschte nun wirklich Aufregung. Fast die gesamte habsburgische Verwandtschaft wandte sich von der in den Augen vieler Familienmitglieder „zügellosen" bis „verrückten" Erzsi ab. Während sie bei früheren Amouren zumindest etwas vorausschauender gehandelt hatte, warf sie nun jeglichen moralischen Ballast über Bord. Sie meinte, den Mann, mit dem sie den Rest ihres Lebens verbringen wollte, gefunden zu haben, und sie legte Wert darauf, alle davon in Kenntnis zu setzen. Otto ließ seine Frau in Brioni durch ihm ergebene Dienstboten überwachen und er wusste über alles, was Erzsi tat, wen sie traf, zu welcher Zeit etc., detailliert Bescheid. Da Erzsi die sie umgebenden Angestellten kaum als Personen wahrnahm, ja sie meist gar nicht bemerkte, gelang es Otto mühelos, den einen oder anderen Bediensteten, der auf die unfreundliche und herrische Arbeitgeberin schlecht zu sprechen war, gegen einen Obolus auf seine Seite zu ziehen. Er sammelte belastendes Material für eine eventuelle Scheidung.

So wurde Otto zugetragen, dass Egon Lerch die Villa Punta Naso nach dem Abendessen verließ, gegen Mitternacht aber zurückkehrte, um bis etwa fünf oder sechs Uhr früh zu bleiben. Für seine Morgentoilette soll er Erzsis Kosmetika verwendet haben. Einige der Angestellten, die nicht auf Ottos Lohnliste standen, mochten Lerch, denn sobald er im Haus war, veränderte sich Erzsis Gemütszustand entschieden zum Positiven. Sie wirkte sorglos und lächelte, die Verbissenheit fiel von ihr ab, beinahe konnte sie freundlich sein. Das verknallte Paar küsste sich auf dem Balkon, im Stiegenhaus und in Erzsis Auto, wie Otto hinterbracht wurde. Auch die vier Kinder freundeten sich mit Lerch an, er spielte mit ihnen und erzählte Seemannsschnurren.

Eine weitere Geschichte, die die Runde machte, handelte von einer Eisenbahnreise von Wien nach Brioni. Erzsis Zofe soll das Coupé in Graz verlassen haben, um Platz für Lerch zu machen, der am Grazer Bahnhof zustieg. Ein anderes Mal habe Erzsi Bekannte in Böhmen besucht, die Otto nicht kannten, und kurzerhand habe sie Egon Lerch als ihren Ehemann Otto zu Windisch-Graetz vorgestellt. Der echte Otto notierte eifrig sämtliche Entgleisungen seiner Frau und täglich kamen neue hinzu. Lerch indessen stürzte sich mit derselben Intensität wie seine allerhöchste Geliebte in die Beziehung und plante, Erzsi nach der Scheidung von Otto zu heiraten. Risiken waren schon immer sein Metier gewesen, er schreckte kaum vor einer Gefahr zurück. Doch dann kam der Sommer 1914, als der Thronfolger Franz Ferdinand und seine

Frau Sophie von Hohenberg in Sarajevo erschossen wurden. Eine der größten Katastrophen des 20. Jahrhunderts, der Erste Weltkrieg, hatte begonnen.

Das Reisen wurde schwierig und Erzsi verbrachte viel Zeit auf Schloss Schönau, um die Umbauarbeiten zu beaufsichtigen und sobald wie möglich mit den Kindern eine fixe Bleibe in Österreich beziehen zu können. Fast täglich telefonierte sie mit Lerch, der sich an der Adria im Kriegsdienst befand. Otto, der Reservist, erhielt den Einberufungsbefehl und wurde wieder Soldat, genauer: Major. Sein Stab war zuerst auf dem Balkan stationiert, danach kämpfte er an der russischen Front. Auf seine Untergebenen machte er den Eindruck eines unbesiegbaren Helden, eines lebenden Glücksbringers, sodass die Soldaten während der Kämpfe seine Nähe suchten. Wie in Friedenszeiten, als er noch der Herr der Steeplechases war, erlitt Otto auch im Krieg keine Verwundungen. Sein glänzender Ruf eilte ihm voraus und die meisten Männer waren bereit, ihm überall hin zu folgen. Der Major zu Windisch-Graetz sammelte Kriegsauszeichnungen wie andere Zinnsoldaten: 15 Stück erhielt er insgesamt, vom Ritterkreuz der Eisernen Krone mit Schwertern über die Eisernen Kreuze 1. und 2. Klasse bis zur Hindenburg-Medaille durfte er sich mit einer Menge Lametta schmücken. Erzsi brachte keinerlei Interesse für den gefahrvollen Einsatz ihres Mannes an der Front auf, im Gegenteil, sie und Egon Lerch dürften gehofft haben, dass er wie so viele andere eines Tages nicht mehr zurückkehrte. Ihr Problem wäre gelöst, ein schlammschlachtartiger Scheidungsprozess hinfällig.

Ein einziges Mal erfüllte Erzsi Ottos Wunsch, die Kinder zu sehen. Als er Fronturlaub hatte, fuhr sie mit dem gemeinsamen Nachwuchs von Brioni nach Schönau. Der älteste Sohn Franzi war bereits elf Jahre alt und sollte bald das Gymnasium in Mödling besuchen. Wie seine Eltern war er sehr groß, sehr hellhaarig, neigte aber wie seine Geschwister zu Anfällen von Kränklichkeit und fiel durch einen schwierigen Charakter auf.

Sobald ihr Mann das Schloss wieder in Richtung der Schlachtfelder verlassen hatte, gab Erzsi Lerch Bescheid, dass die Luft rein sei und er nach Schönau kommen könne. Erzsis Liebesleben im Ersten Weltkrieg ähnelte dem des Tony Curtis im Klamaukfilm „Boeing-Boeing“, nur ohne Klamauk. Die gemeinsamen Stunden vergingen für das jungverliebte Paar viel zu schnell, doch der U-Boot-Kapitän Lerch musste seinen Befehlen nachkommen und oft nach wenigen Tagen zurück nach Pola fahren. Da Erzsi ihn unglaublich vermisste, reiste sie ihm nach und zumindest an manchen Abenden dinierten beide in den exklusivsten Restaurants der Adriaregion und tanzten nächtelang in den Bars von Pola bis Triest. Am folgenden Morgen trat Lerch wieder seinen Dienst an und Erzsi blieb nichts anderes übrig, als auf das Wiedersehen zu warten. Im Frühsommer 1915 musste sie zurück nach Schönau, denn der Umzug ins fertig renovierte Schloss konnte endlich über die Bühne gehen. Um nach dem Kriegseintritt Italiens 1915 weiterhin mit dem Zug oder Automobil problemlos zwischen Wien, Schönau und den Adriastädten hin und her pendeln zu können, hatte Franz Joseph für seine Enkelin ein spezielles Reisedokument ausstellen lassen, in dem die Kontrollorgane aufgefordert wurden, „Ihre kk. Hoheit Fürstin Elisabeth zu Windisch-Graetz, geborene Erzherzogin von Österreich, allerorten frei und ungehindert passieren und auch Höchstderselben nötigenfalls allen Schutz und Beistand angedeihen zu lassen“. Dennoch: Die Lage in Oberitalien verschärfte sich und Egon Lerch war genauso wie Erzsi die Unsicherheit ihrer Beziehung bewusst. Es schien kaum lohnend, weitreichende Pläne für die Zukunft zu schmieden.

Das Liebespaar genoss die seltener werdenden Augenblicke der Zweisamkeit, doch der junge, ungestüme Lerch war wild entschlossen, Erzsi zu heiraten, um jeden Preis. Er bildete sich ein, wäre er erst ein berühmter Kriegsheld, könne der Kaiser seiner Enkelin die angestrebte Scheidung nicht verweigern und würde einer Heirat mit ihm, dem bürgerlichen Seesoldaten, zustimmen. Gedankenlos wie er war, setzte er alles auf eine Karte. So griff er mit seiner U-Boot-Mannschaft irrtümlich ein neutrales, griechisches Schiff, die „Virginia“, an und versenkte sie. 22 Tote waren die Folge seines unüberlegten Handelns, nur zwei Besatzungsmitglieder überlebten den schrecklichen Irrtum des fehlgeleiteten U-Boot-Kapitäns Egon Lerch. Das Schiff eines neutralen Staates hätte niemals von einem österreichischen Boot beschossen werden dürfen und nach diesem Debakel wäre es zumindest notwendig gewesen, den unberechenbaren Kapitän abzuberufen und entsprechend zu bestrafen. Am vernünftigsten wäre es gewesen, ihn wegen seines

Zauber der (Marine-)Montur: U-Boot-Männer Lerch, Thierry und Zaccaria

emotionalen Ausnahmezustands zu Schreibarbeiten an Land abzukommandieren. Doch all das passierte nicht, im Gegenteil, auf höheren Befehl wurde der „Fall Virginia" vertuscht: „Angelegenheit nicht weiter verfolgen. So darstellen, als wäre das Schiff gesunken, weil auf eine Mine aufgelaufen." Die Angehörigen der Toten und die Überlebenden wurden – wieder einmal – finanziell entschädigt. Wäre Lerch nicht der Freund der Ex-Erzherzogin gewesen, die Angelegenheit wäre wohl anders ausgegangen. Im Stab des Flottenkommandanten wussten alle, was tatsächlich vorgefallen war, und man ahnte sicher, dass Lerch sich einfach wichtig hatte machen wollen. Als Folge des Desasters könnte man annehmen, dass Lerch, von seinem Posten nur dank seiner „guten Verbindungen" nicht enthoben, in Zukunft vorsichtiger und überlegter handeln würde. Doch weit gefehlt.

Der Untergang

Linienschiffsleutnant Egon Lerch, Kapitän des Unterseebootes 12, verfolgte weiterhin sein großes Ziel. Er wollte Otto zu Windisch-Graetz, den vielfach ausgezeichneten, unverwundbaren, adeligen Offizier, übertrumpfen. Der Überambitionierte schickte sich an, den höchsten Militärorden zu erobern, den die österreichisch-ungarische Monarchie zu vergeben hatte. Einen Orden, der selten errungen werden konnte und der daher ausgesprochen begehrt war. Die Regentin Maria Theresia hatte diese Auszeichnung 1757 gestiftet, für Soldaten ohne Rücksicht auf Stand oder Religion. Gedacht war der Orden für Krieger, die nicht auf Befehl, sondern aus Eigeninitiative handelten und mit ihrer wagemutigen Aktion einen Sieg in einer Schlacht herbeizuführen imstande waren. Die Sache barg große Risiken, denn ging etwas schief, konnte eine solche (falsche) Entscheidung auch die Todesstrafe nach sich ziehen. Oder man starb wegen der eigenen Fehleinschätzung einer gefahrvollen Situation. Wie der liebestolle und unverantwortlich handelnde Egon Lerch, der sich auf dem Weg zum berühmtesten Seehelden der Monarchie wähnte. Stattdessen wurde er der erste U-Boot-Tote der kaiserlich-königlichen Marine.

Das Grab der U 12 – Besatzung auf dem Friedhof San Michele, Venedig, 2020

Am Samstag, dem 7. August 1915, war Lerch mit seiner Besatzung auf dem von ihm befehligten U-Boot U 12 zwischen Chioggia und Venedig unterwegs. Er hatte genaue Vorschriften, was zu tun war, nämlich achtzugeben. Keine unnötigen Manöver durchzuführen, stand ganz oben auf der Prioritätenliste. Am Abend kehrte das Boot jedoch nicht in den Heimathafen zurück und auch am Sonntag gab es keine Spur von Schiff und/oder der Besatzung. Die vorgesetzten Offiziere warteten. Am Mittwoch galten Boot und Mannschaft offiziell als vermisst und am Donnerstag, also fast eine Woche nach der Abfahrt des U-Bootes, informierte man Erzsi, die in Schönau Schränke einräumte. Sie ließ alles stehen und liegen und fuhr sofort nach Triest. Am Bahnhof erwartete sie Egon Lerchs Bursche. Sie war völlig aufgelöst und außer sich vor Sorge. In höchster Verzweiflung rannte sie am Meer entlang. Es müssen entsetzliche Stunden gewesen sein.

Lerchs Vorgesetzter besaß inzwischen Nachrichten, wonach am 7. August drei Detonationen abgehört worden waren, ein Hinweis auf das Versenken des U 12 und den Tod der Seeleute. Die vollkommen gebrochene Erzsi konnte den Anblick des Meeres urplötzlich nicht mehr ertragen und nahm den Zug zurück nach Schönau. Sie kam aber kurz darauf wieder nach Triest, um zu hören, dass Egon Lerch nun für tot erklärt wurde. Offiziell hatten die beiden Reisen sie nach Ljubljana geführt, doch ihr Ehemann Otto wusste genau, was geschehen war und warum Erzsi sich in Triest befand. Vermutlich hatte er schon früher Informationen erhalten als seine Frau, denn wie Lerch war er Soldat und bekam alles mit, was in den Offiziersmessen verlautbart wurde. Erst nach dem Ende der Monarchie konnte Erzsi in Erfahrung bringen, was am Todestag ihres Geliebten genau passiert war. Das U 12 hatte entgegen allen Anordnungen ein Kanonenboot verfolgt, das im Begriff war, in den Hafen Venedigs einzulaufen. Im Gegensatz zu Lerchs U 12 war dieses Kanonenboot für die flache Lagune konstruiert worden, nahm Kurs auf ein Minenfeld und ließ das U 12 auflaufen. Die tief liegenden Minen konnten dem Kanonenboot nichts anhaben, doch Egon Lerchs U 12 wurde zerstört und versank. Der von blindem Ehrgeiz zerfressene Lerch und seine Matrosen fanden den Tod.

Ein halbes Jahr nach dem Unglück wurde das gesunkene U-Boot gehoben und ins Arsenal von Venedig geschleppt. Die Untersuchung ergab, dass das U 12 durch eine gewaltige Erschütterung zerschmettert worden war. Während die Reste verschrottet wurden, konnten die 17 entdeckten Leichen nicht mehr einzeln identifiziert werden. Jedes Skelett bekam eine Kiste mit der Bezeichnung S.A. (sottomarino Austriaco, österreichischer U-Boot-Seemann). Anschließend wurden diese Behelfssärge mit militärischen Ehren zur Friedhofsinsel San Michele eskortiert, wo sie im Bereich für Marineangehörige („Militi Mare“) beerdigt wurden. Bis heute ruhen dort die sterblichen Überreste Lerchs und seiner Mannschaft. Erzsi bekam ein Päckchen ausgehändigt, das man nach ihrem Tod in der Schublade ihres Nachtkästchens finden wird. Es enthielt Egon Lerchs Uniform- und Manschettenknöpfe, alle graviert mit „U 12“, sowie die Bänder seiner Marinemütze, ebenfalls bestickt mit der Bezeichnung „U 12“.

Der Linienschiffsleutnant Lerch hatte stets versonnen gelächelt, wenn von seiner Sehnsucht nach dem Maria-Theresien-Orden die Rede gewesen war.

Erzsi blieb nichts mehr zu tun. Sie holte den Schäferhund „Lona“, den sie Lerch als Präsent übergeben hatte, bei seinem Burschen ab und fuhr mit dem Tier zurück nach Schönau. Ihr geliebtes Meer hatte den Freund zu sich genommen – so schien es ihr. Dass Lerch sein Schicksal selbst verschuldet hatte, mag erst nach Jahren in ihr Bewusstsein vorgedrungen sein. Otto äußerte sich nicht zu Erzsis Verlust. Seine Cousine versuchte Verständnis zu zeigen und die in Trauer versinkende, angeheiratete Verwandte zu trösten. Sie sprach sie in einem Brief mit „Erzsi mein“ an und versicherte ihr, dass „mein Herz innigst mit Dir blutet“. Zumindest der weibliche Teil von Ottos Familie sah offenbar ein, dass sich Erzsi Liebe und Zärtlichkeit außerhalb der Ehe hatte suchen müssen. Kaiser Franz Joseph ließ ein Beileidstelegramm an Egon Lerchs Mutter senden, was diese nur der besonderen Verbindung ihres Sohnes zur Kaiserenkelin zu verdanken hatte. Sonst wären die Arbeitstage des Monarchen mit dem Verfassen von Kondolenzschreiben an die Hinterbliebenen der Kriegstoten ausgefüllt gewesen. Erzsi indessen schloss sich für mehrere Tage in ihrem Boudoir in Schönau ein. Ihren Ehering legte sie für immer ab. Auf ihrem Toilettetisch standen Fotos von Egon Lerch.

Der nächste Affront ließ nicht lange auf sich warten. Als sie sich wieder in der Lage fühlte, das Schloss zu verlassen, tat sie dies in tiefer Trauer, wie eine Kriegerwitwe. Ihr Mann jedoch kreuzte strotzend vor Gesundheit und Tatendrang in Schönau auf, um während seines Urlaubs Zeit mit den Kindern zu verbringen, die er in diesen Jahren kaum zu Gesicht bekam. Sie waren bei ihrer Mutter und diese hatte ja fast immer in Brioni geweilt. Otto traf eine von Kopf bis Fuß schwarz gewandete und verschleierte Erzsi an. Der älteste Sohn des Paares, Franzi, war bereits alt genug, um die Spannungen in der Beziehung seiner Eltern zu begreifen. Er erinnerte sich später an die furchtbaren Brüllereien von Vater und Mutter vor der Kulisse des renovierten Schlosses Schönau. Dies spielte sich im Spätsommer 1915 ab. Franz Joseph war soeben 85 Jahre alt geworden und hatte noch knapp über ein Jahr zu leben, zu regieren und vor allem den von ihm begonnenen, sich immer grauenhafter auswirkenden Krieg zu führen. Er fürchtete seine von unbändiger Trauer, Schock und Eigensinn gezeichnete Enkelin mehr als je zuvor.

Diese sparte nicht mit Vorwürfen und erklärte anklagend, ihre große Liebe Egon Lerch sei in seinen, des Kaisers, Diensten gefallen – was so nicht stimmte. Lerch hatte die Befehle seines Vorgesetzten wissentlich missachtet, er war ein Opfer seines grenzenlosen Strebens nach Ruhm geworden. Erzsi verlangte von ihrem Großvater eine Art Genugtuung – nämlich die Scheidung von Otto, den sie mittlerweile hasste. Seine Anwesenheit war ihr unerträglich geworden, er erinnerte sie unablässig daran, dass ihr Freund tot war, während der Ehemann noch nicht einmal einen Kratzer in der tödlichen Maschinerie des Weltkriegs abbekommen hatte. Der alte Franz Joseph wiederum kam mit den ständigen Déjà-vus, die seine Enkelin bei ihm auslöste, nicht mehr zurecht. Eheliche Untreue, Sexeskapaden, der Wunsch nach einer Scheidung: Das alles hatte er bei ihrem Vater schon durchgemacht. Seine Unfähigkeit, den „modernen" Konflikten seiner Enkelin angemessen zu begegnen, kann als Symptom für sein grundsätzliches Unvermögen gelesen werden, mit der bedrohlichen Situation im Reich und der verheerenden Kriegslage fertigzuwerden. Da ihm die großen Probleme über den Kopf zu wachsen drohten, lagerte er die kleinen vorläufig einmal aus. Er übertrug dem Familienoberhaupt Windisch-Graetz, Fürst Alfred III., die Aufgabe, zwischen den Streithähnen Otto und Erzsi vermittelnd einzugreifen, machte aber durchaus klar, dass er Ehescheidungen weiterhin grundsätzlich ablehnte.

Rosenkrieg

Der auch nicht mehr junge Alfred III. hatte einen wenig beneidenswerten Job ausgefasst, folgte aber dem kaiserlichen Befehl und begann mit den Verhandlungen, die monatelang andauerten. Bald wurde klar, dass die Finanzfrage einigermaßen zu lösen war, der Streit um die Kinder jedoch kaum einvernehmlich beigelegt werden konnte. Otto beanspruchte genauso wie Erzsi das alleinige Recht, alle vier Kinder in seiner bzw. ihrer Obhut aufwachsen zu lassen und über alles, was die Kinder betraf, allein zu bestimmen. Das damals geltende Eherecht bot in solchen Fällen keine Spielräume. Dem Vater kam das alleinige Sorgerecht zu, noch dazu im Fall einer Mutter mit einem Vorleben wie Erzsi. Eine untreue Ehefrau war praktisch eine rechtlose Person. Noch dazu hatte Erzsi keine Anstrengungen unternommen, das „ehebrecherische Verhältnis" mit Egon Lerch vor den Kindern geheim zu halten. In der damaligen Lesart bedeutete dies, sie habe den Kindern ein Beispiel der Unmoral vorgelebt, was sich ebenfalls negativ in einem Scheidungsprozess auswirken würde. So suchte also Erzsi vernünftigerweise, einen Prozess zu vermeiden und die leidige Sache anders beizulegen – zuerst wollte sie das absehbare Ende des Krieges abwarten.

In ihrer Rolle als Mutter konnte sie, abgesehen von dem recht offiziellen Zusammenleben mit Lerch, kaum angegriffen werden. Zum Beispiel fuhr sie mit den im frühen Teenageralter schon die Körpergröße von 190 Zentimetern erreichenden Söhnen Franzi und Erni in die Berge, auf den Semmering und nach Kitzbühel, da sich bei ihnen erneut Anzeichen einer Tuberkulose gezeigt hatten. Die feuchte Ebene, in der Schönau lag, hielten die Kinderärzte für ungesund und Erzsi packte sofort die Koffer, obwohl sie Kälte, Winter und Schnee nichts abgewinnen konnte. Sie stellte einen Hauslehrer ein, der die Reisen mitmachen musste, damit die Kinder nicht im Lehrstoff zurückblieben. Wie ihr Vater, dem das ersehnte Universitätsstudium vom Kaiser untersagt worden war, legte sie auf eine solide Allgemeinbildung und hervorragende Schulnoten größten Wert. Ebenso wünschte sie, dass die Kinder normale öffentliche Schulen besuchten – solange der Nachwuchs nicht gesundheitlich beeinträchtigt war. Dass der Hauslehrer bald auch für andere Aufgaben als den Unterricht herangezogen wurde, bekam der älteste Sohn Franzi rasch mit. Seine Mutter hatte mit dem Pädagogen eine Beziehung begonnen – was Erzsis Angestellte überall in Schönau herumerzählten. Die Dörfler erhielten so einen willkommenen Anlass zum Austausch von Klatschgeschichten. Erzsi hoffte wohl noch immer, dass der mittlerweile zum Oberstleutnant beförderte Kriegsheld Otto auf den Schlachtfeldern blieb. Anders ist ihr Verhalten kaum zu erklären, hält man ihr zugute, dass das alleinige Sorgerecht für die vier Kinder tatsächlich ihr Hauptanliegen war. Jedenfalls war eine neuerliche, allgemein bekannte Affäre Erzsis Zielen in hohem Ausmaß abträglich. Sie ging weiterhin davon aus, als „Erzherzogin" über alle Dinge erhaben zu sein und niemandem Rechenschaft über ihr Tun und Lassen ablegen zu müssen.

Allein

Doch damit war es im November 1916 schlagartig vorbei, als ihr Großvater und Vormund seit ihrem fünften Lebensjahr an einer Lungenentzündung erkrankte. „Es geht mir nicht gut", hatte Franz Joseph zu den jüngeren Frauen seiner engsten Familie, Marie Valerie und Erzsi, noch gesagt, die in sein Arbeitszimmer gerufen worden waren. Er litt unter Husten und hatte hohes Fieber, doch er las und unterzeichnete weiterhin seine Papiere. Zusammen mit dem zukünftigen Kaiserpaar Karl und Zita sowie der Freundin bis zur letzten Stunde, Katharina Schratt, wartete Erzsi im Vorzimmer, nachdem Franz Joseph schlafen gegangen war. Marie Valerie, die ihre Nichte wegen ihrer Lebensführung als Einzige der Familie nicht verurteilt hatte, stand neben dem Bett, in dem der Kaiser die Letzte Ölung erhielt. Erzsi musste zur Kenntnis nehmen, dass alles anders werden würde. Die Schutzmacht, die sie vor allem, nur nicht vor sich selbst, hatte bewahren können, hinterließ eine gewaltige Leere. Bis heute gilt Franz Joseph vielen Österreichern als „der letzte Kaiser". Mit ihm ging eine Staatsform, die 650 Jahre lang gewährt hatte, mehr oder

Erzsi in Schwarz, um 1915

weniger zu Ende, obwohl sie noch zwei allerletzte Jahre Bestand haben sollte.

Erzsi verabschiedete sich von ihrem Großvater am Tag nach seinem Ableben, zusammen mit den Urenkeln Franzi und Erni. Ihrem ältesten Sohn wurde beim Anblick der Leiche übel, er vergaß dieses einprägsame Erlebnis sein ganzes Leben lang nie. Als Enkelin erbte Erzsi wiederum etliche Millionen Kronen, doch da vieles davon in Staats- und Kriegsanleihen angelegt war, die nach 1918 einiges an Wert einbüßten, war der neu dazugewonnene Reichtum enden wollend. Das Vermögen, wovon sich ein Großteil im Ausland befand und um das so viel gezankt wurde, blieb jedoch auch in der Ersten Republik groß genug für mehrere Leben. Es überstand nicht nur die Ehe mit und die Scheidung von Otto, sondern auch alle Kriege, Wirtschaftskrisen, Börsenstürze und Staatsformen.

Zwei Lipizzaner aus der Verlassenschaft des Kaisers kamen in Erzsis Besitz und vervollständigten den bereits beachtlichen Pferdestall auf Gut Schönau. Ansonsten interessierte sich Erzsi weniger für den Familienschmuck, von dem sie auch einen Anteil erhielt, sondern in erster Linie für Franz Josephs Sammlung von Porträts seiner Familie. Um ihr Erbe an solchen Bildern zu vergrößern, kaufte Erzsi einigen Verwandten Gemälde ab und verfügte letztendlich über die größte private Sammlung an hervorragenden Habsburgerbildnissen. Diese Kollektion sollte in ihrem Leben noch eine bedeutsame Rolle spielen.

Doch fürs Erste gab es einen neuen Kaiser, Karl, an den sich Erzsi in althergebrachter Manier um Unterstützung in ihrem persönlichen Krieg wandte. Sie teilte ihm schriftlich mit, dass sie „körperlich und geistig zugrunde" gehe, wenn sie noch länger mit Otto verheiratet sei. Er möge sie also bitte in ihrem Scheidungswunsch unterstützen. Karl schlug sich wahrlich mit anderen Sorgen herum. Er antwortete seiner Cousine recht frostig in dem Sinn, das ginge ihn alles überhaupt nichts an, „(...) zumal Du durch Deine Vermählung, wie Du in Deinem Briefe selbst erwähnst, aus unserem Haus ausgeschieden bist. (...) Doch wollen die Kaiserin und ich Dich gerne unserer aufrichtigen Anteilnahme versichern. Dein aufrichtiger Vetter."

Familienstatuten, Hausgesetze, Heiligkeit der Ehe – Erzsi zuckte aus, als sie das „aufrichtige" kaiserliche Geschwafel zu Ende gelesen hatte. Unfassbar erschien es ihr, dass sie beim neuen Monarchen kein Gehör fand. Schwer begreiflich ist jedoch nicht der abwimmelnde Inhalt des Briefes von Karl, sondern Erzsis Reaktion darauf. Was hatte sie eigentlich erwartet? Die 34-jährige Erzsi zeigte sich noch immer erstaunlich realitätsfremd. Man konnte kaum davon ausgehen, dass das bekannt reaktionäre Ehepaar Karl und Zita für Erzsis revolutionäre Moralansichten und ihre Ablehnung der kirchlichen Ehegebote Verständnis aufbrachte.

Indessen kämpfte Otto mit seinen unverändert anhänglichen Soldaten an der Front in Italien. Ob er aus dem Krieg lebendig zurückkehren würde, konnte er bis zum letzten Einsatz nicht wissen. An der „Scheidungsfront" engagierte er sich daher in eher geringem Ausmaß, er operierte fern von Wien und Schönau und wartete auf den Frieden.

Als der für die österreichisch-ungarische Monarchie längst verlorene Krieg nach vier Jahren endlich zu Ende ging, plagten Erzsi in Schönau wiederum neue familiäre Probleme. Der wegen der anhaltenden Knappheit an gesunder Nahrung schwache Franzi war im September 1918 wie so viele andere an der Spanischen Grippe erkrankt. Die Ärzte hatten ihn aufgegeben, doch Erzsi harrte panisch Tag und Nacht an seinem Bett aus. Ihr Vertrauen zur Schulmedizin war schon lange geschrumpft, die Kinder waren dauernd krank und nichts half wirklich. Schließlich wurde empfohlen, es mit Elektrotherapie zu versuchen. Franzis Ehefrau berichtete, er habe eine „Haube mit elektrischen Röhren" aufgesetzt bekommen und diese habe ihm das Leben gerettet.

Die neue Zeit

Ein Jahr nachdem er Erzsi in ihrem Scheidungswunsch nicht unterstützen wollte, hatte ihr Cousin Kaiser Karl abgedankt. Er war von Anfang an ein Auslaufmodell gewesen. Nun gedachte Erzsi, die neuen Verhältnisse gewinnbringend zu nutzen und den Scheidungskrieg zu ihren Gunsten auszufechten. Otto war wohlbehalten und vielfach ausgezeichnet aus dem Krieg heimgekehrt. Er beauftragte befreundete Juristen und Anwälte, die seine Rechte als Familienoberhaupt und Vater geltend machen sollten. Ein Mittel, das schon im Fall Lerch geholfen hatte, wurde auch in der

Republik erfolgreich eingesetzt. Otto ließ seine Frau in Schönau von ihren eigenen Dienstboten bespitzeln, gegen entsprechende Entlohnung – was in diesen Zeiten, als Lebensmittel nur zu horrenden Preisen erhältlich waren, kaum jemand abgelehnt haben wird. Es soll schon vor 1918 zumindest ein anonymer, an Erzsi gerichteter Drohbrief im Schloss aufgetaucht sein, was die Hausherrin dem damaligen Polizeibeamten Johann Schober mitteilte. Dieser stellte einen Mitarbeiter ab, um eventuelle Spitzel in Erzsis Umgebung auszumachen und aus dem Schloss zu entfernen. Der Beamte kam zu keinem Ergebnis. Erzsi bedankte sich dennoch überschwänglich bei Schober, was ihr später zum Vorteil gereichte, denn dieser hatte eine steile Karriere vor sich. Er wurde Wiener Polizeipräsident und mehrmals Bundeskanzler. „Es ist mir so etwas Ungewohntes und Neues, daß mir jemand im Leben hilft, daß ich es doppelt empfinde“, schrieb Erzsi.

Der Brief an Schober war eine recht dreiste Unwahrheit, denn Erzsi war in ihrem Leben ununterbrochen geholfen worden und auch in der neuen Zeit wird sie sich sehr bald und sehr geschickt unter eine neue Schutzmacht begeben. Für Mächtige und solche, die es noch werden sollten, besaß sie einen untrüglichen Instinkt. Inzwischen war ihre notariell verlautbarte Scheidungsabsicht eingebracht worden, die von Otto sogleich beeinsprucht wurde. Einer einvernehmlichen Trennung wollte er nicht zustimmen, da er um seine jährlich bemessene, großzügige Apanage fürchtete. Ihm stellte sich die berechtigte Frage, wovon er in der Republik zu leben gedachte. Die kaiserlichen Sportvergnügungen gab es nicht mehr, auch das Publikum dafür war entthront worden. Adelsprädikate durften ab 1919 nicht mehr geführt werden. Das Geld war nur noch wenig wert. Wer keine Fremdwährungen besaß, war arm dran.

Ein Walzertraum

Ein gutes Beispiel für die Schwierigkeiten (adeliger) Militärs nach Kriegsende und nach der Einführung der republikanischen Staatsform bietet die Gründung der Tanzschule Elmayer. Der Namensgeber Willy Elmayer war wie Otto k. und k. Kavallerist gewesen. Er verfügte über keine Ausbildung, die nach 1918 eine verwertbare Lebensgrundlage geboten hätte. Was er jedoch vermitteln konnte, waren korrektes Benehmen, perfektes Kommunizieren in verschiedenen Lebenssituationen und – natürlich – Tanzen. In einem Roman hatte Elmayer von einem napoleonischen Soldaten gelesen, der nach der verlorenen Schlacht von Waterloo ebenfalls auf der Suche nach Verdienstmöglichkeiten gewesen war und in Paris eine erfolgreiche Tanzschule eröffnet hatte. Das könnte man doch in Wien auch machen, überlegte der arbeitslose Offizier. Soeben entstand in der Stadt eine neue reiche Oberschicht, dem Vergnügen nicht gerade abholde Leute, manche ohne „bildungsbürgerlichen" Hintergrund. Eine Kultur von Cocktailbars, (illegalen) Aufputschmitteln und nächtlichen Charleston- oder Tangolokalen war im Begriff sich zu etablieren. Diese Herren und Damen, oft aus der Medien- oder Filmbranche, könnten durchaus Interesse haben, ihr Auftreten und ihre Manieren zu perfektionieren. Elmayer benötigte Räumlichkeiten für seinen Walzertraum und fragte seinen guten Kameraden aus alten Renntagen, Otto zu Windisch-Graetz, ob er nicht eine Idee habe. Solange es Pferde betraf, war Otto immer gut informiert. Er sagte Elmayer, der Graf Pallavicini suche einen Mieter für seinen Pferdestall, beste Lage im ersten Bezirk. Daraufhin verkaufte der zukünftige Tanzschulplatzhirsch seine wertvollen Pokale, die er bei Reitturnieren errungen hatte, und richtete mit dem Erlös seine Tanzschule ein. Bis heute schallt es aus den ehemaligen Stallungen des Palais Pallavicini: „Damen und Herren zueinander! Damen und Herren wechseln die Plätze!"

Vielleicht wäre es klug und effizient für Otto gewesen, Teilhaber beim „Elmayer" zu werden. Doch er richtete sein Hauptaugenmerk nun auf die Scheidungsklage, die er 1919 einbrachte. Darin stand, dass er nicht nur seit vielen Jahren unter der „unbändigen Herrschsucht" seiner Frau zu leiden habe, sondern dass diese auch durch ihr „würdeloses Benehmen" aufgefallen sei. Überhaupt zweifle er schon lange an ihrer Zurechnungsfähigkeit. Für ihn sei es ausgeschlossen, dass seine vier Kinder „noch fernerhin in den Händen meiner völlig abgeirrten Frau bleiben". Seine Vaterpflichten würden es ihm gebieten, „Pflege und Erziehung meiner Kinder selbst zu übernehmen". Das fiel ihm etwas spät ein. Überhaupt lag er in der Beurteilung des Verhaltens seiner Kinder arg daneben, was ihm letzten Endes die Durchsetzung seiner väterlichen Ansprüche unmöglich machte. Als Eheverfehlungen seiner Frau und somit Scheidungsgründe führte Otto an: Untreue und Ehebruch; unordentlicher Lebenswandel, der die guten Sitten gefährde; empfindliche Kränkungen; Verletzung der ehelichen Pflichten vor den Augen der Kinder. Seine Forderungen formulierte er dahingehend, dass die Ehe aus dem alleinigen Verschulden seiner Frau geschieden werden solle; für die Dauer des Scheidungsprozesses verlangte er, dass die Kinder in seine Obhut übergeben werden sollten, da seine Gattin die Kinder dem Vater entfremden würde.

Es lag auf der Hand, dass Erzsi sich diese Anwürfe von Otto und seinen Anwälten nicht gefallen lassen würde. 120 Seiten umfasste ihre ausführliche Gegenklage, die Untergriffigkeiten nicht vermissen ließ und in der Folge die Klatschpresse auf den Plan rief. Das Duell Windisch-Graetz vs. Windisch-Graetz füllte bald täglich die Zeitungsspalten. Dazu kam noch, dass sich ein „Team Erzsi" und ein „Team Otto" herausbildeten, sodass die Journalisten abgesehen von den beiden adeligen Hauptakteuren auch andere gewesene Mitglieder des abgesetzten Kaiserhauses in ihre Berichterstattung miteinbeziehen konnten, was in der Republik ein gefundenes Fressen darstellte. Überall, auch wo es keine Monarchen (mehr) gibt, lesen die Leute gern über diverse Nöte der „Royals" – nicht zuletzt in Krisenzeiten wie den nicht immer so goldenen 1920er-Jahren. Mit dem Adel war auch die Pressezensur abgeschafft worden und nun lernte Erzsi, was es hieß, „der Sensations- und Skandalsucht der klatschsüchtigen Menge", wie sie es nannte, ausgesetzt zu sein.

So stellte sich etwa Erzsis Mutter Stephanie auf die Seite des gehörnten Ehemannes Otto. Mutter und Tochter hatten sich jahrelang nicht gesehen, nur beim Begräbnis des Kaisers waren sie kurz aufeinander getroffen. Stephanie stand im Ersten Weltkrieg als Krankenschwester im Einsatz, sie half in Militärspitälern. Zusammen mit ihrem Mann Elemér Lónyay hielt sie aus religiösen Gründen an der Unauflöslichkeit der Ehe fest, selbst wenn sich das Zusammenleben so unselig gestaltete wie bei Erzsi und Otto. Der ungarische Graf Lónyay war in eine protestantische Familie geboren worden und konvertierte zum katholischen Glauben, was ihn zu einem fanatischen, „150-prozentigen" Verfechter des Katholizismus werden ließ. Die immer schon bigotte Stephanie wurde mit zunehmendem Alter noch verbissener in Glaubensfragen und man kann sich vorstellen, dass die beiden in ihrer Parteinahme für Otto unerträglich für Erzsi gewesen sein müssen. Die freiheitsliebende Tochter hatte den Eindruck, dass ihre stockkonservative Mutter ausschließlich Ottos Version hören und von ihren eigenen Erfahrungen nichts wissen wollte. Dass Erzsi ihren Vater vergötterte, dürfte Stephanie wohl gewusst haben und so wiederholte sich quasi das Erinnerungsverbot von 1889. Damals durfte der Name Rudolfs am Hof nicht mehr genannt werden; nun existierte zwar der Hof nicht mehr, dafür durfte bei den Lónyays der Name des einzigen Kindes der Gräfin Lónyay nicht mehr ausgesprochen werden. Erzsi dürfte die „Damnatio memoriae" verschmerzt haben. Sie wird später über sich selbst eine verfügen.

Windisch-Graetz gegen Windisch-Graetz

Vielleicht nahm sie wieder einmal bei ihrem Vater Anleihen, als Erzsi in ihrer ausführlichen Erwiderung zu Ottos Vorwürfen Stellung zu ihrer Ehe bezog. Rudolf hatte eine nicht geringe Abneigung gegenüber der aristokratischen „Leisure Class" gehegt, wie er die Männer vom Schlage Ottos nannte: Sie hätten über ein nur „geringes Bildungsstreben" verfügt, dafür eine „Scheu vor ernster, konsequenter Arbeit" gezeigt und seien durch „grenzenlose Trägheit" aufgefallen. Die „Leisure Class" beschränke sich in ihren Interessen auf „Wettrennen, Jagdvergnügen, Reiten, Bälle, Klubabende, Salonleben". Man hätte Otto kaum besser beschreiben können.

In Erzsis Worten klang das so: Otto sei „geistig beschränkt, energielos, oberflächlich, eitel, falsch", habe einen „Hang zum Intriguentum und zur Unwahrheit". Außerdem sei er „sehr geldgierig", „ein nur auf das eigene ‚Ich' bedachter Mann, herzlos und roh im Zorn". Besonders bemängelte Erzsi abgesehen von seinen charakterlichen Schwächen das Fehlen von „tieferem geistigem Interesse", dass er „jeder ernsten Tätigkeit abhold", „mit fremden Sprachen gar nicht oder nur oberflächlich vertraut" sei. Das war nun wirklich unverzeihlich. Aus welchem Grund Erzsi anklagend darauf hinwies, dass Otto seinen militärischen Beruf aufgegeben habe, bleibt unklar. Immerhin hatte er seinen Dienst hauptsächlich auf ihren Wunsch hin an den Nagel gehängt, da sie seine ungeteilte Aufmerksamkeit beanspruchte und ihn unter Aufsicht halten wollte. Missbilligend hielt sie fest, dass er danach „nur mehr den Vergnügungen gelebt“ habe, und zwar „von meinem Gelde“. Sein Dasein habe aus Jagd, Reitsport und Polospiel bestanden. Er habe „Kleidungsstücke und Wäsche in lächerlichen Mengen und zu unsinnig hohen Preisen“ angeschafft – eine Anschuldigung, die bei einer Ex-Prinzessin von Erzsis Herkunft und ihrer materiellen Ausstattung ziemlich fehl am Platz wirkte. Erzsi dürfte im Vergleich zu Otto ein Vielfaches an „Kleidungsstücken und Wäsche“ eingekauft haben – von den Preisen ganz zu schweigen. Aber es war eben ihr Vermögen und sie hatte nicht unrecht mit ihrer Behauptung, dass sich Ottos Geldgier „wie ein roter Faden durch die gesamte Ehe gezogen“ habe.

Ottos Beschuldigung wegen ehelicher Untreue stritt Erzsi nicht ab, sie gab jedoch an, „eine vernachlässigte Ehefrau“ gewesen zu sein, die sich anderswo „nach Gesellschaft umsehen“ habe müssen. Auch die Erzsis Beobachtungen zufolge regelmäßig auftretende Impotenz ihres Ehemannes blieb nicht außen vor. Erzsi betonte, sie könne den für die Zeugung der Kinder „notwendig gewesenen Beischlaf auf Tag, Stunde und Minute genau benennen“ und auch „wie“ es passiert war, habe sie nicht vergessen. Sie war sicher, dass Otto „nicht als vollwertiger Mann in die Ehe getreten“ sei; sie gehe davon aus, dass „er sich in der Jugend zu sehr verausgabt“ habe. Seine ständigen Flirts und Frauenbekanntschaften blieben ihr ein Rätsel. Beschwerden dieser Art machten juristisch kaum Sinn, denn Erzsi war von Otto fünfmal schwanger und das Paar hatte zusammen vier Kinder. Von Impotenz konnte also keine Rede sein. Dass weder Erzsi noch Otto miteinander erfüllenden Sex haben konnten, lag eher an psychischen Ursachen. Der Hauptgrund war in Ottos Fall wohl der Zwang, dass er eine Frau heiraten musste, die ihn sexuell nicht erregte. Auf Erzsis Seite spielten die überzogenen Erwartungen einer jungen Frau ohne Erfahrung mit dem anderen Geschlecht eine große Rolle. Sie hatte einen Prinzen auf einem weißen Pferd erträumt und dem edlen Ritter den Namen Otto gegeben. Doch Prinzen auf weißen Pferden gibt es im echten Leben bekanntermaßen nicht, nicht einmal für Prinzessinnen. Das ernüchternde Erwachen nach dem ersten Liebesrausch und vor allem der Prozess, die Realität hinter der Illusion zu erkennen, kann für viele Menschen schwierig sein, doch für eine so verwöhnte Jugendliche wie Erzsi war

Der dritte und letzte Sohn von Erzsi und Otto zu Windisch-Graetz: Rudolf, Rudi gerufen, geboren 1907. Er verunfallte auf der Wiener Höhenstraße bei einem NS-Auto- und Motorradrennen.

es unmöglich, sich in der Wirklichkeit einzurichten. Die Ehe habe ihre „Nerven zerrüttet", erklärte Erzsi in der Scheidungsklage. Aus ihrer Sicht träfe demnach Otto die alleinige Schuld am Scheitern der Beziehung. Die vier Kinder seien also selbstverständlich in ihrer Obhut zu belassen.

Beide Parteien nannten ihre Zeuginnen und Zeugen, die langwierig und detailgenau befragt wurden, was mehrere Monate in Anspruch nahm. Auf Erzsis Seite sagten ihre persönlichen Dienstboten, die Ärzte, Gouvernanten und Erzieher der Kinder übereinstimmend aus, dass sie eine untadelige Mutter sei und ihre Kinder den ersten Platz in ihrem Leben einnehmen würden. Besonders die Ärzte der so oft geschwächten Kinder empfahlen, dass alles so bleiben sollte, wie es ist. Große Veränderungen könnten sich nachteilig auf die fragile Gesundheit der Heranwachsenden auswirken. Seit dem Jahr 1909, als das letzte Kind Fee geboren worden war, stand Otto in geringem Kontakt zu seinem Nachwuchs, da Erzsi aus dem gemeinsamen Heim in Ploschkowitz de facto ausgezogen war, herumreiste oder sich in Wien aufhielt, die Kinder immer im Schlepptau. Die jüngeren kannten ihren Vater kaum oder gar nicht. Dennoch stand 1920 im gerichtlichen Bescheid, dass die Kinder aufgeteilt werden sollten. An sich wäre das schon einem Sieg für Erzsi gleichgekommen, da sich der Inhalt des Schriftstücks gegen die patriarchalischen Familienstrukturen richtete, nach denen Otto, dem Familienoberhaupt, das alleinige Sorgerecht für sämtliche Nachkommen zugestanden wäre. Dass er sich nicht um die Kinder gekümmert hatte, spielte keine Rolle. Dass die Kinder ihr Aufwachsen und ihre Ausbildung der Mutter zu verdanken hatten, blieb ebenfalls ohne positive Auswirkungen für Erzsi. Denn wären diese Faktoren berücksichtigt worden, hätte Erzsi das Sorgerecht für alle vier Kinder erhalten müssen. Außerdem war Erzsi finanziell immer für alles aufgekommen, die Kuren und Spitalsaufenthalte der Kinder hatte sie bezahlt. Ausschlaggebend waren die Gutachten der Ärzte, da Franzi und Erni in diesen Nachkriegsjahren häufig unter verschiedenen (Wachstums-)Beschwerden litten. Das Gericht sah vor, die älteren Kinder bei der Mutter in Schönau zu belassen, während die zwei jüngeren beim Vater im Palais Windisch-Graetz in Wien leben sollten. Wenn möglich, möge man sich in Ferienzeiten auf gemeinsame Urlaube einigen.

Im Juli 1920 war es so weit: Otto fuhr in Schönau vor, um Rudi und Fee abzuholen. In der Presse herrschte die alljährliche hochsommerliche Saure-Gurken-Zeit und somit schickten die Redaktionen ihre Kiebitze zur Beobachtung ins Triestingtal. Dass die Frau Windisch-Graetz eine offenbar sexsüchtige Adelige mit einer unersättlichen Gier nach männlicher Gesellschaft war, stieß in diesen Jahren der Kriegsfolgen, als Ledigenheime gebaut wurden, sogenannte Valutamädel auf Kundenfang gingen, kurzhaarige junge Frauen der „Girl-Culture" frönten und es Nachtlokale gab, in denen man nicht sicher sein konnte, ob die Frau, die an der Bar rauchte, auch wirklich eine war, auf allergrößtes Interesse. Die Beziehungen zwischen Männern und Frauen wurden in den 1920er-Jahren auf eine neue Stufe gestellt. Es gab viel mehr Frauen als Männer, sie gingen arbeiten und verdienten ihr eigenes Geld. In Wien wurde eine Sexualberatungsstelle eingerichtet und für die Abschaffung des Abtreibungsparagrafen demonstriert. Aufklärungsfilme boomten. Zeitschriften, die sich in erster Linie mit Partnervermittlung, Erotik, (Homo-)Sexualität und Verhütung befassten wie „Bettauers Wochenschrift", galten zwar als „skandalös", wurden aber viel gelesen und waren nach der Prüderie und Doppelmoral der Kaiserzeit ein gesellschaftliches Desideratum.

Während ihrer von Sinnlichkeit und körperlicher Anziehung bestimmten Beziehung zu Egon Lerch hatte Erzsi das Kamasutra für sich entdeckt, vielleicht auf Anregung des Freiherrn von Schrenck-Notzing, den sie bereits kennengelernt hatte. Nach ihrer Scheidung befasste sie sich mit dem Werk „Die Probeehe" von Dr. Rudolf Urbantschitsch. Sie befand sich damit in Fragen der Paar- und sexuellen Beziehungen an vorderster Front. Ehetragödien wurden in diesem Band ausführlich besprochen und der Autor empfahl ein Zusammenleben der Heiratswilligen vor der Ehe, um rechtzeitig herauszufinden, ob sich seelische und körperliche Harmonie einstellten. Dies garantiert zwar kein ewiges Liebesglück, kann aber durchaus hilfreich sein. Erzsi schrieb gerne Anmerkungen in ihre Bücher, so auch hier: „Die Menschen vergessen immer, daß man für seine Gefühle nicht verantwortlich ist. Die Vorwürfe an eine erloschene Liebe sind immer absurd und trostlos. Die Liebe ist ein freiwilliges Geschenk. Sie kennt keinen Zwang."

Erzsi war in ihrer Fortschrittlichkeit eine sehr typische Erscheinung in ihrer Epoche. Sie pochte auf ihre Rechte als Frau, als Mutter, aber auch als sexuell selbstbestimmter Mensch. Sie hatte keine Lust (mehr),

Stephanie zu Windisch-Graetz, geboren 1909

sich nach den Moralvorstellungen ihrer Mutter oder ihres (Noch-)Ehemannes zu richten. Doch sie lebte in einem demokratischen Rechtsstaat und musste erkennen, dass Gesetze nun erstmals auch für sie Gültigkeit hatten. Revolverschüsse oder Aggressionsausbrüche, wie sie es gewohnt war, würden ihre Probleme nicht aus der Welt schaffen.

Otto stand also in Begleitung der Staatsgewalt in Form eines Gendarmen vor den Kinderzimmern des Schlosses Schönau und wollte seine 13 und elf Jahre alten Kinder mit sich nach Wien nehmen. Ihren Vater kannten die beiden nur von seinen kurzen Urlauben während des Ersten Weltkriegs. Man muss davon ausgehen, dass Erzsi den Kindern mit Nachdruck eingebläut hat, was sie zu tun haben, nämlich zu schreien und zu zetern und auf keinen Fall mit dem Papa mitzukommen. Sie folgten brav dem Wunsch der Mutter, machten einen Mordsradau und Otto zog wutentbrannt wieder ab. Seine Anwälte informierten Erzsi, sie werde auf 10.000 Kronen verklagt werden, wenn sie die Kinder beim nächsten „Einziehungsversuch" nicht mit Otto gehen lasse.

Erzsi startete eine neue Offensive, indem sie die Ärzte der Kinder alle möglichen Atteste ausfertigen ließ, damit diese als nicht reisefähig eingestuft werden konnten. Rudi und Fee seien aufgeregt, hätten Fieber, „eine reizbare Schwäche des Nervensystems", wie es hieß, mache ihnen zu schaffen. Die beiden sagten aus, sie würden nur der Gewalt weichen und selbst dann würden sie dem Vater wieder davonlaufen. Otto versuchte, seine Taktik zu ändern und verlangte nun die Herausgabe der älteren Söhne Franzi und Erni. Erzsi rief wieder die Ärzte auf den Plan. Bis Weihnachten 1920 hatte sich nichts getan und „im Hinblick auf den ständigen Wohnort der Kinder", nämlich Schloss Schönau, entschied das Bezirksgericht Landstraße, bei dem der „Pflegschaftsfall Windisch-Graetz" bisher anhängig gewesen war, diesen an das Bezirksgericht Baden abzutreten. Vermutlich hat man die Festtage selten so sehr genossen wie zu Weihnachten 1920 in den Räumlichkeiten des Bezirksgerichts Wien-Landstraße.

Otto konnte sich am Fest des Friedens und der Familie ganz und gar nicht erfreuen. Zwar hatte Erzsi zugestimmt, dass alle vier Kinder dem Vater im Wiener Palais ihre Neujahrsaufwartung machen dürften, doch sie hatten ihm gleich mitgeteilt, dass sie nicht bleiben wollten. Sie weigerten sich sogar, die Mäntel abzulegen, was Otto auf die Instruktionen der Mutter zurückführte und was ihn derart in Rage brachte, dass er dem 15-jährigen Erni eine Ohrfeige verpasste. Geschlagen wurden die

Kinder von Erzsi nie. In heller Aufregung stürmten alle zusammen aus dem väterlichen Palais.

Der Rosenkrieg der Kronprinzentochter und der damit verbundene Kampf um die Kinder ließen den kleinen Ort Schönau in den Mittelpunkt des öffentlichen Interesses rücken. Otto hatte noch immer absolut nichts erreicht. Das kleinformatige „Illustrierte Wiener Extrablatt" gehörte zu den besonders genauen Beobachtern der unerfreulichen Vorgänge und zitierte 1921 aus Ottos Vorwürfen gegen seine Frau: Jeder habe die Beziehungen, die Erzsi zu jungen Männern, meist Marineangehörigen, pflegte, für intimer Natur gehalten. „Selbst einen meiner Verwandten, meinen Vetter, den Linienschiffsleutnant Fürst Alfred zu Windisch-Graetz, der meine Frau im Frühjahr 1912 in Miramare besuchte und bei ihr wohnte, lud sie beim Souper ein, um zwei Uhr nachts zu ihr ins Schlafzimmer zu kommen", wurde Otto in der Zeitung zitiert. Mitte 1913 habe dann das „andauernde, ehebrecherische Verhältnis mit dem Linienschiffsleutnant Egon Lerch" begonnen, das „bis zu seinem Tode im August 1915" anhielt. Der Artikel zeigte, wie präzise Otto über alle Details der Lerch-Affäre Bescheid gewusst hatte: „Gegen Mitternacht stieg Lerch in Graz in den Zug ein und ging zu meiner Frau in das Halbcoupé." Erzsi muss unter diesem Ausbreiten der in ihrem Leben zentralen Liebesbeziehung sehr gelitten haben. Zu ihrem Schutz hatte sie sich in Schönau eine Hundezucht zugelegt. Die Tiere waren weithin gefürchtet, handelte es sich doch um eine sehr aggressive Kreuzung zwischen deutschen Schäferhunden – wie „Lona", der Schäferhündin, die Erzsi einst Lerch geschenkt hatte – und in Polen eingefangenen Wölfen. Die schönsten Exemplare hießen Rolf, Prinz, Satan und Cäsar. Es gehörte zu Franzis Aufgaben, sich um die Zuchtbelange zu kümmern.

Der bereits zwei Jahre währende Sorgerechtsstreit steuerte zu Frühlingsbeginn 1921 auf seinen Showdown zu. Mittlerweile lag der Exekutionsbewilligungsbeschluss vor, in dem es hieß, man werde „den allerersten Rechten eines Vaters" Gültigkeit verschaffen. Um acht Uhr morgens am 21. März 1921 hatten sich jedoch bereits zahlreiche Arbeiter aus den umliegenden Industriegebieten im Triestingtal vor dem Schlosstor in Schönau versammelt. Nicht wenige hatten selbst miterlebt, wie

Marianne Hainisch (1839–1936),
Begründerin der österreichischen Frauenbewegung

Otto im letzten Kriegsjahr 1918 nicht davor zurückschreckte, Fleisch an seine Jagdhunde zu verfüttern, während rundherum die hungernden Arbeiterinnen in den Rüstungsbetrieben tot umfielen. Wahlrecht hatten diese Frauen noch immer keines besessen, nur in den Munitionsfabriken an den Maschinen waren sie gleichberechtigt gewesen. Schon im Jänner 1917 war Erzsi in die Fabriken gegangen, die Schönau umgaben, und hatte mit den Arbeiterinnen und Arbeitern gesprochen – auch das war Otto von seinen Spitzeln hinterbracht worden. Mit der Solidarität der Industriearbeiter hatte er jedoch nicht gerechnet, zudem er dieses Mal von 22 bewaffneten Polizisten begleitet wurde. Ein Anführer der Arbeiter ging auf Otto zu und erklärte, es würde niemand eingelassen. Alles lief perfekt durchchoreografiert ab. Nach der Abfuhr, die Otto erteilt worden war, spielte Erzsi den „good cop" und ließ die Gerichtskommission in die Zimmer der Kinder eintreten. Diese machten bei der Tragikomödie eifrig mit, klammerten sich an ihre Mutter, traten um sich und warfen den Hut eines Beamten zu Boden. Durch das Fenster konnte Erzsi sehen, dass in Ottos Automobil zwei Frauen aus seiner Verwandtschaft warteten, die sich vermutlich um die abgeholten Kinder kümmern sollten. Auch das schaffte Otto also nicht allein. Der Arbeitersprecher schenkte den beiden verängstigten Windisch-Graetz-Damen reinen Wein ein: „Der Fürst wird niemals die Kinder bekommen. Er hat sich nie um die Kinder gekümmert. Wir leben in einer Republik. Wir haben unsere eigenen Gesetze." Otto gab dem Chauffeur ein Zeichen, er solle mit den Frauen wegfahren. Auch die Polizisten entfernten sich ohne Erfolg. Das alles konnte man am nächsten Tag blumig ausgeschmückt in verschiedenen Zeitungen lesen.

Erzsi legte am 28. März 1921 in der „Wiener Sonn- und Montagszeitung noch ein Schäuferl nach: „Mein Gatte wurde ein Jugoslawe, um mir mein Vermögen, welches hauptsächlich aus Kriegsanleihen besteht, auf diese Weise zu nehmen und um die feindlichen Instinkte der Serben gegen das Kaiserhaus gegen mich ausschroten zu können." Sie spielte mit dieser Aussage darauf an, dass Otto Besitzungen in jenem Staat hatte, der seit 1918 Königreich Jugoslawien genannt wurde. So einfach war es freilich nicht, denn Erzsi war vorerst selbst Jugoslawin. Ihre fehlende österreichische Staatsbürgerschaft war der Grund dafür, dass sie 1919, als

Der Sohn der Feministin: Michael Hainisch,
Bundespräsident 1920–28

Frauen in Österreich erstmals wahlberechtigt waren, gar nicht abstimmen durfte. Ihr Gatte mit Stammsitz in Veldes (Bled) war somit Jugoslawe und Erzsi mit ihm verheiratet. Sie waren ein jugoslawisches Ehepaar. Die jugoslawischen Behörden hatten der Familie Windisch-Graetz 1918 ihre Pässe ausgehändigt. Als Franzi und Erni jeweils das 18. Lebensjahr erreichten, wurden sie zum jugoslawischen Militärdienst einberufen, was Erzsi verhinderte, indem sie den beiden untersagte, dem Stellungsbefehl nachzukommen. Nun wurden sie als Deserteure angesehen und wären sie nach Jugoslawien eingereist, hätte sie das Gefängnis erwartet. Erzsi selbst reiste noch einige Male hin, in ihrem 1928 ausgestellten österreichischen Pass befanden sich mehrere jugoslawische Sichtvermerke. So kurte sie einmal auf der heute kroatischen Insel Susak nahe Mali Lošinj.

Zuletzt behauptete Erzsi, ihr Mann habe einen Exekutor mit Hundepeitsche und Handschellen zu ihr geschickt. „Doch da ist ein Wunder geschehen", so Erzsi weiter. „Die Enkelin des Kaisers wurde vom Volk gerettet. Gegen Bewaffnete, Richter, Advokaten, Irrenärzte trat das Volk erfolgreich auf." Sie sprach dem „Volk" ihre größte Bewunderung und Dankbarkeit aus. Es war jedoch nicht das „Volk", in dessen Schuld Erzsi nun stand, sondern gut geschulte Arbeiterfunktionäre aus Niederösterreich hatten Otto gezwungen, von ihrem Besitz zu verschwinden. Da Erzsi mittlerweile Mitglied der politisch einflussreichen „Sozialdemokratischen Arbeiterpartei" geworden war, nahm sich sogar der parteifreie Bundespräsident Michael Hainisch der Angelegenheit an. Den Kaiser gab es zwar nicht mehr, aber Erzsi hatte erreicht, dass sich der republikanische „Ersatzkaiser" mit ihren Belangen beschäftigte. Hainisch schlug sich demonstrativ nicht auf eine bestimmte Seite der Streitparteien, plädierte aber dafür, dass die vier Kinder zusammenbleiben sollten. Somit stellte er sich indirekt auf Erzsis Seite, immerhin war er der Sohn von Marianne Hainisch, einer berühmten Pionierin der Frauenbewegung in Österreich.

Das Gericht schloss sich dieser Rechtsauffassung an. Man wollte sichtlich zu einem Ende kommen. Erzsi pilgerte zu Hainisch, um ihm in aller Form für sein Engagement in ihrer Sache zu danken. Der Kampf um die Kinder war zugunsten der Mutter ausgegangen – ein damals seltenes Ereignis, da das Ehe- und Scheidungsrecht eindeutig den Mann als Familienoberhaupt und Vater begünstigte. Das finale Schriftstück hielt fest, dass Otto seine Kinder in Schönau besuchen dürfe, aber nur, wenn diese es wünschten. Otto akzeptierte, prophezeite aber: „Eines Tages werden die Kinder zu ihrem Vater zurückkehren." Er sollte recht behalten.

Erzsi mag, was Obsorge und Ausbildung betraf, ihre Pflichten als Elternteil erfüllt haben. Die Art, wie sie die Kinder in ihrem Machtkampf gegen Otto im Scheidungsprozess instrumentalisierte, sprach nicht für ihre menschlichen Qualitäten. Dass sie die weiterhin kranken und verängstigten – heute würde man sagen: traumatisierten – Kinder zugesprochen bekam, sollte sich als Anfang vom Ende des guten Verhältnisses zwischen ihr und ihrem Nachwuchs herausstellen.

Für seinen Unterhalt musste Otto ab sofort selbst aufkommen. Weil er über keine finanziellen Mittel und als Reservist auch über keine Offizierspension verfügte, verkaufte er seine schönen Besitzungen in Bled, wo er vor einer gefühlten Ewigkeit die Hochzeitsreise mit Erzsi begonnen hatte. Der Käufer hieß Alexander, König von Jugoslawien. Dieser Monarch hatte bereits ein Auge auf den repräsentativen Sitz geworfen und zog für einige Jahre dort ein. Nach dem Zweiten Weltkrieg ging die Residenz in den Besitz von Marschall Tito über.

Drei Jahre dauerte es noch, bis Erzsi und Otto „von Tisch und Bett getrennt" wurden, wie der Wortlaut damals hieß. Für Katholiken galt auch in der Republik die „Unauflöslichkeit" der kirchlich geschlossenen Ehe; nur Andersgläubige konnten sich scheiden lassen und erneut heiraten. Eine „Trennung von Tisch und Bett" war juristisch die einzige Möglichkeit, eine Ehe von Mitgliedern der römisch-katholischen Kirche zu beenden. Man konnte sich aber nicht als „richtig" geschieden fühlen, da die Regelung darauf abzielte, das zerstrittene Ehepaar wieder zu versöhnen – eine Art „Scheidung auf Probe". Verheiratet war man aber nicht mehr und nur darauf kam es Erzsi an. Sie hatte den bisher größten Befreiungsschlag ihres Lebens gewagt und gesiegt – gegen jede Chance.

Ihre älteren Kinder hatten zum Zeitpunkt der Scheidung der Eltern, 1924, das Erwachsenenalter erreicht: Franzi war 20 und Erni 19 Jahre alt. Die jüngeren feierten ihren 17. bzw. 15. Geburtstag. Der gesamten Familie hatten die mühseligen Kämpfe voller Skandale viel Kraft, Nerven und Zeit abverlangt. Die Finanzen hatten auch gelitten, weil Erzsi für zahlreiche Honorare und Gefälligkeiten aufkommen musste. Aber das war ihre geringste Sorge. Ihre Jugendjahre hatte sie definitiv an den falschen Mann verschwendet. Es nahte der 41. Geburtstag.

Genosse Goldi

In den Gärten des Schönauer Anwesens erblühten die Frühlingsblumen. Endlich konnte Erzsi sich zum neuen Mann in ihrem Leben bekennen, von dessen Zuneigung zur Kaiserenkelin auch in der Sozialdemokratischen Partei nur wenige wussten. Das Paar hielt die Beziehung, die Erzsi in ihrem Scheidungsprozess schwer geschadet hätte, geheim. Außerdem war der neue Freund ebenso verheiratet, wenn auch schon lange getrennt lebend. Nun konnten die beiden in der Öffentlichkeit Händchen halten. Der distinguiert wirkende Herr mittleren Alters war ein sozialdemokratischer Funktionär aus Mödling und hieß Leopold Petznek. Erzsi rief ihn – und das tat sie häufig – „Goldi“.

Der junge Lehrer Leopold Petznek, um 1900

IV
Upper Class statt Arbeiterklasse?

Erzsi „von der roten Nelke“

„Wo stünden die Frauen heute, wenn wir nicht die neuen republikanischen Errungenschaften hätten?“

Am 21. Oktober 1916, genau einen Monat bevor Kaiser Franz Joseph starb, betrat sein hochfeudaler Ministerpräsident Karl Graf Stürgkh das Hotel Meissl & Schadn am Neuen Markt in Wiens Zentrum. Der kränkliche, unverheiratete Politiker pflegte dort sein tägliches Mittagessen einzunehmen. In der Nähe saß ein junger Mann, er war ebenso kurzsichtig wie sein Opfer, trug dicke Brillengläser und blickte mehr oder weniger auffällig immer wieder in die Richtung des adeligen Staatsmannes. Schließlich stand er auf, fragte den Kellner, ob der speisende Herr dort drüben der Ministerpräsident Stürgkh sei, was der Ober bejahte. Im nächsten Moment dröhnten vier Schüsse durch den Raum, der getroffene Graf stürzte tot vom Sessel. „Nieder mit dem Absolutismus! Wir wollen Frieden!“, schrie der bebrillte Mann. Er rannte nicht davon, sondern stellte sich beflissen der herbeigerufenen Polizei vor: „Friedrich Adler.“ Er habe „demonstrieren“ wollen „für einen Frieden ohne Kriegsentschädigungen und ohne Annexionen“. Man führte ihn ab.

S. 229: Erzsi bei einem sozialdemokratischen Sportfest im Arbeiterstrandbad an der Alten Donau, 1926

Der Attentäter war der Sohn des bekannten Arbeiterführers Viktor Adler, des Gründers der Sozialdemokratischen Arbeiterpartei. Erzsi, eifrige Konsumentin von Kriminalromanen und aufgrund ihrer familiären Vergangenheit seit jeher interessiert an politischer Gewalt, verschlang alles, was in den Zeitungen über das Stürgkh-Attentat geschrieben stand. Sie wollte die Motive ergründen, die zu den Schüssen geführt hatten. Es war nun das zweite Mal in ihrem Leben, dass sie von außen auf den Namen Viktor Adler aufmerksam gemacht wurde. Ende des 19. Jahrhunderts hatte ihre nicht standesgemäße Freundin aus Triest ihr von dem Armenarzt und seinem Einsatz für die Ziegelarbeiter am Wienerberg berichtet. Erzsi war deswegen sogar zum Kaiser gegangen und hatte sich eine ordentliche Abfuhr geholt – samt Androhung, überwacht zu werden, wie einst ihr Vater. Doch nun war sie erwachsen, das Lebensende des Kaisers in Sicht. Die Ermordung des Ministerpräsidenten rang den Monarchen dermaßen nieder, dass er von seinem Husten nicht mehr genesen sollte. Friedrich Adler und das Attentat blieben nicht zuletzt deswegen in Erzsis Erinnerung stark präsent, weil Stürgkhs Tod für sie den Anfang des Sterbens ihres Großvaters markierte.

Adlerhorst

Viktor Adler machte in der von ihm begründeten „Arbeiter-Zeitung" aus seiner intensiven Ablehnung des von seinem Sohn verübten Attentats keinen Hehl. Gerade die Sozialdemokratie, die für Gewaltlosigkeit stand, erst recht im dritten Jahr des imperialistischen Krieges, musste sich plötzlich mit einem politischen Attentäter aus den eigenen Reihen herumschlagen. Das war überhaupt nicht so geplant, ein Schussattentat sei „der ganzen sozialistischen Ideenwelt fremd und unbegreiflich", hieß es. „Terror (individueller) ist nach Marx ein grober Fehler", belehrte auch Wolf Biermann einige Jahrzehnte später in der „Stasi-Ballade". Die meisten einflussreichen Genossen in der SDAP verurteilten den Politmord des isoliert dastehenden Adler, der gegen die Parteiführung und die „Arbeiter-Zeitung" ungewöhnlich heftig vorging. Der radikale Fritz Adler hatte sträflich gegen die gemäßigte Parteilinie verstoßen, bei der sein bereits schwer herzkranker Vater den Ton angab. Viktor Adler glaubte – zumindest offiziell – noch an einen österreichischen Sieg und wollte ein eventuelles Nachgeben der militärischen Gegner nicht durch übertriebene, innenpolitische Opposition gefährden. Er kannte seinen hitzigen Sohn und wusste genau, dass sich das unüberlegte Attentat nicht gegen die Person Stürgkh allein gerichtet hatte, sondern gegen alles, wofür der Graf stand. Und manche dieser Inhalte vertrat auch ein Teil der Sozialdemokratie, da im Krieg der pragmatische Flügel das Sagen hatte. Der Parlamentarismus war seit Kriegsbeginn außer Kraft gesetzt. Es gab aber auch Proponenten in der SDAP, die für eine vollkommene politische, wirtschaftliche und geistige Neugestaltung eintraten und deren Ziel der „neue proletarische Mensch" war. Um an seiner Verwirklichung zu arbeiten, ging man im „Roten Wien" der 1920er-Jahre mit Elan ans Werk.

Noch waren die Zeiten erbärmlich. Hunger und Verzweiflung trugen einen großen Teil dazu bei, dass der Krieg nicht mehr gewonnen werden konnte. Ein abgehobener Politiker weniger – das mochte in den Augen Friedrich Adlers im Moment von Nutzen sein, änderte aber nichts am Nationalismus, der Ignoranz und teilweise der Menschenverachtung, die bei den tonangebenden Militärs und bei nicht wenigen Mitgliedern von Erzsis Familie vorherrschten. Es war deren Krieg, es waren deren Tote und deren Hungernde. Das Katastrophenjahr 1916 erschütterte die Monarchie nachhaltig, die Menschen verlangten Essen, Frieden und politischen Einfluss. In den Großstädten brodelte die Unzufriedenheit der Massen, Konzessionen wurden aber keine gemacht. Bereits Anfang 1915 waren zwei fleischlose Tage pro Woche verordnet worden. Ein Jahr später befand sich die Lebensmittelversorgung quasi im freien Fall, alles wurde rationiert und gestreckt. Es gab „Streckbutter", mit Magermilch gestreckte Margarine, oder „Kriegsbrot", dem aufgrund des Getreidemangels alles (Un-)Mögliche beigemengt wurde. Wenn man Glück hatte, bekam man etwas Speiseöl. Schmalz und Speck konnten sich nur mehr die allerreichsten Kriegsgewinnler auf dem Schwarzmarkt besorgen. Die Vorboten des extremen Lebensmittelengpasses bemerkte Erzsis Wirtschafterin in Schönau im Herbst 1915. Fleisch war nicht mehr zu bekommen. Bald fehlten auch Eier, Kartoffeln, Getreide sowieso. Erzsi, die sich nun an ihre Grundkenntnisse in Landbau und

Parteitag der Sozialdemokratischen Arbeiterpartei in Wien, Herbst 1919

Hauswirtschaft erinnerte, ließ Blumenpflanzungen und Biotope stehen und begann mit der Reaktivierung des Landwirtschaftsbetriebes rund um ihr Schloss. Sie ließ Ställe für ihre eigenen Ziegen- und Schafherden errichten, zog Milchkühe, Schweine und Hühner auf, um Familie und Personal vor der Hungersnot zu bewahren. Neben den älteren Kindern arbeiteten zahlreiche russische Kriegsgefangene als Hilfskräfte in Schönau mit. Sie bauten etwas Gemüse und hauptsächlich Kartoffeln an. Als Erzsi mit dem kranken Franzi in Kitzbühel weilte, rief ein aufgeregter Schlossverwalter an und bat sie, sofort zurück nach Schönau zu reisen. Offiziere seien im Schloss erschienen, die alles Vieh für die Armee requirieren wollten. Erzsi war auf sich allein gestellt, es war niemand mehr da, den sie zu Hilfe rufen konnte. Ihre Pläne für eine richtig große Landwirtschaft musste sie, kaum dass sie diese gehegt hatte, gleich wieder aufgeben. Erzsi floh in ihre Räume und schloss die Fensterbalken, um das Blöken und Brüllen der zwangsrequirierten Tiere nicht hören zu müssen. Währenddessen wurde auch der Inhalt des Kartoffelkellers fast zur Gänze konfisziert. Schlagartig begriff Erzsi den Zusammenhang zwischen Brot und Kanonen. Angewandte sozialistische Theorie, wie sie nur der Krieg lehren kann.

In ihrem Brief an den Polizisten Johann Schober hatte Erzsi geschrieben, er möge ihr mit Nahrungsmitteln aushelfen, sie könne ihre Kinder nicht mehr versorgen: „Bitte, erbarmen Sie sich unser, wir verhungern buchstäblich. Keine Eier, keine Butter, keine Erdäpfel!“ Im Park wurden Bäume gefällt, damit man im Schloss nicht auch noch erfror.

Der Krieg und das Stürgkh-Attentat: Erzsis Politisierung hatte im Jahr 1916 begonnen. Ein von seiner Umgebung Enttäuschter, der mit der Waffe in der Hand auf einen Gegner losgeht – so jemand konnte mit ihren Sympathien rechnen. Sie sah sich auf Friedrich Adlers Seite. Er leide an einem „überreizten Gehirn“, kalmierte die Parteileitung, als der junge Adler zum Tod verurteilt wurde. (Kaiser Karl amnestierte ihn noch im November 1918.) Das kam Erzsi bekannt vor, denn Ähnliches hatten die Pathologen auch über ihren Vater gesagt; obwohl sie 1916 bestimmt schon erfahren hatte, dass selbst der allerbeste

Rechtsmediziner mit dem zerschossenen Gehirn ihres Vaters nichts mehr hätte anfangen können.

Mitten im Krieg

In den Kriminalromanen habe sie immer zu den verfolgten Übeltätern gehalten, sagte Erzsi einmal. Was noch dazukam, war die Lage des Schlosses Schönau. Hier, an den wilden Wassern der Triesting, hatten schon Erzsis Vorfahren Franz I. Stephan und Maria Theresia ein „Industrieviertel" geplant. Der Fluss wurde aufgestaut, ab- und umgelenkt, Mühlräder wurden angetrieben, Brücken und Viadukte errichtet, Kanäle abgezweigt. Nur wenige Kilometer vom Ursprung der Triesting entfernt liegt Hainfeld, der kleine Ort, in dem 1889 der Einigungsparteitag der SDAP unter Viktor Adler stattgefunden hatte. Das Städtchen war nicht zufällig gewählt. Denn in dieser Gegend befand sich das „Rüstungs- und Munitionsdreieck" mit den Spitzen Hirtenberg (fünf Kilometer von Schönau entfernt), Berndorf (13 Kilometer von Schönau entfernt) und Wiener Neustadt (17 Kilometer von Schönau entfernt). Seit dem 18. Jahrhundert dominierten diese Standorte die österreichische Militärindustrie. Von hier aus wurde die Armee mit Waffen und Munition versorgt. Natur und Erfindergeist, Wasserkraft und Bodenschätze sorgten dafür, dass das Triestingtal zu den ältesten Industrie- und damit Arbeiterhochburgen Österreichs gehört.

Auf Schloss Schönau lebte Erzsi inmitten des Krieges. Die „Arbeiter-Zeitung", die sie regelmäßig las, verschwieg die gegen Kriegsende zunehmenden Explosionen in den Rüstungsunternehmen. Überhaupt wurde bei Ereignissen rund um die Kriegswirtschaft nur ein Teil der Wahrheit veröffentlicht. Friedrich Adler hatte sich gegen die Verharmlosungen und gegen die „Burgfriedenspolitik" seiner Partei aufgelehnt. Erzsi konnte sowieso nicht getäuscht werden. Sie brauchte nicht einmal vor die Tür zu gehen, um zu wissen, was in den umliegenden Munitionsfabriken vor sich ging. Es gab kaum Sicherheitsvorkehrungen für die Arbeiter, die in erster Linie Arbeiterinnen waren. Sprengstoffherstellung passierte in Sichtweite: Blumau, Wöllersdorf, Enzesfeld, Felixdorf, Lichtenwörth, Sollenau, Leobersdorf – überall waren kriegswirtschaftlich wichtige Unternehmen angesiedelt. Zusammen genommen arbeiteten dort viel mehr Leute, als die umliegenden Dörfer Einwohner hatten. 18.000 Werktätige schufteten für die Herstellung gefährlicher Kampfstoffe wie Schießpulver, Nitroglyzerin, Salpetersäure und für Dinge, die gerüchteweise erst im Probestadium waren und noch gar keinen Namen hatten. Hörte Erzsi eine Explosion, setzte sie sich mit ihrem Chauffeur ins Auto und fuhr zum Unfallort. Die Arbeiterinnen und Arbeiter kannten sie natürlich, hielten sich aber zurück. Immerhin handelte es sich um eine Exponentin des ärgsten Klassenfeinds. Doch die Frauen fassten als Erste Zuneigung und Vertrauen zu der großen Fürstin, die – so schien es – mit denselben Problemen zu kämpfen hatte wie die einfachste Proletarierin: ein toter Vater, ein untreuer Mann, keine Unterstützung durch die Familie, hungrige und kranke Kinder. Man redete und verstand sich.

Als Erzsi im Winter 1917/18 offen ihre Solidarität mit den Werktätigen beim Jännerstreik bekundete, verlor auch die organsierte Arbeiterschaft die meisten Zweifel an der ehemaligen Erzherzogin. Nach der Oktoberrevolution in Russland 1917 akklamierten die siegreichen Bolschewiki den Frieden und am 11. November 1917 hieß es auch in Wien: „Gebt uns den Frieden wieder oder wir legen die Arbeit nieder“. Im Jänner 1918 streikten etwa 700.000 Arbeiterinnen und Arbeiter, viele davon in der direkten Umgebung von Schönau. Erzsi dachte an ihre Hochzeitsreise, an den niederkartätschten Heizerstreik in Triest, der sich vor ihren Augen zugetragen hatte. Nun würde sie nicht mehr wegschauen. Die hungernden Arbeiterinnen und Arbeiter, die Soldaten, die nach Hause wollten, hätten das habsburgische Kaiserhaus genauso davonjagen können, wie es in Russland mit der Zarenfamilie geschehen war. Nach der Ausverhandlung des „Brotfriedens“ mit der Ukraine wurden die Arbeiten wieder aufgenommen. Die Sozialdemokratie hatte hier eine zentrale Vermittlerrolle eingenommen, obwohl der Austausch von Weizen und Lebensmitteln aus der Ukraine gegen Textilien aus Österreich und Deutschland nicht funktionierte. In den Sommermonaten 1918 krachte es wieder mehrmals in den Fabriken von Blumau, wo auch Dynamit produziert wurde. Erzsi wusste, dass sich die Arbeiterinnen dort von einer Explosion zur nächsten hungerten. Sie ging in die Betriebe, versorgte Wunden und stellte Desinfektionsmittel zur Verfügung. Sie erkundigte sich bei der Belegschaft nach den dringendsten Bedürfnissen, brachte Lebensmittel, wenn sie welche hatte, bot Hilfe an. Doch eine von ihnen war sie nicht. In der Schönauer Dorfkirche saß sie mit ihren Kindern immer oben auf der Empore und blickte auf ihr „Untertanenvolk" herab. Im Grunde verhielt sie sich wie früher, als sie in ihrer Funktion als Erzherzogin bei Wohltätigkeitsveranstaltungen den Vorsitz geführt hatte. Wie man sich mit Leuten aus niedrigen Gesellschaftsschichten unterhielt, war fixer Bestandteil ihres umfangreichen Erziehungsprogramms gewesen.

Auch wenn diese Begegnungen für beide Seiten unerwartet und schwierig waren: Die Arbeiter dankten Erzsi, indem sie bei Schober ein gutes Wort für sie einlegten. Andernfalls hätte dieser wohl keinen Beamten für Erzsi persönlich abgestellt, um im Schloss die Überwachung durch Otto zu hintertreiben. Der parteifreie Schober war kein Freund der Sozialdemokraten, aber er hegte auch keine Sympathien für wenig produktive Adelige wie Otto Windisch-Graetz. Am liebsten wäre ihm eine eigene „Polizei-Partei" gewesen, die seine Vorstellungen von „Recht und Ordnung" hätte durchsetzen können. Von Bedeutung war außerdem Karl Renner, damals sozialdemokratischer Abgeordneter des Bezirks Wiener Neustadt. Auch ihn hatte Erzsi bereits kennengelernt. Bald wird er Staatskanzler sein. Spötter bezeichneten Renner nicht selten als „k. und k. Sozialdemokraten" – Berührungsängste mit einer ehemaligen Erzherzogin hatte er jedenfalls keine.

Im Kriegsministerium

Die Einführung der Ersten Republik machte sich bei Erzsi in Schönau vor allem durch eine ungewohnte Ruhe bemerkbar. Plötzlich herrschte Stille. Keine Explosionen mehr. Die Erzeugung sinnloser Kampfstoffe war endlich eingestellt worden. Bei der „Arbeiter-Zeitung" zeigte man sich wie in den Krisentagen nach dem Stürgkh-Attentat um Gleichmut und Besonnenheit bemüht: „Die Monarchie hat aufgehört, es gibt keinen Monarchen mehr, und so gehen wir, von diesem Zwischenfall nicht aufgehalten, ruhig und zielbewußt an den Neuaufbau unseres Staatswesens."

Fast klang es, als habe es keine Habsburgerherrschaft seit über 600 Jahren gegeben, keinen Weltkrieg mit Millionen Toten. Alles nur ein „Zwischenfall“? Was Erzsi durch den Kopf ging beim Lesen dieser Zeilen, denn gelesen hat sie sie bestimmt, ist nicht überliefert. Die Sozialdemokraten trachteten jedenfalls, so rasch wie möglich zur Tagesordnung überzugehen. Allgegenwärtig war die Angst vor einem Putschversuch, aber auch die Sorge, es könnte sich nach Vorbildern anderer mitteleuropäischer Städte (München, Budapest) auch in Wien eine kommunistisch geführte Räterepublik etablieren.

Fast 30 Jahre war es nun her, dass Erzsis Vater gestorben war. Er wäre gern Präsident einer Republik gewesen. Seine Tochter machte sich auf den Weg nach Wien. Sie wollte einen hochrangigen Vertreter dieser Republik aufsuchen, denn sie benötigte prominente Fürsprecher im Kampf gegen die Forderungen ihres Mannes. Dieser war bei der Armee gewesen, also ging sie ins Kriegsministerium. Früher hätte sie sich zu Opa fahren lassen. Als hätten Krieg und Umsturz nie stattgefunden, prangte Großvaters Doppeladler weiterhin über dem Gebäude am Stubenring. Es war der Winter 1918. Eine Menge verwahrloster Bittsteller wartete bereits vor dem Prunkbau und hätten diese gestrandeten Existenzen geahnt, dass ein früheres Mitglied der Kaiserfamilie da einfach an ihnen vorbeimarschierte und einen Termin beim „Kriegsminister“ verlangte, hätte man Erzsi vermutlich angegriffen. Mit dem üblichen Spruch, ob man denn nicht wisse, wer sie sei, hatte sie zumindest beim ersten Versuch im Vorzimmer des Politikers kein Glück. Außerdem, so informierte man sie, gäbe es keinen „Kriegsminister“ mehr, lediglich einen „Unterstaatssekretär für Heereswesen“, der sich mit der Liquidierung jeglicher Art von Bewaffnung gemäß den Friedensverträgen zu befassen habe. Abwimmeln ließ sich Erzsi nicht. Einige Tage später stand sie vor dem Schreibtisch des späteren „Schutzbund“-Gründers Julius Deutsch. Er hatte sich als einer der wenigen von Anfang an gegen den Weltkrieg ausgesprochen und nun die Demilitarisierung der neuen Republik abzuwickeln. Nachdem Erzsi ihr Anliegen vorgebrachte hatte, erklärte ihr der sozialdemokratische Unterstaatssekretär, für private Kriege sei er nicht zuständig. Es gefiel ihm aber, dass die hochadelige

Julius Deutsch (im Vordergrund) und Leopold Petznek (rechts hinter Deutsch) bei einer Parteiveranstaltung, 1930

Bittstellerin bereits Kontakte zu Sozialdemokraten in ihrer Region geknüpft hatte, und er dürfte ihr den dezenten Hinweis gegeben haben, dass man sie besser unterstützen könne, wenn sie sich in die SDAP einschreiben lasse. Was sie sofort in Angriff nahm. Im Jänner 1959 gratulierte Vizekanzler und SPÖ-Obmann Bruno Pittermann der nunmehrigen Genossin Petznek zum 40-jährigen SP-Jubiläum, sei sie doch „seit dem Jahre 1919 unser Mitglied“. Auch die stellvertretende Parteivorsitzende Gabriele Proft schrieb Erzsi im Februar 1959, wie bewegend sie es gefunden habe, als „im Wiener Stadion an Ihre langjährige Parteimitgliedschaft, Ihre Treue und Ihre aufopfernde Mitarbeit erinnert wurde“.

Ein sozialdemokratischer Schicksalsroman

Erzsi hatte also nur Wochen nach Gründung der Ersten Republik eine neue Schutzmacht gefunden, unter deren weitreichende Fittiche sie sich für den Rest ihres Lebens begeben sollte. Julius Deutsch blieb ihr viele Jahrzehnte verbunden und er war es auch, der sie mit Leopold Petznek bekannt machte. Er traf diese Wahl mit großer Umsicht, denn Petznek war nicht nur ein gebildeter und vornehmer Mensch, der sich gut mit Erzsi unterhalten konnte. Er fungierte außerdem als sozialdemokratischer Vertreter ihres Wahlkreises, kannte alle maßgeblichen Persönlichkeiten der Partei und war imstande, das frischgebackene SDAP-Mitglied in das Wesen der sozialdemokratischen Theorie einzuführen und es mit jenen Facetten der Republik vertraut zu machen, die die Sozialdemokratie als ihr ureigenes Terrain betrachtete. In Petznek hatte Erzsi einen Partner gefunden, den sie zwar herumkommandierte wie alle Personen in ihrer Nähe; aber sie bewunderte ihn und seine Leistungen, die er aus eigener Kraft erbracht hatte. Als bitterarmes, verlassenes Kleinhäuslerkind aus dem „Hyrtl'schen Waisenhaus“ in Mödling (benannt nach dem Anatomen Josef Hyrtl) stieg er, intelligent und von Wohltätern gefördert, zum Lehrer, Hauptschuldirektor und Politiker auf. In diesem sozialdemokratischen Schicksalsmelodram, das sich kein Kitsch-Schriftsteller so

Außen Proletarier, innen „Fürst“: Leopold Petznek bei einer Rede. Sogar auf Parteiveranstaltungen trug „Genosse Goldi“ seinen vornehmen Dreireiher samt Krawatte, wenn auch etwas versteckt. Das „Arbeiterkäppi“ durfte nicht fehlen.

hätte ausdenken können, traf „Ganz oben“ auf „Ganz unten“. Die Erzherzogin und der Waisenbub: Nach der Scheidung 1924, als die bereits seit fünf Jahren bestehende Beziehung zwischen Erzsi und Goldi bekannt wurde, hatte die Presse ihr neues republikanisches Traumpaar gefunden. Das „Illustrierte Wiener Extrablatt“ frohlockte: „Die Enkelin des Kaisers heiratet einen sozialdemokratischen Abgeordneten!“

Dass Meldungen dieser Art es mit der Wahrheit oft nicht so genau nehmen, traf auch in Erzsis Fall zu. Leopold Petznek war noch mit der psychisch beeinträchtigten Emilie Bärnat verheiratet, die die Scheidung verweigerte. Dennoch schwärmte das Blatt weiterhin von „diesem Herzensroman, der weit über die Grenzen unseres Landes hinaus die größte Sensation darstellt“. Die „Neue Freie Presse“ erwartete eine baldige Dispensehe. Dieses für die Zwischenkriegszeit typische, nach seinem Erfinder Albert Sever, sozialdemokratischer Landeshauptmann von Niederösterreich, benannte Konstrukt erlaubte geschiedenen Katholiken und Katholikinnen, wie Erzsi eine war, die Wiederverheiratung. Erzsi hätte sich also an Sever wenden können, um von ihm eine Dispens, eine Erlaubnis, das kirchliche Wiederverheiratungsverbot zu umgehen, zu erhalten. Die „Sever-Ehe“ war dazu gedacht, die nach 1918 zahlreich gelebten „wilden Ehen“ zu legalisieren. Zivilehen und Scheidungen, wie wir sie heute kennen, wurden in Österreich erst 1938 von den Nationalsozialisten eingeführt. Alle davor geschlossenen Ehen richteten sich nach der Konfession des zu trauenden Paares. Dennoch hätte Erzsi auch für die „Sever-Ehe“ einen ledigen oder geschiedenen Bräutigam benötigt. Womit Leopold Petznek nicht dienen konnte. Medienberichten zufolge soll er im Jahr 1925 seine Frau um die Scheidung gebeten haben, doch sie lehnte strikt ab. Ein Journalist des „Neuen Wiener Journals“ meldete sich nach all dem Medienspektakel, das die angeblich kurz bevorstehende zweite Eheschließung der Kronprinzentochter ausgelöst hatte, kurzerhand bei Erzsi an. Da Goldi nicht in Schönau zwischen den Medien, Manifestationen und deren Meistern wohnen wollte, hatte Erzsi in der Marxergasse eine Stadtwohnung gemietet, wo Leopold Petznek hauptsächlich lebte. Nahm sie Termine in Wien wahr, wohnte auch Erzsi dort. Ob die Adresse wegen ihrer neuen Vorliebe für

Karl Marx gewählt wurde, lässt sich nicht bestätigen, ist aber durchaus möglich. Es war ihr damals sehr daran gelegen, dass alle über ihre politische Zugehörigkeit Bescheid wussten. Dass die Bezeichnungen „Marxergasse" ebenso wie „St. Marx" nicht auf Karl aus Trier, sondern auf den heiligen Markus aus der Kyrenaika zurückgehen, dürfte ihr nicht bewusst gewesen sein.

Als der Journalist die riesige Wohnung betrat, musste er sich erst durch das Durcheinander voller Schränke und Gepäck kämpfen. Die Dame des Hauses pendelte samt Anhang ständig zwischen der Hauptstadt und dem Landschloss hin und her. Außerdem hatte sie noch einen Untermieter, denn zu zweit eine so große Wohnung bei der in Wien herrschenden Wohnungsnot zu bewohnen, hätte gerade für ein sozialdemokratisches Paar gehörigen Ärger hervorrufen können. Oberhalb des Ehebettes fielen dem Reporter eine Antenne und ein Detektorapparat auf, was darauf hinwies, dass Erzsi und Goldi gerne Radio hörten. Das Mobiliar, so wurden die Leser informiert, stamme sicher aus kaiserlicher Ausstattung. Schließlich erschien die Zofe und verkündete: „Die Dame kommt gleich", woraufhin diese in weißer Bluse, Schottenrock und grauem Hausmantel mit grünem Kragen die Szenerie betrat. Der Journalist durfte Platz nehmen und übergab Erzsi das Konkurrenzblatt vom Vortag mit der fetten Schlagzeile, die ihre Verlobung ankündigte. Wann es denn wirklich so weit sei, wollte der Reporter wissen. Erzsi sagte, sie werde sich das durchlesen und verschwand. Nach 15 Minuten, in denen sie sich wohl mit Goldi und dessen Sohn aus erster Ehe, dem Juristen Otto Petznek, beraten hatte, beschied sie erzürnt dem wartenden Journalisten: „Das ist unerhört! Warum befassen sich die Zeitungen mit mir? Ich habe dazu nichts zu sagen." Dem Zeitungsmann wurde die Tür gewiesen.

Leopold Petzneks erste Ehefrau starb 1935 in der Nervenheilanstalt Mauer-Öhling. Nach 1938, als die Ehe aus dem Zugriffsbereich der Kirche gelöst wurde, konnte sich Erzsi zivilrechtlich scheiden lassen.

„Völker, hört die Signale"

Goldi packte inzwischen im heruntergewirtschafteten Gut Schönau mit an. Als sich die Landwirtschaft 1919 in einem tristen Zustand befand,

Wirkt wie ein Schnappschuss, doch wurde dieses Bild als Vorlage für Postkarten verwendet, die Erzsi drucken ließ, um ihre Hunde zu promoten. Die Schäferhunde waren berühmt und nahmen an zahlreichen Konkurrenzen teil. Aufgenommen wurde das Foto in den 1950er-Jahren.

die kriegsgefangenen Arbeitskräfte fort waren und niemand willens war, sich als Landarbeiter einstellen zu lassen, da der Lohn nichts wert war, verschaffte sich Petznek einen Überblick über die wenig ersprießliche Finanzlage und plante ein sozialdemokratisches Mustergut nach dem Vorbild anderer Besitzungen aus Erzsis Familie, die nun in Staatseigentum übergegangen waren (etwa Laxenburg). Erzsi war ihm in diesen Jahren wegen ihrer Laufereien in Sachen Scheidung keine große Hilfe. Im Jahr 1921 konnte erstmals eine halbwegs gute Ernte eingebracht werden. Franzi und Erni gewöhnten sich an den neuen „Papa“ und wurden gesehen, wie sie mit Petznek zusammen im Schlosspark Drachen steigen ließen. Im Gegenzug begleitete Erzsi ihren zukünftigen Ehemann zu Parteiveranstaltungen. Sie lernte die sozialdemokratische Frauenbewegung kennen und hatte in Kürze ihr erstes eigenes Projekt. Auf ihren Schönauer Besitzungen sollte ein Kindergarten entstehen. Zwei Kindergärtnerinnen nahmen dort Anfang der 1920er-Jahre ihre Tätigkeit auf. Als Genossin Windisch-Graetz war Erzsi bald allgemein bekannt. Anders als „Erzherzogin“ oder „Fürstin“ hatte sie nun einen nicht durch Geburt oder Heirat, sondern durch eine selbstständige Entscheidung erworbenen „Titel“.

Der Beitrag, den Petznek und seine Genossen zum für Erzsi positiven Ausgang des Sorgerechtsstreits geleistet haben, kann kaum überschätzt werden. Dass Erzsi sich in den Kriegsjahren sehr anständig gegenüber den Arbeitern und Bewohnern des Industriegebiets, in dem ihr Schloss lag, verhalten hatte, tat ein Übriges. Geldspenden sind bei jeder Partei und zu allen Zeiten willkommen, und so sicherte sich Erzsi auch in den schweren Zeiten, die für die SDAP nur allzu bald anbrachen, Anerkennung und Dankbarkeit in den Reihen der roten Freundinnen und Freunde. Sie gab großzügig, ohne Rücksicht auf eigene Vorlieben, finanzierte ein Arbeiterheim in Leobersdorf, übergab der Jugendorganisation „Rote Falken“ einen Teil ihres Schlossparks. Förderungen pekuniärer Art waren im Kaiserhaus jedoch seit jeher üblich gewesen, es handelte sich keineswegs um eine Neuerung, die Erzsi hätte begründen müssen. Für sie stellte die Sozialdemokratie eine Art überdimensionierten Charity-Club dar, weniger eine internationalistisch ausgerichtete Kampfpartei.

300 Hektar Wiesen und Wälder umfasste der Besitz Schönau, in dem auch die aggressiven „Halbwölfe“ der Schlossbesitzerin von ihrem Sohn

Franzi spazieren geführt wurden. Es passierten gelegentlich böse Unfälle, etwa wenn ein Hund einen Fasan aufspürte. Die Meute war dann kaum mehr zu kontrollieren und tötete grasende Schafe, die den Bauern der Umgebung gehörten. Ebenso kam es vor, dass ein Bewohner Schönaus ins Wadl gebissen wurde und den Vorfall bei der Polizei anzeigte. Erzsi löste diese Probleme auf habsburgische Art – mit ihrem vielen Geld. Die Schafe der Bauern kümmerten sie nicht, ihr einziges Interesse galt den Hunden. Sie zahlte den Bauern die verlorenen Tiere, während die Dorfpolizisten in den Genuss von „Schweigegeld“ kamen, damit sie die Anzeigen der Gebissenen nicht weiterverfolgten. Selbstverständlich ließ Erzsi auch den Verletzten monetäre Entschädigung zukommen. Die „Problemhunde“ konnten manchmal nur mithilfe der Peitsche ins Schloss zurückgetrieben werden. Sobald sie das Frauerl erblickten, wurden sie völlig ruhig und legten sich brav neben Erzsi hin.

Trotz dieser Kalamitäten unterstützten die meisten Schönauer ihre Schlossherrin. Anfangs war es noch Leopold Petznek, der die Arbeiterräte zum Aufmarsch vor Erzsis Besitz mobilisierte. Doch als die neuen Mitstreiter einen Auftritt des Herrenreiters Otto in Begleitung der Staatsgewalt erlebten, war rasch klar, auf wessen Seite die Sympathien der ortsansässigen Proletarier lagen. Bestimmt, sie wussten auch über Erzsis Fehler und ihr Vorleben Bescheid. Doch nun war sie ein eingeschriebenes Mitglied der Partei, das deren Interessen – die Anliegen der Arbeiterschaft – offiziell vertrat, und das in der alten Industrieregion Triestingtal. Halb Schönau stand teilweise vor dem Schloss, um die Inhaberin und ihre Kinder vor ihrem Mann zu schützen. „Wie viel Gutes diese Mutter hier tut!“, konnte man nicht nur einmal hören. Ihrem Stiefvater Elemér Lónyay hatte die „neue Erzsi“ endgültig die Sprache verschlagen: „Sie marschiert bei diesen odiösen Aufzügen mit. Sie verkauft rote Nelken auf der Ringstraße“, soll er gestammelt haben, als er hörte, dass Erzsi beim traditionellen Erster-Mai-Umzug der SDAP gesehen worden sei. Sie war sicher dabei gewesen, doch rote Nelken hat sie wohl keine verkauft. Mit dem Wert des Geldes stand sie weiterhin auf Kriegsfuß. Noch dazu war soeben die Schilling-Währung eingeführt worden, an die man sich erst gewöhnen musste. Wahrscheinlich ging sie durch die Reihen und verschenkte zusammen mit anderen Frauen der Organisation rote Nelken.

„Dancing Stars“

Die parapsychologischen Experimente, denen sich Erzsi nach der Wiederherstellung des Friedens in jeglicher Hinsicht in Schönau widmete, verfehlten ihre Wirkung auf Leopold Petznek. Er hielt sich fern, kritisierte jedoch nichts und wartete ab. Dass er mit Widerworten bei Erzsi nichts erreichen konnte, strengte ihn manchmal an, doch da war nichts zu machen. Erzsis Wahlwerbung für die Sozialdemokraten schätzte Petznek jedoch sehr. So sagte sie 1927 der „Wiener Sonn- und Montagszeitung“ bezüglich ihrer drei Jahre zurückliegenden Scheidung: „Wo stünden die Frauen heute, wenn wir nicht die neuen republikanischen Errungenschaften hätten? Was mein Erlebnis war, ist vielleicht das Erlebnis vieler oder aller Frauen. Jede Frau und Mutter hat zu kämpfen. Die Sozialdemokraten allein haben den Frauen mit der Tat geholfen. Die Zukunft gehört dem Sozialismus.“

Tatsächlich bemühte sich Erzsi ab den 1920er-Jahren um ein betont bürgerliches Auftreten. Von der glitzernden Erscheinung in Seide, Nerz und Diamanten war wenig geblieben. Sie trug nun das, was heute als englische Landkleidung bekannt ist. Wadenlange Röcke aus schwerem Stoff, dazu Wollpullover und Allwetterjacken. Flache Schuhe – sie war ja mehr als groß genug – und auf dem Kopf einen modischen, aber ohne großen Aufwand gearbeiteten Topfhut. An besonderen Tagen oder für Veranstaltungen kam eine lange Perlenkette dazu. Leopold Petznek neben ihr sah dagegen richtig edel aus, er war fast ausschließlich im eleganten Dreireiher anzutreffen. Als Lebensgefährte einer echten Prinzessin wurde er parteiintern „der Lord“ genannt – nicht immer war das liebevoll gemeint.

Als Erzsi sich 1923 beim Wohltätigkeitsball des Roten Kreuzes die Ehre gab, war Petznek nicht an ihrer Seite, da die Scheidung von Otto noch bevorstand. Sie war zwar schon Sozialdemokratin, aber jeder, der sie sah, hätte das kaum für möglich gehalten. Eher schien es, als geistere die Vergangenheit wieder herauf, mit der schönen und eleganten Erzsi als strahlendem Ballmittelpunkt im festlich herausgeputzten Hotel

Imperial. Wie sehr ihr die Scheidungsquerelen auch zusetzen mochten, an diesem Abend sah man es ihr nicht an. Sie tanzte fröhlich die ganze Nacht, wie als 18-jähriger Teenager, als Otto noch der unangefochtene Favorit gewesen war. Überhaupt gehörte das Tanzen weiterhin zu ihren Leidenschaften und so lud sie führende sozialdemokratische Funktionäre und ihre Frauen dann und wann zu Diners und Soirées dansantes in die zahlreichen Räume der Wohnung in der Marxergasse ein. Manche Sozialdemokraten dürften ganz schön gestaunt haben. Mangelwirtschaft? Nie gehört. Wohnungsnot? Fehlanzeige. „Champagner als Grundnahrungsmittel“, wie es kritisch auf einem Plakat hieß, war hier eher anzutreffen. Es herrschte ein für die Nachkriegszeit kaum vorstellbarer Luxus. Feinste und raffinierteste Speisen, seltene Weine, Gläser, Silber, Porzellan, alles mit k. und k. Wappen verziert, üppiger Blumenschmuck in den Räumen und als Tischdekoration. Erzsi war, was Kochkünste betraf, äußerst schwer zufriedenzustellen. Ihre Köche und Köchinnen wurden von ihr nicht gut behandelt und die meisten kündigten rasch wieder. „Köchin weg“, notierte sie dann lakonisch in ihrem Journal. Bewarb sich jemand als Koch oder Köchin, musste der Kandidat oder die Kandidatin eine genaue Anzahl ganz bestimmter Gerichte zubereiten, darunter Spinat und Soufflé. Wenn es Erzsi nicht passte, hieß es: Adieu. Verbrauchte ein Koch zu viele Eier, weil er etwa meinte, sein Soufflé sei nicht hoch oder goldfarben genug, und begann er aus diesem Grund von Neuem, konnte er sogleich mit einem Rausschmiss rechnen. Bei Erzsis Einladungen musste alles vollkommen perfekt sein. Dennoch durfte nichts verschwendet werden.

Erzsi wählte ihre Gäste aus den Reihen jener Sozialdemokraten aus, die Verantwortung für den Staat trugen. Wie gewohnt gab sie sich nur mit den einflussreichsten Persönlichkeiten ab: Karl Renner, Karl Seitz, Julius Deutsch, Otto Bauer, Johann Schober – Letzterer kein Sozialdemokrat, aber ein guter Bekannter. Ein Orchester spielte Strauß-Walzer wie zu Kaisers Zeiten, Erzsi eröffnete den Tanzabend mit Leopold Petznek. Leider verfügte Goldi nicht über dieselben Tanzkünste wie die Prinzen und Offiziere ihrer Jugendjahre, und um dieses Manko aus der Welt zu schaffen, hatte sich Erzsi einen „Eintänzer“ aus der Tanzschule Elmayer

Samstag, 9. April 1932. Freiheit!

Der rote fürstliche Haushalt Windischgrätz und seine Diener

Geschichten aus dem Bereich eines roten Landtagspräsidenten

Am 13. April werden vor dem Hietzinger Zivilrichter Landesgerichtsrat Dr. Berchthold neuerlich drei Lohnklagen verhandelt, die von entlassenen Gärtnern der Genossin Fürstin Windischgrätz gegen ihre ehemalige Dienstgeberin eingebracht wurden. Diesmal handelt es sich um ganz geringe Summen; keiner der drei Gärtner hat mehr als 300 Schilling zu bekommen. Wegen dieser Beträge läßt sich Frau Windischgrätz in langwierige Prozesse ein.

Die „Freiheit!“ hat bereits über die am 8. März vor dem gleichen Richter verhandelte Klage des entlassenen Gärtners Josef Schuster berichtet, und dabei die Methoden gezeigt, die gegen das Personal in diesem Hause angewendet werden. Besonders interessant war die Feststellung, daß Genossin Windischgrätz, die zeitweise 30 Gärtner beschäftigt, durch die Scheingründung einer Handelsgärtnerei die Breitner-Steuern für Hauspersonal zu ersparen verstand.

Die Verhandlung mußte damals vertagt werden, weil dem Antrag des Klageanwalts stattgegeben wurde, eine ehemalige Hausgehilfin der Frau Windischgrätz namens Marie Schaluppka einzuvernehmen. Diese liegt derzeit lebensgefährlich an Venen- und Rippenfellentzündung im Spital ihrer Heimatstadt Gmünd darnieder.

Ihre Erkrankung hat sich die Schaluppka infolge Ueberanstrengung im Dienste bei Frau Windischgrätz zugezogen.

Bevor man das Verhalten der Dienstgeberin näher schildert, muß man sich vor Augen halten, daß ihr Lebensgefährte, der Landtagspräsident Petznek, einer der führenden Männer im niederösterreichischen Landtag ist. Er ist der Listenführer des Wahlkreises Wiener Boden. Vor wenigen Tagen wurde in dem niederösterreichischen sozialdemokratischen Parteiblatt „Volksstimme aus dem Wienerwald“ ein Aufruf für die kommenden Landtagswahlen unter dem Titel: „Arbeitendes Volk von Niederösterreich!“ erlassen. Man kann annehmen, daß Herr Petznek, der auch in der Redaktion des genannten Blattes eine große Rolle spielt, an der Abfassung dieses Wahlaufrufes hervorragenden Anteil hat. Wir finden dort folgende Stelle: „An den Armen und Kranken wollen sie (nämlich die Bürgerlichen) sparen! Durch Raub an den Schwächsten wollen sie hereinbringen, was sie anderswo verwirtschaftet haben. Dem treten die Sozialdemokraten, die Schützer der Schwachen, mit aller Kraft entgegen. Die Sozialdemokraten haben stets alle sozialen Einrichtungen des Landes gefördert und verteidigt.“

Das Krankenauto und der teure Garten

Wie erging es nun der krank gewordenen Hausgehilfin Marie Schaluppka im Hause Windischgrätz-Petznek? Als die Rettungsgesellschaft vorfuhr, um das Mädchen abzuholen, wollte der Kraftwagenlenker durch das Tor des Parks fahren, um der Kranken den langen Transport mittels Bahre über die Gartenwege zu ersparen. Er wurde jedoch von der Hausherrin daran gehindert, weil durch das schwere Auto die Wege in Unordnung kommen könnten.

Die Hausgehilfin wurde zuerst in das St. Elisabethspital auf der Landstraße gebracht.

Kein einziges Mitglied der Familie stattete ihr einen Besuch ab oder unterstützte sie irgendwie. Sogar die Schwestern des Spitals wunderten sich, daß die Hausgehilfin von ihrer Herrschaft so im Stiche gelassen werde.

Das erste Gebot in diesem Hause ist Sparsamkeit. Vor einigen Jahren kaufte Frau Windischgrätz die Baumschule Molnar in Neuwaldegg. Sie ordnete an, dreißig Stämme, darunter einige alte Baumriesen, aus dem Grunde zu entfernen. Um zu ersparen, wurde aber größtenteils ungeschultes Personal verwendet und ganz unzulängliches Werkzeug von irgendeinem Nachbarn ausgeborgt.

Da die Leute sahen, daß sie auf diese Weise ihre Aufgabe nicht bewältigen konnten und durch diese Arbeit auch ständig in Lebensgefahr waren, mußten sie sich an einen ihnen bekannten Obergärtner wenden, um sich einen brauchbaren Flaschenzug auszuborgen. Sie erhielten ihn auch, bezahlt wurde jedoch dafür nichts. Es handelte sich um eine Gefälligkeitsleistung gegenüber dem Personal. Diese Baumschule wurde nur deswegen gekauft, um die Gründung einer Handelsgärtnerei glaubhaft zu machen. Daß es sich um eine Scheingründung handelte, geht daraus hervor, daß sämtliche Arbeiten nicht von dem „Unternehmer“ Brandstätter, sondern von der Frau Windischgrätz selbst angeordnet wurden.

Dienernachtmahl bei Genossin Windischgrätz

Bei den Hausgehilfinnen wurde ein fortwährender Wechsel vorgenommen. Den Grund bildete immer das Essen, die Hausgehilfinnen bekamen zum Nachtmahl meistens nur ein Glas Milch und eine Semmel. Wenn sie sich darüber beschwerten, wurden sie entlassen.

„Trottel, Schlampen“

Das Personal wird von der Frau Fürstin mit Schimpfnamen bedacht. Wenn sie über die Gärtner spricht, so hört man: „Was macht denn dieser Trottel schon wieder?“ oder „Wo ist denn dieser Esel?“

Von den Hausgehilfinnen wird nicht anders als per „Dirne“ und „Schlampen“ gesprochen. Auch die Tochter der Beklagten, Fräulein Fee Windischgrätz, hat diese Manieren ihrer Mutter bereits angenommen und redet vom Hauspersonal in denselben Ausdrücken.

Das weibliche Faktotum

Herrn Petzneks ständige Redensart ist sparen, sparen, sparen. Während er es sich selbst in jeder Beziehung ausgezeichnet gehen läßt. Wie eine Bedienstete behandelt wird, wenn sie auf die Güte dieser Herrschaft baut, zeigt der Fall Anna Hoefle. Dieser oblag früher die Aufgabe, die Portierdienste zu verrichten. Später mußte sie auch verschiedene Dienste einer Hausgehilfin übernehmen, so daß sie heute von zeitlich früh bis in die späte Nacht ununterbrochen beschäftigt ist. Als man ihr diese weiteren Dienstleistungen übertrug, ließ man durchblicken, daß sie dafür eine aus Zimmer, Kabinett und Küche bestehende Wohnung erhalten werde. Die Mehrarbeit darf sie heute ohne Aufzahlung verrichten, sie wohnt aber noch immer in demselben Kabinett wie seinerzeit.

Der Turngenosse

Daß Frau Windischgrätz ihre proletarische Einstellung zeitweise vergißt, geht aus folgendem Vorfall hervor: Fräulein Fee mußte als echte Genossin eine Zeitlang den Arbeiterturnverein besuchen. Eines Tages begab sie sich mit ihrer Mutter unter Bewachung zweier Schutzbündler zu einer sozialdemokratischen Wählerversammlung in Hietzing. Dort wurde Fräulein Fee von einem Proletarier freundschaftlich begrüßt und sie tauschte mit dem jungen Mann sogar einen Händedruck aus. Als ihre Mutter das sah, wurde sie sehr bös und fragte die Tochter, wie sie zu dieser Bekanntschaft komme. Fräulein Fee antwortete, daß dies ein Turngenosse aus dem Verein sei. Daraufhin durfte sie keine Uebung mehr besuchen.

Doppelverdiener

Die eigenartige Sparsamkeit in diesem Haus wird auch dadurch bewiesen, daß die Oberleitung über die Gartenarbeiten immer einem Manne übertragen wird, der schon irgendwo anders in Stellung ist, also einem Doppelverdiener. Früher war es der Gartendirektor von Schönbrunn, Kruppka, seit dessen Tod ist es der Oberverwalter Matschkal. Es wäre interessant zu wissen, ob Herr Matschkal, der doch zu einer 48stündigen Arbeitszeit beim Staate verpflichtet ist, seine Anordnungen im Besitze der Frau Windischgrätz erst am Abend durchführt.

Ein kritischer Zeitungsartikel zu den Vorgängen im Haushalt von Erzsi und „Goldi“, 1932

kommen lassen. Ihr Ex-Ehemann unterhielt ja beste Beziehungen zum Chef dieser neuen, erfolgreichen Institution. Mit dem jungen Profi tanzte sie ausgelassen stundenlang, während ihr Sohn Franzi sich wohl weniger amüsierte. Er musste seinen Pflichten als Gastgeber nachkommen und, wie Petznek, mit den Ehefrauen der Sozialdemokraten tanzen.

In der Kritik

Die Erzählungen rund um aufwändige Festivitäten im Hause Windisch-Graetz/Petznek machten wie vieles in Wien die Runde und riefen Neider und Gegner auf den Plan. Einige oppositionelle Blätter schossen sich Anfang der 1930er-Jahre regelrecht auf das Promi-Paar ein. So berichteten die nationalsozialistische „DÖTZ“ (Deutsch-Österreichische Tageszeitung), die kommunistische „Rote Fahne“ und diverse christlich-soziale Blätter über „die Genossin Windischgrätz (sic) als Arbeitgeberin“, die „Gansleberpastete des Genossenführers“ Leopold Petznek oder über „skandalöse“ Prozesse des „Hauses Windischgrätz-Petznek“. Zwei Mödlinger Nationalsozialisten hätten auf der Lebensmittelmesse in der Rotunde zufällig den „roten Genossen, dauernd beurlaubten Schuldirektor, Gemeinderat, Landtagspräsidenten, der kaiserlichen Enkelin Fürstin Elisabeth Windischgrätz (sic) in ‚freier‘ Ehe verbundenen Leopold Petznek“ aufgestöbert, schrieb die „DÖTZ“. Ihre Informanten seien Petznek durch die Rotunde gefolgt. Der rote Funktionär habe „Delikatessen und Schäpschen genascht“. Schließlich sei er bei einem Stand stehen geblieben, der „Gansleberpastete (Proletariernährmittel!)“ im Angebot hatte. Der „rote Prinz“ habe sich „zehn Dosen“ einpacken lassen. Die Verkäuferin habe es nicht fassen können und daher sicherheitshalber nachgefragt: „Wie viele bitte?“ „Da sagte Petznek klar und deutlich wie er es als Volksvertreter gewöhnt ist: Zehn Dosen!“ Die Parteigenossen hätten sich „angeekelt“ abgewendet, andere Zeugen des Petznek’schen Einkaufs hätten „Das sieht dem Manne ähnlich!“ gerufen. Die „DÖTZ“ schloss: „Solche kleine Ausschnitte aus dem Leben der österreichischen Proletarierführer kennzeichnen unsere Zeit!“

Ein ausführlicher Artikel nahm den „roten fürstlichen Haushalt Windischgrätz und seine Diener“ ins Visier. Meistens behandelten diese Beiträge die ungebührlichen Umgangsformen der Ex-Fürstin, ihre extravaganten Ansprüche an Koch und Küche sowie die hohe Fluktuationsrate insbesondere im Bereich des Gärtner- und Floristenpersonals.

Ihrer Blumendekorateurin Katharina Gall zahlte Erzsi 80 Groschen in der Stunde. Es sei ein guter Stundenlohn gewesen, sagte Frau Gall später in einem Interview. Ihrer Dienstherrin habe der Ruf vorausgeeilt, „hochgradig hysterisch“ zu sein. Sie sei nie zufrieden gewesen und habe sie schließlich mit folgenden Worten hinausgeworfen: „Jetzt habe ich aber genug. Ehe Sie mit Ihrer Arbeit fertig sind, stürzt ja das Haus zusammen. Sie können gehen.“ Auf dem Weg hinaus habe sie Leopold Petznek getroffen, der ihr die Hand gedrückt und sie getröstet habe: „Es tut mir leid, dass ich Ihnen nicht helfen kann.“ Er sei ein feiner, stiller Mann gewesen, der Erzsi allerdings kaum je widersprochen habe, erzählte die Floristin in den 1980er-Jahren. Erzsi habe ihr auf Verlangen ein Dienstzeugnis nachgeschickt, das sie aufbewahrt habe: „Käthe Gall (...) wurde hauptsächlich im Glashaus beschäftigt und hat sich als verwendbar und fleissig erwiesen. Elisabeth Windisch-Graetz.“

Steuerprobleme

Was richtig schwer wog, war die Tatsache, dass Leopold Petznek und Erzsi offenbar zum Schein eine Handelsgärtnerei gegründet hatten, um die „Breitner-Steuer“ für das Hauspersonal einzusparen. Dem sozialdemokratischen Wiener Finanzstadtrat Hugo Breitner war es gelungen, eine durchaus wirksame, neuartige Form der Besteuerung einzuführen: „Die Reichen sollen zahlen!“, lautete die allgemein verständliche Parole. Wer ein Auto hatte – wie Erzsi, wer über Hauspersonal verfügte – wie Erzsi, hatte Abgaben zu leisten, mit denen die Errungenschaften des berühmten „Roten Wien“ finanziert wurden: Sozialer Wohnbau, Parkanlagen, Freizeitstätten, Schulen, Kinderfürsorge etc. Zu Spitzenzeiten arbeiteten 30 Gärtner für Erzsi – man kann sich vorstellen, dass die „Breitner-Steuer“ in ihrem Fall mit größeren Summen zu Buche geschlagen hätte. Aber: Erzsi war Mitglied der SDAP. Sie versuchte somit, die von ihrer eigenen Partei eingeführten Steuern zu umgehen. Das ging gar nicht. „Der Charakter der Menschen bleibt immer gleich“, rügte die christlich-soziale „Freiheit!“, „auch wenn sie den kaiserlichen Hofwagen mit dem Automobil der sozialdemokratischen Bonzen vertauscht haben“. Der nationalsozialistische „Volkskampf“ forderte: „Die Wähler selbst müssen diesen hohen Bonzen die Antwort geben.“ In der kommunistischen „Roten Fahne“ wurde neben Erzsi auch Petznek dezidiert angegriffen. Es sei ungeheuerlich, dass „die Fürstin“ als Sozialdemokratin keinen Wert auf die Einhaltung des Acht-Stunden-Tages lege. „Ihr Lebensgefährte, ein sozialer Demagoge in Folio, geht in die Arbeiterbewegung hinaus und spricht dort feurig (...), um den Kommunisten das Wasser abzugraben.“ Die sozialdemokratische „Arbeiter-Zeitung“ konnte zu dem medialen Feuergefecht auf die Dauer nicht schweigen und schrieb von „Verleumdungen gegen den Genossen Petznek“. Ruhe kehrte trotzdem nicht wirklich ein.

Es stimmte, dass Erzsi unverhältnismäßig viel Personal beschäftigte, dies war aber – abgesehen von der gesetzlichen Steuerpflicht – an sich ihre Sache und außerdem bekämpfte sie mit den vielen Angestellten auch die Arbeitslosigkeit. Wer es in ihren Diensten aushielt, wurde mit einem eher überdurchschnittlichen Stundenlohn honoriert. Erzsi befasste sich auch nach 1918 wenig mit dem Geldeswert. Als eine Angestellte ihr nach dem Einkauf das Retourgeld übergeben wollte, soll sie gesagt haben: „Was? Mit so einem Blech kommen Sie mir?“

In erster Linie bekrittelten die Zeitungen ihre offizielle Mitgliedschaft bei den Sozialdemokraten, während gleichzeitig ihre Art, die Dienstboten und Gärtner zu behandeln, alles andere als klassenbewusst ausfiel. Sie würde Gärtnergehilfen ohne Kündigungsfrist entlassen, Hausmädchen müssten ohne Zulage bis 22 Uhr in der Küche stehen, sie bekämen nur ein Glas Milch und eine Semmel zum Nachtmahl. Dass Erzsi in ihren Wutanfällen Leute augenblicklich rauswarf und es für selbstverständlich erachtete, dass das Küchenpersonal nach Abendeinladungen auch spätnachts noch abräumte, entsprach sicher der Wahrheit. Ein knausriger Umgang mit Essen für Untergebene passte weniger zu ihrer Herkunft und Erziehung.

Die „Freiheit!“ zitierte auch Angestellte, die aussagten, sie hätte einen Gärtner beschimpft: „Was macht denn dieser Trottel schon wieder?“ Oder: „Wo ist denn dieser Esel?“ Die Hausgehilfinnen würden durchwegs als „Dirnen“ und „Schlampen“ apostrophiert, was auch Erzsis Tochter Fee gedankenlos nachplappern würde. Herr Petznek mache ebenso Stress, wenn er nach dem Aufstehen nicht sein „auf ein Zehntel vorgewärmtes Bad“ bekäme. Beide, also die „Fürstin“ und der „Lord“, waren von ihren entlassenen Angestellten angezeigt worden und kamen vor Gericht. Es passierte jedoch nichts und man erhält den Eindruck, mit Geld habe sich alles regeln lassen. In den Medien versandete die Angelegenheit, andere, neue Skandale zeichneten sich ab und hielten die Journalisten auf Trab.

Nach außen hin vertrat die Sozialdemokratin Erzsi militant wie ihr zum Katholizismus konvertierter Stiefvater Lónyay die jeweils neu adaptierten Ideen, in ihrem Fall die Gleichheit aller Menschen. In ihrer direkten Umgebung freilich wurde dieser Grundsatz kaum gelebt. Doch bald zogen noch viel dunklere Wolken am politischen Horizont des Paares Windisch-Graetz und Petznek auf.

Kampf um die Republik

Ende Jänner 1927 hielten die Sozialdemokraten im kleinen burgenländischen Ort Schattendorf eine Versammlung ab, als aus dem Fenster eines Gasthauses drei Männer in die Menge schossen. Ein Junge sowie ein Invalide starben, mehrere Personen wurden verletzt. Die Mörder, Mitglieder eines Frontkämpferverbandes und verteidigt von einem nationalsozialistischen Anwalt, gingen frei. In der Folge wurde der Justizpalast als Symbol der fehlgeleiteten bürgerlichen Rechtsprechung in Brand gesteckt. Der Wiener Bürgermeister Karl Seitz und „Schutzbund“-Obmann Julius Deutsch versuchten, die aufgebrachte Menge zu beruhigen, doch Polizisten ritten mit gezogenem Säbel Kavallerieattacken gegen die demonstrierenden Arbeiter. 90 Tote wurden gezählt. Noch dazu gab es Hunderte Verletzte. Schober hatte Befehl gegeben, den Weg im Bedarfsfall freizuschießen. Seit dem Revolutionsjahr 1848 hatte man solche bürgerkriegsähnlichen Zustände in Wien nicht mehr gesehen. Leopold Petznek war der Ansicht, die Sozialdemokraten unter der Führung von

Otto Bauer hätten versagt. Er stand auf der Seite eher rechts gerichteter sozialdemokratischer Pragmatiker wie Karl Renner, Heinrich Schneidmadl, Franz Popp oder Oskar Helmer, der nach 1945 den Posten des Innenministers bekleidete. Verbale Kraftmeierei und autoritären Doktrinarismus, wie sie Petzneks Meinung nach von Otto Bauer verkörpert wurden, lehnte er ab. Seine Gefährtin Erzsi reagierte verstört. Viele der Beteiligten gehörten zu ihren Freunden, wie Schober, der heftig in die Schusslinie geriet. Erzsi war nahe daran, das Vertrauen in die Zukunft der Republik zu verlieren. Der Bundeskanzler, Prälat Ignaz Seipel, ging mit aller Härte gegen die „aufwieglerischen“ Sozialdemokraten vor, was viele Genossen dazu brachte, die Konsequenzen zu ziehen. Sie traten aus Protest aus der katholischen Kirche aus, auch Petznek ergriff diese Gelegenheit. Erzsi blieb der angestammten habsburgischen Schutzmacht bis zu ihrem Tod treu, befolgte einen großen Teil der kirchlichen Vorschriften jedoch nicht.

Im Jahr nach dem Justizpalastbrand hörten zwei Angestellte, die das Schlosstor hinter Erzsi zu schließen hatten, ihre letzten Worte in der jahrelang geliebten Residenz Schönau: „Für immer“, sagte Erzsi mehr zu sich selbst als zu den Dienern. Sie hatte sich entschlossen, den Besitz zu verkaufen, wofür mehrere Gründe ausschlaggebend waren. Goldi hatte ihr vorgerechnet, dass die Landwirtschaft keinen Gewinn mehr abwarf, die Kosten aber laufend gestiegen waren. Gesundheitlich ging es mit Erzsi zu dieser Zeit steil bergab. Sie litt das ganze Jahr 1928 hindurch an einem schmerzhaften Magengeschwür, das langwierige Behandlungen im In- und Ausland nach sich zog. Der Wohnortwechsel und das ihrer Ansicht nach aufsässige Verhalten ihrer Kinder hatten zur Krankheit beigetragen. Die 18-jährige Fee war – wen wundert's – verliebt und – auch das verwundert wohl niemanden – der Auserwählte passte der Mama nicht. Anfang des Jahres 1928 saßen Mutter und Tochter im Zug nach Brüssel. Offiziell hieß es, Fee werde in Belgien „ihre Erziehung perfektionieren“, doch in Wahrheit schob Erzsi das unfolgsame Mädchen in ein Kloster ab. Die belgischen Nonnen hatten die Aufgabe, die junge Frau zur Räson zu bringen und garantierten der Mutter, eine perfekte junge Dame aus ihr zu machen. Was hätte wohl die 18-jährige Erzsi gesagt, wenn man sie in ein Kloster gesteckt hätte, anstatt Otto zur Heirat mit ihr zwingen?

Die bedauernswerte Fee stand jedoch in puncto Unabhängigkeitswillen und Freiheitsdrang ihrer herrschsüchtigen Mutter in nichts nach und kehrte nur noch wenige Male nach Wien zurück. Sie heiratete in Belgien und brach bald darauf – wie einst Erzsi zu Stephanie – den Kontakt zu ihrer Mutter ab. Ex-Kronprinzessin Stephanie hielt ihre der „Magie" verfallene, geschiedene, sozialdemokratische und in wilder Ehe lebende Tochter zu diesem Zeitpunkt bereits für von einem Dämon besessen und fürchtete, ebenfalls mit diesem Dämon Bekanntschaft zu machen, sollte sie sich zu einem Treffen entschließen. Sie sah ihre Tochter nie wieder, betete aber für sie. Für Erzsi selbst war das Kapitel „Mutter" längst erledigt. Sie hatte ihr nichts mehr zu sagen.

Erzsis ältester Sohn Franzi kam mit dem Verlust von Schönau nicht zurecht. Er hatte sich schon als zukünftiger Verwalter und Schlossherr gesehen, kam gut aus mit den Jägern der Umgebung, wollte auf keinen Fall in der Stadt, sondern nur auf dem Land leben. In Mödling ging er auf die Landwirtschaftsschule, doch nach der mütterlichen Entscheidung, das Gut zu verlassen, brach er die Ausbildung ab. Er hatte das Gefühl, dass ihm sein Zuhause genommen worden war. Im Alter von 24 Jahren hatte er keinen Beruf erlernt, konnte sich selbst nicht erhalten und suchte nun, wie Otto es vorhergesagt hatte, Zuflucht bei seinem Vater. Dieser hatte einen Großteil seines Wiener Palais vermietet, da er nicht fähig war, arbeiten zu gehen und selbst Geld zu verdienen. Franzi musste bei Otto in einer kleinen Garçonnière auf ein paar Quadratmetern leben, während seine Mutter gerade dabei war, ein großes Anwesen in Hütteldorf, das zum Bezirk Penzing gehört, zu erwerben. Sie schaffte es, die Zukunft ihrer Kinder, für die sie jahrelang gekämpft hatte, in kurzer Zeit zu zerstören.

Goldi hatte es abgelehnt, in ein Landschloss zu ziehen, wo er Tag und Nacht von einer vielköpfigen Dienerschaft umsorgt worden wäre und wo es sehr aristokratisch zuging. Aber Erzsi wollte mit ihm zusammenleben, akzeptierte Petznek doch alle ihre Launen und seltsamen Anwandlungen. Bisweilen beklagte er ihre Marotten und Allüren, freilich sehr mitfühlend und geduldig. Außerdem war das Schloss vom Poltergeist in Besitz genommen worden und das war schließlich für Erzsi der ausschlaggebende Grund, die Immobilie zum Preis einer halben Million Schilling an Gräfin Olga Zedtwitz-Liebenstein zu verkaufen.

Erzsis „Klein-Schönbrunn“ in der Linzer Straße, Herbst 2019

Penzing

Im Jahr 1929 richtete sich das Paar nun erstmals zusammen in einer dauerhaften Bleibe ein. Unmengen an Möbeln und Geschirr sowie die habsburgischen Regentenporträts, der Brautschleier der Großmutter Elisabeth, die Spindel Maria Theresias und die Orientteppiche des Vaters aus Ägypten mussten aus zwei Wohnorten übersiedelt werden. Die „Villa Windisch-Graetz", wie das um 1800 erbaute klassizistische Schlösschen bis heute heißt, liegt in der Linzer Straße 452 und verfügte damals über 27.000 Quadratmeter Grund (heute: 5000). In der Innenstadt (Wien I., Friedrichstraße 4) besaß Erzsi ebenfalls ein Haus, das sie jedoch nicht bewohnte. Sie benötigte für ihr Glück einen Blumengarten, sauerstoffreiche Luft und eine gesunde Gegend. Die Linzer Straße liegt am Rande des Wienerwaldes in Penzing. Der Garten führte früher auf einen Hügel hinauf, wo Erzsi eine Art Mini-Gloriette errichten erließ. So schuf sie sich, mit bald 50 Jahren, ihr eigenes „Klein-Schönbrunn".

Mit Goldi zusammen gedachte sie nun, erstmals harmonische Zweisamkeit zu genießen. Sohn Franzi wohnte bei Papa. Als Nächster flog Erni, der Zweitälteste, aus dem Nest und ging nach München, wo er Künstler werden wollte. Das gelang ihm eher schlecht als recht. Nur der dritte Sohn Rudi lebte noch bei Erzsi und dem Stiefvater Goldi. Da er sich schwerer tat mit dem Lernen als seine Geschwister und sich im Gymnasium nicht wie gefordert konzentrieren konnte, beschloss Erzsi, diesen Sohn „der Arbeiterklasse zu schenken", wie sie sich ausdrückte. Rudi fürchtete sich vor seiner Mutter und folgte ihr aufs Wort, daher durfte er gnadenhalber in der Linzer Straße wohnen. Geld gab sie ihm wie den anderen Kindern keines, er war also vollkommen von ihr abhängig. Rudi, der das Faible seines Vaters für alles, was schnell fuhr und Lärm machte, teilte, jobbte als Lehrling in der Wiener Firma „Fiaker-Automobil". Er sollte dem Wunsch seiner Mutter zufolge Automechaniker werden. Das Azubi-Leben war durchaus hart, der Weg zur Arbeit weit, Rudi musste wie die Köchin und die Dienstboten in aller Früh aufstehen und machte sich mit seinem Menagereindl auf den Weg. Aufgrund der alle Lebensbereiche erfassenden Wirtschaftskrise sperrte die Firma bald zu und Rudi stand auf der Straße, bis Erzsi ihn bei den „Steyr-Werken" unterbringen konnte. Die Arbeitszeugnisse fielen durchwegs zufriedenstellend aus. Wie alle Kinder von Erzsi und Otto war auch Rudi mager und 196 Zentimeter groß. Der ältere Bruder Franzi protestierte bei der Mutter dagegen, dass Rudi an Autos herumschrauben musste, um sich seinen Lebensunterhalt zu verdienen. Doch da stieß er auf taube Ohren. Ende 1929 ereilte Rudi erneut die Arbeitslosigkeit. Zu seinem Bekanntenkreis gehörten viele junge Männer in derselben Situation, in den Lokalen und auf der Straße, überall wurde politisiert. Für die SDAP der Mama hatte Rudi nichts übrig, aber die Nationalsozialisten schienen ihm ein neues Ideal zu verkörpern, in seinen Augen standen sie für Arbeit und Brot. Er trat um 1930 dem NSKK (Nationalsozialistisches Kraftfahrkorps) bei. Und er hatte auch wieder einen Arbeitsplatz: Bei der „Vacuum Oil Company“ füllte er Benzintanks auf. Spätnachts kehrte der begeisterte Motorradfahrer auf seiner Maschine nach Penzing zurück. Vier Jahre später verlor er auch diese Stelle wieder und musste sich als Autobusschaffner auf der Strecke Wien–Krems verdingen. Da er so übermäßig groß war, stieß er ständig mit dem Kopf an der Autobusdecke an. Also erneut kein Arbeitsplatz mit Zukunft.

Franzi litt ebenfalls unter der ökonomischen Depression der 1930er-Jahre. Turnlehrer oder Zirkusdompteur für wilde Tiere hätte er sich als Berufe (wohl eher scherzhaft) vorstellen können, doch Erzsi sagte, das sei seiner unwürdig. Vermutlich wollte sie einfach nur, dass er klein beigab und wieder zu ihr in die Linzer Straße zog. Franzi zahlte es ihr heim, indem er sich im Rathaus in die städtische „Armenliste“ eintrug, so, dass es jeder sehen konnte. Alle in der Familie Windisch-Graetz wussten, dass Erzsi Genossinnen und Genossen, die austrofaschistischen Repressalien ausgesetzt waren, finanzielle Unterstützung angedeihen ließ. Die Gerüchte gingen so weit, dass es sogar hieß, sie habe 1934 den führenden Sozialdemokraten Otto Bauer in ihrem Wagen über die Grenze in die Tschechoslowakei geschmuggelt. Auch Geld soll sie dorthin gesandt haben. Tatsächlich waren es der Wiener Chauffeur Ernst Paul und Bauers Mitkämpfer Josef Pleyl, die Otto Bauer mit einem gefälschten Pass zur Flucht nach Bratislava verhalfen. Hinter der Verleumdung steckte Erzsis Ex-Mann Otto, der Franzi in seinem Wunsch, von der reichen Mutter eine monatliche Apanage zu bekommen, nach Kräften unterstützte. Wäre ja möglich, dass auch für ihn selbst etwas abfiele … Otto nahm sich einen Anwalt, der

Zwei Streuzettel der Sozialdemokratischen Arbeiterpartei, 1930er-Jahre

Für Euch:

Galgen, Kerker und Wöllersdorf.

Für Habsburg:

sofort 10 Millionen und jährlich 1,2 Millionen.

Heil Österreich!

dafür plädierte, Erzsi unter Kuratel stellen zu lassen. Franzi schloss sich – auch im Namen seiner drei Geschwister – dieser Ansicht an. Die „rote Prinzessin“ lasse ihre Kinder verhungern, während sie selbst in einem luxuriösen Schloss voller Kunstschätze lebe, lautete der Vorwurf. Sie, die Kinder, erhielten nur 1600 Schilling, während ihre Mutter 15.000 Schilling pro Monat ausgäbe. Zum Vergleich: Der durchschnittliche Monatslohn betrug etwa 350 Schilling; Leopold Petznek erhielt als Hauptschuldirektor eine Pension von 554 Schilling. Es bestehe die Gefahr, so die liebe Familie, dass Erzsi weiterhin den Marxismus mit ihrem Geld fördere, „wozu sie das große Vermögen von ihrem Großvater gewiß nicht geerbt hat“, vermutete Otto, den das nichts mehr anging, denn man war schon zehn Jahre lang geschieden. Aber er tat nun so, als setze er sich für seine benachteiligten Kinder ein. Erzsi ließ sich freilich nie leicht einschüchtern und erwiderte Otto ähnlich, wie sie es schon früher getan hatte. Ihr Ex wollte wieder Geld, also würde er auch wieder dieselben Gegenargumente bekommen. Für den gemeinsamen Sohn galt dasselbe wie für den Vater. Erzsi beauftragte ebenfalls einen Anwalt und ließ ausrichten, Franzi sei ein Lebemann, er laufe den Mädchen und dem Jagdwild nach. Das war richtig, denn Alexandrine Happack, spätere Eigentümerin des Schlosses Schönau, berichtete, es habe „auf dem ganzen Gut kein Wild“ gegeben. „Er (Franzi, Anm.) hat alles niedergeschossen. Zuletzt musste ihm seine Frau Ghislaine auf dem Hochstand die zittrige Hand halten. Als er einmal bei mir zu Gast war, hat er während des Essens die Flinte nicht losgelassen, sondern wie eine Geliebte in der Hand gehalten.“

Die innerfamiliären Auseinandersetzungen drohten wieder einmal aus dem Ruder zu laufen und so nahm der wirklich gute Freund Julius Deutsch all seinen Mut zusammen und las der Genossin Erzsi die Leviten. Die SDAP hatte in der Epoche des Austrofaschismus wahrlich größere Probleme als eine wild gewordene ehemalige Erzherzogin und einen missratenen Fürstensohn. Deutsch setzte sich durch. Franzi bekam 400 Schilling, mit denen er im Monat auskommen musste. Für seinen Papa war nichts mehr drin. Es zeigte sich, dass Erzsi mit ihren erwachsenen Kindern ziemlich überfordert war. Jedes Gefühl für ein adäquates Mittelmaß lag außerhalb ihrer Reichweite.

Die Aufregungen mit dem Personal, den Kindern und dem Ex gingen nicht spurlos an Erzsi vorüber. Sie alterte in den 1930er-Jahren vor der Zeit, sah fahl und abgehärmt aus, vernachlässigte sich, trug eine schlampige Frisur und wirkte immer mehr wie „die merkwürdige Alte“ aus einem „Miss Marple“-Film. Gelegentlich plagten sie Lähmungserscheinungen, sodass sie im Alter von etwas über 50 Jahren manchmal auf einen Rollstuhl angewiesen war.

Die Kälte des Februar

Leopold Petznek, damals zweiter Präsident des niederösterreichischen Landtags, kritisierte im Dezember 1933 unmissverständlich den Faschismus, der sich in Österreich breitgemacht hatte. Das Parlament war ausgeschaltet, der Republikanische Schutzbund, von Julius Deutsch 1923 gegründet, aufgelöst, der Verfassungsgerichtshof aufgehoben: „Wir leben, das muß man offen sagen, in Österreich unter einer Diktatur. Die Demokratie ist verschwunden, die Demokratie zeigt sich nur mehr in den Gemeinden und in den Landtagen. Die Heimwehrbewegung ist die Bewegung der Aristokratie, der Großgrundbesitzer, sie ist die Bewegung derer, die wieder die alten Verhältnisse haben wollen. Wir haben diesen Staat mitgeschaffen als demokratische Republik, und wir lassen uns diese Demokratie nicht rauben.“

Seine Worte verpufften ohne Resonanz; zwei Monate später war es endgültig vorbei. Die SDAP wurde verboten. Am 12. Februar 1934 fuhr Petznek in sein angestammtes Arbeiterheim in Mödling, um seinen Genossen beizustehen. An diesem Tag traten die sozialdemokratischen österreichischen Arbeiter den Verfehlungen der Regierung Dollfuß, die Demokratie und Parlamentarismus abgeschafft hatte, bewaffnet entgegen. Im österreichischen Bürgerkrieg, den Februarkämpfen, schossen österreichische Polizisten und Militärs auf österreichische Arbeiter. Mehrere Hundert Menschen wurden getötet, die führenden Köpfe der Arbeiterbewegung flohen ins Ausland oder wurden eingesperrt. Die einzige starke Kraft, die später dem „Dritten Reich“ hätte wirksam Widerstand entgegensetzen können, war vom katholisch-autoritären Dollfuß-Regime lahmgelegt worden. Petznek wurde in Mödling schon von der „Ständestaat“-Polizei empfangen. Er kam ins

Gefängnis Liesing und zehn Tage später ins Landesgericht Wien II. Die Beschuldigungen lauteten auf „Fortsetzung der Tätigkeit des verbotenen Schutzbunds“, „Anstiftung zum Aufruhr“ sowie „Verdacht auf Hochverrat“. Außerdem habe er die Mödlinger Arbeiter zum „Widerstand gegen die Staatsgewalt“ aufgerufen. In der Haft machten sich bei dem 53-jährigen Petznek seine Beschwerden aus dem Ersten Weltkrieg stark bemerkbar, er laborierte an einem chronischen Gallenleiden und einem schweren Prostata-Gebrechen, das die Haft unerträglich machte. Wegen der starken Schmerzen musste er sich stundenlang an den lauwarmen Heizkörper lehnen. Schließlich erreichte er nach monatelangem Ausharren im Gefängnis mit Erzsis Hilfe und der des christlich-sozialen niederösterreichischen Landeshauptmanns Josef Reither, der fair von ihm sprach, eine Verlegung in die urologische Abteilung der Allgemeinen Poliklinik.

Mitte Juli 1934 übernahm ihn dort ein falscher Arzt, bei dem es sich in Wirklichkeit um den Eisenbahnmechaniker und SDAP-Politiker Franz Rauscher handelte, einen späteren Mitbegründer der SPÖ. Rauscher wurde steckbrieflich gesucht und im Oktober 1934 enttarnt. Er war ein häufiger Gast in der Linzer Straße gewesen und Erzsi schätzte ihn so sehr, dass sie ihm eine Ausgabe der „Orientreise“ ihres Vaters schenkte. Auf der ersten Seite hatte Rauscher eine Erinnerung hineingeschrieben: „Geschenk der ‚roten‘ Fürstin Elisabeth Windisch-Graetz, Tochter des Kronprinzen Rudolf, Hütteldorf, Mai 1933“. Als Rauscher im austrofaschistischen Anhaltelager Wöllersdorf interniert wurde, schickte Erzsi ihm Lebensmittelpakete. 1936 schrieb sie auf einer beigelegten Karte: „In Gedanken oft bei Ihnen. Alles Liebe.“ Trotz aller Freundlichkeit wahrte Erzsi die Distanz zu den Genossinnen und Genossen. Die meisten kannte sie seit über zehn Jahren, doch blieb sie mit allen per Sie. Ein „Du“ auf Augenhöhe, wie es sonst in der SDAP üblich war – darauf wartete man bei der ehemaligen Erzherzogin vergeblich.

Als Leopold Petznek der Prozess gemacht wurde, konnte man ihm die Kenntnis von Waffenlagern in Mödling, bei denen es um versteckte Maschinengewehre in einem Schrebergarten sowie in einer abgehängten Decke im Arbeiterheim gegangen war, nicht nachweisen. Er wurde

ABGEORDNETER
LEOPOLD PETZNEK
II. PRÄSIDENT DES N.-Ö. LANDTAGES

Wien, 2. Oktober 1931.

An die

Zentralleitung des Republikanischen Schutzbundes

Wien.

Werte Genossen!

Ich bitte zur Kenntnis zu nehmen, daß ich mit heutigem Tage miene Stelle in der Bundes-und Zentralleitung des Republikanischen Schutzbundes niederlege.

Mit Parteigruß

Petznek

Schreiben Leopold Petzneks an die Leitung des Schutzbundes, 1931

nur zu zwei Monaten Arrest verurteilt, die verbüßt waren, da er bereits von Mitte Februar bis Mitte Juli 1934 eingesessen hatte. Erzsi hatte ihn jede Woche besucht und ihm Verpflegung aus ihrer Küche in der Linzer Straße mitgebracht. Auch war sie selbst nicht ungeschoren geblieben. Die Polizei hatte ihre Wohnung durchsucht und ihr den Pass abgenommen, damit sie nicht zu emigrierten Genossen in die Tschechoslowakei flüchten konnte, was sie ohne ihren Lebensgefährten nie getan hätte. Sie sagte aus, sie habe ihr Automobil in den bewussten Februartagen nie verwendet, lediglich ihr Chauffeur habe einmal Petzneks Sohn Otto nach Mödling gefahren, da ja wegen der Kämpfe der Eisenbahnverkehr eingestellt gewesen sei. Auch musste sie auf die Wache kommen und Fragen beantworten. „Sie ist vorzuladen“, hieß es. Vor allem ging es darum, ob sie Vermögenswerte ins Ausland geschafft habe. Auf keinen Fall dürfe sie Österreich verlassen.

Während der Haftzeit Petzneks kamen Rosa Jochmann und der untergetauchte Franz Rauscher in ihre Villa, um ihren Wagen zum Ausstreuen von Flugblättern auszuborgen. Sie fragte auch immer, ob untergetauchte Parteimitglieder in Not seien, Geld für sich oder ihre Kinder benötigen würden. Auf ihre Hilfsbereitschaft habe man jederzeit zählen können, sagte Jochmann später. Erzsi finanzierte zum Beispiel der Widerstandskämpferin und späteren SP-Vizebürgermeisterin von Bischofshofen Maria Emhart, die lungenkrank war, eine Kur in Davos. Sie verkaufte die riesigen Vogelvolieren aus ihrem Wintergarten und spendete den Erlös für Kinder verurteilter Februarkämpfer. Traf sie im Winter einen Genossen, der keine warme Kleidung trug, kaufte sie ihm eigenhändig einen Mantel beim nächsten Herrenausstatter. Als Kaiserenkelin war sie – trotz ihrer SDAP-Mitgliedschaft – den Verfolgungen des „Ständestaates“, dessen Repräsentanten noch häufig der alten Ordnung von vor 1918 nachtrauerten, viel weniger ausgesetzt als „normale“ Sozialdemokraten und Sozialdemokratinnen. Ihr privilegiertes Dasein nützte sie zur Unterstützung derer, die sich nicht selbst helfen konnten.

Mitte Juli 1934 durfte Erzsi ihren Lebensgefährten aus dem Gefängnis abholen. Das Paar empfing in Erzis Villa weiterhin sozialdemokratische Freunde wie Karl Renner, Paul Speiser, Franz Popp und den späteren

Wiener Bürgermeister und Bundespräsidenten Theodor Körner, der meist zu Fuß, wie für ihn üblich immer ohne Hut und Mantel, nach Hütteldorf spazierte. Körner war ein ähnlich untypisches Mitglied der Sozialdemokraten wie Erzsi. Er stammte aus einer altösterreichischen Offiziersfamilie und diente im ersten Weltkrieg als k. und k. General. Seinen Vater hatte Kaiser Franz Joseph in den erblichen Adelsstand erhoben, doch Theodor Körner führte sein Adelsprädikat kaum. Er unterzeichnete auch vor 1919 nur mit „Theodor Körner". Später lebte er mit seiner zehn Jahre älteren Lebensgefährtin zur Untermiete in deren Wohnung in der Mahlerstraße. Dem militärischen Umfeld konnte er auf diese Weise treu bleiben, denn die Wohnungseigentümerin war die Witwe des Kurzzeit-Verteidigungsministers Julius Latscher-Lauendorf. Antoinette Latscher-Lauendorf wurde Netka gerufen. Auch Körner war also im täglichen Leben ein durchaus unkonventioneller Mann, den Erzsi zu schätzen gelernt hatte.

Vom Tarockieren mit seinen Genossen abgesehen hatte Leopold Petznek sein Engagement in der SDAP nach 1934 „ruhend gestellt". Er war zu alt und zu kränklich, um im Untergrund weiterzuarbeiten und sich einer eventuellen zweiten Verhaftung auszusetzen.

Reminiszenzen

Ohne Vorwarnung dräute im Jahr 1935 wieder einmal Unheil an der Familienfront. Erzsis Mutter hatte den Bekanntheitsgrad der Tochter ausgenutzt und ihre Memoiren in Buchform herausgebracht: „Ich sollte Kaiserin werden", hieß das recht öde Machwerk, in dem es hauptsächlich darum ging, den Kronprinzen Rudolf ordentlich durch den Kakao zu ziehen. Das konnte Erzsi so nicht stehen lassen. Sie fand es letztklassig, dass die noch immer verbitterte Ex-Kronprinzessin versuchte, das frührepublikanische Idol der Tochter vom Sockel zu stürzen. Nachdem Bundeskanzler Engelbert Dollfuß im Juli 1934 von nationalsozialistischen Putschisten ermordet worden war, hieß der neue Bundeskanzler Kurt Schuschnigg. Sein legitimistischer Kurs kam anti-habsburgischen Publikationen wie dem Buch der Gräfin Lónyay nicht unbedingt entgegen. Außerdem erschien das Buch in einem deutschen Verlag und so konnte Erzsi einen Beschluss der österreichischen Regierung erzwingen, wonach das Kronprinzessinnenwerk in heimischen Buchhandlungen nicht angeboten werden durfte. Das war zwar lächerlich, doch hörte Erzsi auch in höherem Alter nicht auf, Stephanie die Schuld am Selbstmord ihres Vaters zu geben. Wie es in Familien nicht selten zu beobachten ist, kam Erzsi mehr nach ihrer Oma, Kaiserin Elisabeth. Sie war ebenso eigenwillig, spiritistisch interessiert, reisefreudig und – nicht zuletzt – unversöhnlich.

Der „Anschluss“

Trotz Weltkrieg, Hungersnot, Bürgerkrieg und Austrofaschismus – die schlimmsten Zeiten standen noch bevor. Erzsis Freundin vom linken SDAP-Flügel, Rosa Jochmann, gehört heute zu den bekanntesten österreichischen Widerstandskämpferinnen. Unermüdlich sprach sie in den Jahrzehnten nach 1945 von ihren Erlebnissen in der Gestapo-Haft und im Konzentrationslager Ravensbrück. Sie wurde in Schulen eingeladen, redete auf Kongressen und wurde für zeithistorische TV-Sendungen häufig interviewt. Noch ein Jahr vor ihrem Tod trat sie mit über 90 Jahren beim „Lichtermeer“ auf dem Heldenplatz (Jänner 1993) hinter das Mikrofon. Jochmann war eine höchst eindrucksvolle Frau und wer ihr einmal zugehört hatte, vergaß sie nie. Am Abend des 11. März 1938, als der Einmarsch der Nationalsozialisten in Österreich kurz bevorstand, saß Rosa Jochmann mit dem inzwischen enthafteten Sozialdemokraten Franz Rauscher bei Erzsi und Goldi im Salon der Villa in der Linzer Straße. Zusammen lauschten sie entsetzt der bekannten Abschiedsrede des zurücktretenden Bundeskanzlers Schuschnigg. Rosa Jochmann berichtete: „Wir haben uns alle umarmt und ich war erstaunt über die Frau (Erzsi, Anm.), die vor Erschütterung kaum reden konnte und nur ihren Leopold angesehen hat und sagte: ‚Hoffentlich können wir wenigstens zusammen die folgende Zeit überstehen.‘“ Erzsis größte Angst war eine neuerliche Inhaftierung Petzneks wie im Jahr 1934. Ohne einen Gefährten an ihrer Seite sah sie sich nicht mehr in der Lage, das Leben unter der NS-Herrschaft zu meistern. Ob Erzsi gewusst hat, dass ihr Sohn Rudi schon lange einer (illegalen) NS-Unterorganisation angehörte, ist bisher nicht zu klären. Zumindest blieb das Paar einige Zeit von den neuen Machthabern unbehelligt, wozu die NSKK-Mitgliedschaft des Sohnes beigetragen haben könnte. Andererseits war Petznek für eine Verfolgung nicht (mehr) prominent genug und er hatte sich seit 1934 nicht mehr öffentlich im Sinn der verbotenen SDAP betätigt. Zu seinen Unterleibsproblemen war mittlerweile eine Herzschwäche hinzugekommen. Dass sie als Mitglieder einer verbotenen politischen Partei unter Beobachtung standen, wussten Erzsi und ihr Lebensgefährte. Petznek vermied geflissentlich jede Auffälligkeit.

Die innere Emigration der beiden alternden Leute wurde empfindlich gestört, als Erzsi die Begeisterung ihres jüngsten Sohnes für die neuen Machthaber nicht mehr ignorieren konnte. Im Juni 1939 flog Rudi bei einer Trainingsfahrt für das „Zweite Wiener Höhenstraßenrennen" mit seinem Motorrad aus einer Kurve und brach sich den Schädel. Er starb noch an der Unfallstelle. Den Sohn ihrer treuen Dienerin Pepi Steghofer, Franz Steghofer, erstaunte der katastrophale Unfall nicht: „Er fuhr wie ein Wilder." Wie Egon Lerch hatte der innerfamiliär klein gehaltene Rudi versucht, ein Held und reich zu werden, um Erzsi zu imponieren. Hätte sie ihm mehr Wertschätzung entgegengebracht, wäre er wohl nicht den Nationalsozialisten auf den Leim gegangen und hätte auch nicht auf der Höhenstraße sterben müssen. Ein prunkvolles Begräbnis war alles, wofür die Mutter noch sorgen konnte. Sie ließ ihn in der Karlskirche aufbahren und mit einer Motorradeskorte zu seiner letzten Ruhestätte fahren. Das Begräbnis auf dem Hütteldorfer Friedhof geriet zu einer nationalsozialistischen Kundgebung voller Hakenkreuzflaggen. Erzsi nahm am Grab, in dem auch ihr zweitgeborener Sohn Erni, ihr späterer Ehemann und sie selbst einmal liegen würden, Abschied von Rudi. Die gleichgeschalteten Zeitungen schrieben von einem „schweren Verlust für den ostmärkischen Motorsport". Auf den Fahnen las man „Deutschland erwache". Nach den Abschiedsworten sprang die Trauergesellschaft geschlossen auf und hob den rechten Arm. Erzsi, in tiefster Verschleierung praktisch unkenntlich, blieb sitzen. Als das letzte „Heil Hitler" verklungen war, stand sie kommentarlos auf und ging.

Der älteste Bruder Franzi war der Erste gewesen, der vom tödlichen Unfall auf der Höhenstraße erfahren hatte. Ein Verkehrspolizist erkannte den stadtbekannten blonden Riesen, den man den „weißen Wolf" nannte, auf der Opernkreuzung und erzählte es ihm. Zu dieser Zeit war Franzi

Geheime Staatspolizei
Staatspolizeileitstelle Wien

Mitteilung an das Zentralmeldungsamt

Name (bei verh. Frauen auch Geburtsname	P e t z n e k
Vorname	Leopold
Geburtstag und -jahr	3o.6.1881
Geburtsort, Kreis, Staat	Bruck a.Leitha
Beruf	Hauptschuldirektor i.R.
Staatsangehörigkeit	DR.
Letzte Wohnung (Wohnort)	Wien XIV.,Linzerstr.452

Befindet sich seit dem .... 194..... im Polizeigefängnis in Haft.

Wurde am .... 19.9. 1944 dem KL.Dachau .... überstellt.

Wurde am .... 194 aus der Haft entlassen.

Allfällige Anfragen über obgenannte Person bitte ich während der Dauer der Haft meiner Dienststelle unter Bezugnahme auf diese Meldung zuzuleiten.

Wien, den 21.9. 1944 ....

Unterschrift

Q/0512 — 41091

Zu Erzsis größtem Entsetzen wurde ihr Lebensgefährte Leopold Petznek 1944 ins KZ Dachau verschleppt.

bereits mit der belgischen Adeligen Ghislaine verheiratet. Er wanderte nach Kenia aus und beschloss dort sein Leben als professioneller Großwildjäger.

Drei Monate nach Rudis Begräbnis war der Zweite Weltkrieg bereits in vollem Gange. Erzsi und Goldi hatten es kommen sehen, dennoch war das nationalsozialistische Wien für beide ein Albtraum. Gesundheitlich ging es weiter bergab. Der Tierarzt Andreas Schirl, der Erzis Schäferhunde betreute – die Zucht von Wolfsmischlingen hatte sie in Penzing, also nahe an der Stadt, nicht fortführen können –, kannte die Züchterin nur mit dem Gehstock. Die Arthrose schränkte ihren Bewegungsspielraum immer mehr ein und die Anzahl der Dienstboten verminderte sich signifikant. Junge Männer wurden eingezogen, junge Mädchen zum „Pflichtjahr" und zum „Reichsarbeitsdienst" abkommandiert. Viele Genossinnen und Genossen, wie Rosa Jochmann und Franz Rauscher, waren abgeholt worden. Man sperrte sie ein, folterte sie, brachte sie in Lager. Andere, wie Petznek, trauten sich kaum mehr auf die Straße. Ihre zwei ältesten Dienstboten, Pepi Steghofer und der Sekretär Rudolf Feltrini, begleiteten Erzsi seit Jahrzehnten durch Freud und Leid. Sie beschafften Lebensmittel vom Land, um der Herrschaft durch kriegsbedingte Versorgungsengpässe zu helfen. Als 1944 der Bombenkrieg einsetzte, begann Erzsi mit der Auslagerung ihrer wertvollsten Sammlungsbestände aus der Villa. Unter anderem ließ sie drei Blechbüchsen mit Schmuck im Garten vergraben.

Dachau

Was dann kam, erschütterte das mittlerweile über 60-jährige Paar zutiefst. Die Verhaftungswelle nach dem Attentat auf Adolf Hitler am 20. Juli 1944 machte auch vor alten Menschen, die seit Langem nicht aufgefallen, aber als Regimegegner registriert waren, nicht halt. Petznek war am 22. August 1944 in der Innenstadt unterwegs und wurde auf offener Straße von einem Gestapo-Mitarbeiter verhaftet. Man hatte Elisabeth Marie Windisch-Graetz und Leopold Petznek gerade nach dem Unfalltod von Rudi Windisch-Graetz, als es mit der Verbindung des Paares zu einer NS-Organisation vorbei war, beobachten lassen. Es wusste immer jemand, was sie taten und wo sie waren. Wobei vermutlich niemand Erzsi als ehemalige Angehörige des Kaiserhauses körperlich angegriffen hätte. Doch andererseits konnte sie ihre prominente Herkunft zum allerersten Mal nicht mehr nutzbringend einsetzen. Als Goldi nicht nach Hause zurückkehrte, schlug Erzsi Alarm und wandte sich an die Behörden. Sie brachte in Erfahrung, dass er vorläufig in „Schutzhaft" bleiben müsse, da ihm der Prozess gemacht würde. Erzsi verfiel in Angstzustände. Sie lief von Amt zu Amt, zu diversen Funktionären und Richtern, doch sie schaffte es nicht einmal, mit ihrem Lebensgefährten sprechen zu können. Es gab Hunderte wie sie. Eine Frau, die ihren Mann suchte, wie unzählige andere. Kein Mensch interessierte sich im Jahr 1944 für die „Enkelin des Kaisers und Tochter des Kronprinzen", wie sie nicht müde wurde zu betonen. Das Schlimmste war die Ungewissheit. Mit den maßgeblichen Nationalsozialisten hatte sie sich nie abgegeben und erhielt nun keinerlei Informationen. Bis man ihr sagte, dass Petznek im September 1944, zwei Wochen nach ihrem 61. Geburtstag, ins KZ Dachau überstellt worden sei. Er war nun Häftling 110.535. Was er dabeihatte, wurde wie in solchen Fällen üblich genau protokolliert: Unter „Verschiedenes" steht in seinem „Effekten-Verzeichnis" vom „20.9.44", dass er „1 Aktentasche" und „1 P. Hausschuhe" mit ins Lager gebracht habe. Als Petznek nach der Befreiung um Aufnahme in den KZ-Verband ansuchte, gab er als Haftgründe an: „Abgeordneter der Soz.dem. Partei u. Schutzbundfunktionär". 41 Wochen musste er insgesamt als politischer Gefangener des NS-Regimes überstehen. In einer politischen Beurteilung der Gestapo vom Oktober 1944 wurde Folgendes festgehalten: „P. lebt ziemlich abgeschlossen, sodaß trotz eindringlicher Bemühungen nichts Wesentliches über sein politisches Verhalten in Erfahrung gebracht werden konnte. Vor ca. 5 Wochen wurde Person von der Gestapo abgeführt. Wien, 9.10.1944."

Petzneks Sohn Otto sagte später, er habe von seinem Vater nicht viel über die Lagerhaft in Dachau erfahren. Er habe sich eine Pritsche mit drei anderen Gefangenen teilen müssen, sei aufgrund seines Herzleidens jedoch keinem Zwangsarbeitskommando zugeteilt worden. Als Glück im Unglück stellte sich ein Wiener Polizist heraus, der in der Besoldungsstelle des KZ Dienst verrichtete. Seine Frau und Erzsi hatten gemeinsame Freundinnen, sodass es endlich möglich war, Informationen auszutauschen. Der Polizist Johann Schwing teilte dem Ex-Hauptschuldirektor Leopold Petznek Schreibarbeiten in seinem Büro zu, seine Frau und er selbst halfen Erzsi, Nachrichten an Petznek zu überbringen und es gelang Erzsi sogar, Lebensmittelpakete für Petznek, der wegen seiner Leiden eine spezielle Diät halten musste, über Schwing ins KZ zu schmuggeln. Noch bevor die alliierten Verbände Dachau erreichten, war Petznek mit der ersten Gruppe von Häftlingen aus dem Lager getrieben worden. Er musste den Todesmarsch der Dachauer mitmachen, teilweise im Schnee schlafen, immer darauf achten, dass er nicht noch im letzten Moment von der Kugel eines verrückten SS-Mannes getroffen wurde. In Bischofshofen organsierte die dort bereits installierte neue SP-Vizebürgermeisterin Maria Emhart, die in den 1930er-Jahren auf Erzsis Kosten in Davos ihre Lungenkrankheit kurieren konnte, Essen und Kleidung für die Befreiten. Es dauerte noch, bis die Ex-Häftlinge nach Wien weiterreisen konnten, da der Pass Lueg unpassierbar war. In Schladming hatte die Rote Armee Quartier bezogen. Otto Petznek war von Theodor Körner zum provisorischen Bezirkshauptmann von Mödling ernannt worden. Die alte Seilschaft begann wieder aktionsfähig zu werden und Petznek junior sorgte für ein sowjetisches Militärfahrzeug, um seinem Vater entgegenzufahren. Schließlich standen Erzsi und ihr Stiefsohn am Wiener Neustädter Bahnhof, um Vater und Lebensgefährten endlich wieder in die Arme zu schließen.

„Land der vier alliierten Zonen“ *(© Otto und Fritz Molden)*

Die Villa in der Linzer Straße allerdings, die gab es in der gewohnten Form nicht mehr. Erzsi musste Goldi schonend beibringen, dass sie nicht nach Hause konnten. Mehr oder weniger waren sie seit der Befreiung Wiens vom Nationalsozialismus obdachlos. „Da! Schießen Sie! Schießen Sie!“, hatte Erzsi den Rotarmisten entgegengebrüllt und auf ihre Brust gezeigt, als diese ihr Haus requirieren wollten. Die Nachbarin von der Hausnummer Linzer Straße 454 beobachtete, wie die neuen Herren Teppiche aus dem Fenster in die Fahrzeuge schmissen und mit Erzsis Tischwäsche ihre Stiefel putzten. Im Park standen sowjetische Militärfahrzeuge. Einige Soldaten eskortierten die tobende alte Dame aus dem

Der „Lord“: Petznek war zweiter Präsident des niederösterreichischen Landtags und immer untadelig gekleidet, um 1930

Schloss. Im Gebäude nebenan stadteinwärts befand sich damals eine Klosteranlage, die „Kongregation der Dienerinnen des Heiligen Herzens Jesu“, die es heute nicht mehr gibt. Mit den Schäferhunden, einigen wenigen Habseligkeiten und nur den Kleidern, die sie gerade anhatte, klopfte Erzsi an die Klosterpforte und ersuchte die Nonnen um Obdach. Dass sie nach dem Justizpalastbrand die katholische Kirche nicht verlassen hatte, erwies sich nun als Vorteil, denn man nahm sie auf und gab ihr eine Wohnung im Klostergebäude. Die nahe gelegene Klosterkapelle besuchte Erzsi nie, doch durfte auch Petznek nach seiner Rückkehr aus Dachau in die Wohnung einziehen, obwohl jeder wusste, dass das Paar nicht verheiratet und Petznek kein Katholik war. Trotz des Entgegenkommens der Schwestern gelang es Erzsi sehr bald, auch diese gegen sich aufzubringen. So brachte sie ihre eigene Köchin mit, da ihr die „Klostersuppe“ nicht mundete. Dass sie ihre Villa – vorläufig – verloren hatte, machte sie buchstäblich krank – eine Lungenentzündung wurde diagnostiziert. Als die Nonnen ihr eine geflüchtete ungarische Baronin als Pflegerin zur Seite stellten, schlug sie diese mit den Worten „Bei mir fängt der Mensch erst beim Grafen an!“ in die Flucht. Schön langsam reichte es. Eine Angestellte im Kloster beschwerte sich bei Petznek, dass die „Erzherzogin gar keine Manieren“ habe, was Petznek wie immer begütigend lächelnd zur Kenntnis nahm. Er sei ein „feiner Mensch gewesen“, der Herr Petznek, aber „ändern habe er nichts können“, so die Augenzeugin der Geschehnisse.

Ab September 1945, nachdem Wien in vier alliierte Zonen aufgeteilt worden war, lag Penzing innerhalb der französischen Zone. Die Sowjets zogen aus der Villa aus und Otto Petznek half seinem Vater und Erzsi bei den Renovierungsarbeiten. Doch schon stand ein neuer Bewohner vor der Tür. Der französische Hochkommissar für Österreich, General Béthouart, hielt in seinem Buch „Die Schlacht um Österreich“ seine Sicht der Dinge so fest:

„Ich selbst wohnte in Hütteldorf in der Villa von Frau Petznek, der Gattin eines sozialistischen Politikers. Die Villa war mehrere Monate lang von den Russen besetzt gewesen, die meisten Möbel waren verschwunden, die Adelskronen, die einzelne Bücher der Bibliothek zierten, waren herausgerissen. Der Park war völlig verwüstet, nur die Bäume und Glashauspflanzen hatte man verschont. Es dauerte geraume Zeit, bis das Haus wieder instandgesetzt und eingerichtet war.“

Das stimmte nicht ganz, denn Erzsi war zu diesem Zeitpunkt noch Frau Windisch-Graetz und Otto Petznek sagte aus, das Haus sei nicht verwüstet gewesen, die Bibliothek habe er in gutem Zustand vorgefunden und auch der Schmuck, den Erzsi hinter Büchern versteckt hatte, sei noch vorhanden gewesen. Wirklich problematisch war die Tatsache, dass die beiden alten, kranken Leute zum zweiten Mal innerhalb weniger Monate ihr Zuhause verloren hatten und ihnen ein Ersatzquartier in der ums Eck liegenden Wolfersberggasse zugewiesen worden war, ein verwahrlostes, vom Krieg schwer mitgenommenes Gebäude. Erzsi und Goldi werden die gesamte Besatzungszeit bis 1955 in dieser „Ruinenwohnung" zubringen müssen, während die französische Besatzungsmacht in ihrer Villa Feste feierte, aber zumindest brav die Miete zahlte. Anlässlich ihres 70. Geburtstags im September 1953 kam ein Journalist zu Erzsi auf Besuch und sie zeigte ihm die Wohnung:

„Der Besucher, hinter dem die rostige Gittertür ins Schloß fällt, bleibt zunächst ratlos stehen. Er muß sich einen Weg durch einen völlig verwilderten Garten bahnen, bis er den kaum noch sichtbaren Hofeingang findet. Der kleine Villenbau macht einen unsagbar verwahrlosten Eindruck. Und hier haust die ehemalige Erzherzogin Elisabeth von Habsburg-Lothringen, die Enkelin eines Kaisers, der über ein Reich mit mehr als 50 Millionen Untertanen regierte. Nur einige Gehminuten entfernt liegt das wunderschöne Biedermeier-Palais mit dem prachtvollen Park, aus dem sie vor 8 Jahren von den Besatzungstruppen vertrieben wurde und das heute dem französischen Hochkommissär als Residenz dient. ‚Sehen Sie sich nur ruhig um', lädt die große schwarzgekleidete Dame ein, während der Blick des Besuchers die abgeschlagenen Mauern und vor Feuchtigkeit triefenden Wände streift. ‚Viel Komfort werden Sie in dieser Behausung nicht mehr finden. Es sind, wie Sie sehen, 2 kleine Zimmer, in denen man sich kaum umdrehen kann. Es gibt weder eine Bademöglichkeit, noch eine intakte Gasleitung. Fließendes Wasser ist lediglich an den Wänden vorhanden. Inzwischen habe ich mir einen schweren Rheumatismus zugezogen, so daß ich mich kaum noch aus eigener Kraft bewegen kann.' Elisabeth sitzt in einem schäbigen alten Fauteuil. Zum Aufstehen braucht sie einen Krückstock. Sie kann noch heute in Haltung und Sprache die Prinzessin aus kaiserlichem Geblüt nicht verleugnen."

Die blaublütige Mutter der „Prinzessin", Stephanie, war im August 1945 gestorben, was die Tochter aufgrund der schwierigen Nachrichtenübermittlung in den unterschiedlichen Besatzungszonen erst Wochen später erfuhr. Als die Rote Armee Stephanie und Elemér Lónyays Schloss in der heutigen Slowakei betrat, erlitt Stephanie einen Gehirnschlag. Sie flüchtete in das ungarische Kloster Pannonhalma, wo sie bald darauf starb. Ein Jahr später folgte ihr der Ehemann ins Grab, beide wurden in Pannonhalma bestattet. Erzsi hatte ihre Mutter nie wiedergesehen.

Mithilfe ihrer Anwälte kämpfte sie von der Wolfersberggasse aus für eine Rückstellung ihrer Villa. Die Sozialdemokratie gewann wieder an Boden und Karl Renner bat Leopold Petznek, den Posten des Rechnungshofpräsidenten anzutreten. Er war der erste Sozialdemokrat, der dieses Amt innehatte, doch existierte 1945 noch kein geregelter Dienstbetrieb. Alle Mitarbeiter mussten sich ein einziges Zimmer teilen, das kaum beheizt werden konnte. Aufgrund des ÖVP-SPÖ-Proporzes wurde Petznek allerdings im Februar 1947 von seinem Nachfolger abgelöst. ÖVP-Mitglied Josef Schlegel amtierte ab sofort als Präsident des Rechnungshofes, Petznek ging in den Ruhestand. Er war nun 65 Jahre alt.

Die zweite Hochzeit

Möglicherweise meinte Erzsi, sie und Petznek würden die Villa als ordnungsgemäß getrautes Paar rascher zurückbekommen. Das gesellschaftliche Klima tendierte bereits – anders als nach 1918 – zum Konservativismus und steuerte in Richtung Wirtschaftswunder. Von der NS-Zeit wollte niemand mehr etwas wissen oder gewusst haben, der Kalte Krieg hatte längst eingesetzt. Für Österreich bedeutete das „Marshallplan", Westintegration und „Coca-Colonisation". Frauen wurden in der Konsumentenwerbung als hübsche Heimchen am Herd vorgeführt. Unter tatkräftiger Mithilfe neu erworbener Haushaltsgeräte wie Staubsauger und Kühlschrank sollten sie tagsüber das Eigenheim für ihren Mann wohnlich herrichten und das Nachtmahl für ihn bereithalten. Gleichzeitig wurde ab 1948 vor allem von der ÖVP und der mit ihr verbündeten katholischen Kirche eine „Schmutz- und Schund"-Kampagne gegen die amerikanisierte

Unterhaltung und Lebensart, verkörpert durch Comics, „Gangsterfilme“ und freiere Arten des Zusammenlebens unter Jugendlichen, gestartet. Ledige und/oder geschiedene Frauen, die einen Freund hatten, wurden in der Presse als „Flittchen“ bloßgestellt. Laut einem Artikel der „Weltpresse“, der Tageszeitung der britischen Besatzungsmacht, sei Erzsi im Februar 1948 auf dem Bezirksgericht Hietzing vorstellig geworden und habe ihren Antrag auf zivile Ehescheidung eingebracht. Endlich. Ihr Ex-Mann, der ewig unselbstständige Otto, hielt sich damals im Schlepptau seiner jüngeren Schwester Eleonore in Lausanne in der Schweiz auf, wurde von seiner Tochter Fee finanziell unterstützt und starb 1952 in Lugano, wo er auch begraben liegt. Erzsi wird ihn und ihren zweitgeborenen Sohn um elf Jahre überleben. Zwei Tage vor Otto war nämlich Erni gestorben. Er wurde neben Rudi in Hütteldorf begraben.

Im Mai 1948 heirateten Erzsi und ihr verwitweter Goldi ohne jegliches Aufsehen auf dem Standesamt Hadersdorf-Weidlingau. Keine Zeitung nahm von der Hochzeit Notiz. Franz Popp, der alte sozialdemokratische Freund, waltete als Trauzeuge: „Es ging vollkommen formlos vor sich, ohne jedes Zeremoniell. Es wurden keine Reden gehalten, es gab keine Feier. Nachher nahmen wir Abschied und gingen wieder auseinander.“ Erzsi hatte nicht vergessen, auf der Heiratsurkunde alle ihr bei der Taufzeremonie im September 1883 gegebenen Vornamen anzugeben und „geb. Habsburg-Lothringen“ hinzuzufügen. Sie verließ das Amtsgebäude als Frau Elisabeth Marie Petznek.

Auf die baldige Rückstellung ihrer Villa hoffte sie indessen weiterhin vergeblich. Erst hatte es geheißen, General Béthouart werde nach seiner Rückkehr nach Frankreich 1950 die Liegenschaft wieder an die Eigentümerin retournieren. Doch dann informierte man Erzsi, auch Béthouarts Nachfolger Jean Payart werde seine Zelte in ihrer Villa aufschlagen. Für die Franzosen war es so am angenehmsten. Wozu ein anderes Gebäude suchen, wenn es das perfekte bereits gab? 20 Räume, Parkanlage, Wintergarten, Brunnen, Pförtnerhaus, Garage – so etwas wuchs 1950 schließlich nicht aus dem Boden. Erzsi, die unter steifen Gliedmaßen litt, kaum noch längere Distanzen zu Fuß bewältigen konnte, altersbedingte Schweißausbrüche und Müdigkeitsattacken hatte, war der Resignation nahe: „Wir sind beide ganz weg. Ich bin so weg, dass ich gar nicht schreiben kann", notierte sie in ihr Tagebuch.

Sie versuchte, die Medien zu instrumentalisieren, um die Zeitungen im Kampf um ihr Zuhause, wie einst, als es um die Kinder ging, auf ihre Seite zu ziehen. 1954 beklagte sie sich bei einem Mitarbeiter der „Neuen Illustrierten Wochenschau": „Seit Dezember 1953 habe ich dieses Zimmer nicht verlassen, weil ich nicht über die Stiege komme. Mein Heim war ein Museum, viele wertvolle Bilder und die große Bibliothek der Kaiserin mußte ich dort zurück lassen. Ich weiß, daß man dort manche Wände hat niederreißen und neue Türen hat durchbrechen lassen. Mein Mann ist heute 73, ich selbst bin 70 Jahre alt. Wie lange haben wir denn noch zu leben?" Die Jahre in der feuchten und kalten Bleibe in der Wolfersberggasse werden Erzsi und Goldi chronisch krank zurücklassen. Sie waren zu alt für solche Strapazen, ihr Gesundheitszustand verschlechterte sich rapide.

Ein schwerer Schlag

Doch Rettung nahte. Nach der Unterzeichnung des Staatsvertrages 1955 räumten die Franzosen die Villa in der Linzer Straße. Erzsi jubelte und packte zusammen. Ein neuer Portier, der manchmal auch als Gärtner eingesetzt werden konnte, trat seinen Dienst bei den Petzneks an, der im heutigen Serbien (damals: Region Batschka) geborene Paul Mesli. Er erinnerte sich an seine erste Zeit bei den neuen Arbeitgebern: „Der riesige Park war ungepflegt, der Rasen durch die abgestellten Panzer und Militärautos arg zugerichtet. Die Blumenbeete waren unbetreut, wohin man blickte, wucherte Unkraut. 5–6 Gärtner, die Frau Petznek bei einer Gartenbaufirma engagiert hatte, waren monatelang damit beschäftigt, den Park wieder in Ordnung zu bringen. Später wurde eine Hausgärtnerei eingerichtet, die für die Pflege der gesamten Anlage verantwortlich war. Die Fürstin war eine ausgesprochene Blumenliebhaberin und hatte hervorragende botanische Kenntnisse. Sie war an der Neugestaltung des Parks maßgeblich beteiligt."

Erzsi kontrollierte also den Garten, schimpfte mit den stets wechselnden Köchinnen und Köchen, kümmerte sich um ihre Hunde, deren Fleischrationen sie täglich höchstselbst auf zufriedenstellende

Herzlichen Dank für die freundliche Anteilnahme an meinem schweren Verlust.

Elisabeth Marie Petznek

Wien, im August 1956

Erzsi bedankt sich für die Kondolenzschreiben zum Tod ihres zweiten Ehemannes, 1956

Qualität überprüfte, und saß im Wintergarten oder im Sommer auf der Terrasse. In den schrecklichen Monaten, als Goldi ins Gefängnis und KZ verschleppt worden war, hatte Erzsi enorme Verlustängste entwickelt. Sie wollte Petznek immer um sich haben, jede Sekunde des ihnen beiden noch vergönnten Lebens mit ihm zusammen sein. Er musste neben ihr sitzen, sie lasen oder hörten Radio. Das soeben neu eingeführte Fernsehen verabscheute Erzsi – ein viel zu proletarisches Unterhaltungsmedium.

Kaum hatte die „Arbeiter-Zeitung" dem „verdienten Mann" Leopold Petznek im Juni 1956 zum 75. Geburtstag gratuliert, musste sie schon den Nachruf drucken. Der sozialdemokratische Aufsteiger, der seine Eltern früh verloren hatte und den seine Großmutter aus finanzieller Not nicht hatte aufziehen können, landete im Waisenhaus und fiel dort zum Glück Lehrern auf, die seine Intelligenz erkannten. Er wurde selbst Lehrer in jenem Mödlinger Waisenhaus, in dem er als Kind gelebt hatte. Die Schul- und Jugendpolitik der SDAP hatte ihn für die fortschrittlichen Ideen des Schulreformers Otto Glöckel begeistern können. Er war in der Partei aufgestiegen und schließlich wegen seiner Überzeugung im Gefängnis und im KZ gelandet. Seine zweite Liebe, die ehemalige Erzherzogin Elisabeth Marie, hatte ihn über 35 Jahre durchs Leben begleitet.

Der Verlust ihres Ehemannes brachte Erzsi fast um. An eine unbekannte Genossin, vielleicht Rosa Jochmann, schrieb sie, wie immer distanziert, aber freundlich und ehrlich: „Liebe Genossin, innigen Dank für Ihre lieben Worte, Sie wissen ja wie schön es war, für mich war ja alles nur Er u. jetzt allein zu bleiben ist unerträglich." Die schwarz umrandete Trauerkarte hatte den Aufdruck „Herzlichen Dank für die freundliche Anteilnahme an meinem schweren Verlust. Elisabeth Marie Petznek. Wien, im August 1956" und kam ohne Kreuz aus. Bundespräsident Theodor Körner, der neue Herr in der Hofburg, kondolierte via Telegramm.

Erzsis Schwiegertochter Ghislaine Windisch-Graetz hat die Tagebucheintragungen Erzsis im Juli 1956 publiziert:

„27.7. Goldi um halb ein Uhr nachts gestorben! Nach schwerem Anfall! Es war unbeschreiblich!

28.7. Heute liegt er im Sarg im Wintergarten und sieht in seinen Garten. Er liegt so friedlich umgeben von seinen Pflanzen und Rosen. Könnte ich nur neben ihm liegen! Aber bald! Die Einsamkeit ist unerträglich.

29.7. So allein. Werde es nicht ertragen. Wenns nur bald aus wäre!

30.7. Goldi begraben. Mein Leben ist mitgegangen. Allein nicht zum Aushalten!

31.7. Tage der Verzweiflung. Nur die Hunde halten mich noch an Leben.“

Tatsächlich war Leopold Petznek plötzlich und überraschend gestorben. Zwar machten ihm die Herzbeschwerden schon lange zu schaffen, doch niemand rechnete im Sommer 1956 mit seinem Ableben. Im Gegenteil, Erzsi war unbeschreiblich glücklich, endlich wieder in ihrer Villa zu sein, die Schäden ausgebessert und den Garten einigermaßen gestaltet zu haben. Sie hatte sich auf friedliche Altersjahre mit ihrem Mann gefreut. Und nun stand sie allein da. Die „Arbeiter-Zeitung“ kündigte an, dass „Innenminister Helmer für die Sozialistische Partei von dem Toten Abschied nehmen wird“. Das hatte Erzsi noch gefehlt. Gerade Oskar Helmer hatte sie nie leiden können. Doch es half nichts, sie saß in ihrem Rollstuhl und wurde von Petzneks Sohn Otto zum Grab gefahren, in dem bereits ihre Söhne Rudi und Erni lagen. Als Helmer ihr die Hand geben wollte, wandte sie sich ab und sagte laut: „Gehen Sie weg!“ Otto Petznek musste sich später beim Minister für die unhöfliche Art der hochwohlgeborenen Witwe entschuldigen.

Auch mit den verbliebenen zwei Kindern Franzi und Fee gab es Schwierigkeiten am laufenden Band. Den zweiten Mann der Tochter lehnte Erzsi genauso ab wie den ersten, er durfte die Villa nicht betreten. Wer zu spät kam, musste mit dem Garten vorliebnehmen und wurde nicht zu ihr vorgelassen. Einmal reiste Franzi aus Nairobi an und fragte den Portier Paul Mesli, ob ihn seine Mutter empfangen würde, er sei drei Minuten zu spät. Mesli entfernte sich, um nachzufragen; es wurde nur der Park.

Lediglich ihren Stiefsohn, den Juristen Otto Petznek, mochte Erzsi gern, er besuchte sie regelmäßig, und auch Rosa Jochmann war ein gern gesehener Gast in der Linzer Straße. Die alte Erzsi wurde ihrem Vater immer ähnlicher und fragte – genauso wie einst Rudolf – die Leute nach ihren Jenseitsvorstellungen. Die Atheistin Jochmann berichtete: „Ich bin dann noch einige Male bei ihr gewesen, und das letzte Mal, da saß sie, ganz in schwarze Trauer gehüllt, und da fragte sie mich, ob ich an einen Himmel glaube und ob ich der Meinung bin, daß sie ihren Leopold wiedersehen wird."

Erzsis Festhalten am Katholizismus war auch nach fast 45 Jahren Sozialdemokratie ungebrochen. Sie wollte gläubig sein, aber ohne die Institution Kirche und ohne klerikale Moralvorschriften. Als sie bei den ihren verstorbenen Vorfahren sehr nahestehenden Kapuzinerbrüdern Totenmessen für Goldi bestellen wollte, lehnte der Orden schriftlich ab. Eine deswegen äußerst entrüstete Erzsi notierte: „Infamer Brief von Kapuzinern wegen Messen für Goldi!" Leopold Petznek war eben kein Katholik gewesen, die Ehe der geschiedenen Erzsi mit ihrem zweiten Mann war „nur" standesamtlich geschlossen worden und ihre außerehelichen Affären waren allgemein bekannt. Wundern hätte sie sich also nicht müssen. Sie wandte sich in der Folge an die Schottenpfarre, wo man ihr gerne entgegenkam – gegen ein entsprechendes Honorar. Im August 1956 zahlte sie den Schotten 200 Schilling für zehn Seelenmessen – billig war das nicht gerade. Die Messen wurden im September und Oktober 1956 gelesen. Dass Goldi diese womöglich gar nicht gewollt hätte, scherte Erzsi nicht.

Einsame Jahre

Nach Petzneks Tod stellte sich heraus, dass es Erzsi nie gelungen war, in der SDAP oder ihrer Nachfolgeorganisation in der Zweiten Republik, der SPÖ, richtig Fuß zu fassen. Die Besucher aus den Reihen der Genossen blieben fast zur Gänze aus, es waren eben Leopold Petzneks Freunde gewesen, nicht die ihren. Sie war zwar Parteimitglied, hatte sich jedoch selten so benommen und ihrer Art – „von oben herab" – nie abgeschworen.

Ihre Hunde behielt sie bis zum letzten Lebenstag. Regelmäßig kamen der Tierarzt und mehrere Hundepflegerinnen, die von anderen Kynologie-Professionisten beneidet wurden, in die Villa. Erzsis Hunde gewannen laufend Wettbewerbe und Konkurrenzen, sie gehörten zu den schönsten Schäferhunden weit und breit, waren jedoch sehr wild und aggressiv. Eine Tierpflegerin sagte später: „Ich sah sie (Erzsi, Anm.) nur im Rollstuhl im Park oder im Bett. Einmal sagte sie zu mir vor einer Wahl, ich solle rot wählen. Aber sonst hat sie einen Habsburgerschädel gehabt, hat mich ein paarmal hinausgeschmissen, weil ich frech war. Ich habe immer in einem Zimmer gewartet, bis Ihre Hoheit kam und ihre Anordnungen gab."

Im Jahr 1961 hatte Erzsi einen Schlaganfall und blieb danach gelähmt. Sie lag die letzten beiden Jahre ihres Lebens im Bett, war völlig hilflos, musste mehrmals täglich gewendet werden. Ihre Beine waren verschwollen, jede Bewegung verursachte ihr starke Schmerzen. Sie bekam Vitamin- und Kalziuminjektionen, die jedoch nichts mehr zur Verbesserung ihres Gesundheitszustandes beitragen konnten. Weiterhin zeichnete sich Erzsi nicht durch ihr Vertrauen in die Medizin aus: „Der Tierarzt ist mir am liebsten, lieber als alle Ärzte", konstatierte sie vom Bett aus. Ihr letzter Arzt vergaß seine sicher schwierigste Patientin nie: „Ich hatte den Eindruck, daß es in ihrem Haus wie am kaiserlichen Hof zuging. Ich mußte pünktlich sein. Ich wurde von einem Diener am Eingangstor erwartet und in ihr Schlafzimmer geleitet. Die Hunde, prächtige Tiere, wurden vorher angekettet, denn sie hätten jeden Besucher zerrissen. Das Hauspersonal wurde im Befehlston behandelt. Der Ton passte nicht recht zu ihrer Gesinnung, sie war da in einem echten menschlichen Dilemma."

Anfang März 1963 notierte Erzsis Portier Paul Mesli, dass seine bettlägerige Herrin öfter von Selbstmord spreche. Doch dies war nicht mehr nötig. Am 15. März 1963 schrieb Mesli: „Milder, sonniger Tag. Das Leben der Gnädigen Frau geht zu Ende." In der Mittagszeit des nächsten Tages fiel Erzsi ins Koma. Sie starb am 16. März 1963 gegen 14.30 Uhr im Alter von 79 Jahren. Der Achtziger, den sie ein halbes Jahr später erreicht hätte, war ihr nicht mehr vergönnt.

Die Frau, für die einmal eine „Hoftraueransage" vorgesehen war, lag allein in ihrem Zimmer, das sie schon jahrelang nicht mehr verlassen hatte. Mesli holte die Totenbeschauärztin, die im Protokoll Herzmuskelerkrankung und Arteriosklerose als Todesursachen angab.

Die letzten Anweisungen der Toten an ihre Zofe Pepi Steghofer lauteten (auszugsweise; Rechtschreibfehler im Original, Anm.):

Der letzte Gang: Erzsis Sarg wird auf den Hütteldorfer Friedhof gebracht

„An Pepi!
Wer da ist wenn ich sterbe soll alles gleich veranlassen was ich aufgeschrieben habe.
Wenn ich sterbe bitte sofort Dr. Otto Petznek verständigen.
Von der Familie *niemanden.*
Ich wünsche *nicht* das Parten ausgegeben werden.
Begräbniss in aller Stille.
Ich will neben meinen Mann liegen.
Aufgebart im Wintergarten mit den Blick auf unseren geliebten Garten so wie mein Mann.
Elisabeth Petznek.“

Selbstverständlich wurde jede Anordnung bis ins kleinste Detail befolgt. Zu den letzten Sätzen, die Erzsi zu Mesli gesagt hat, gehört eine Selbsteinschätzung, die wie eine bewusste Zusammenfassung ihres an Drama kaum zu übertreffenden Lebens klingt: „Auf dieser Welt war noch kein Mensch, der mich jemals untergekriegt hätte, und es wird auch keiner kommen.“

Der Tierarzt Dr. Schirl schläferte, wie von Erzsi befohlen, die drei verbliebenen Schäferhunde Putzi, Libelle und Lido ein, deren Gräber im Garten der Villa schon ausgehoben worden waren. Man konnte sie wegen ihrer Wildheit keinem anderen Besitzer zumuten, obwohl es durchaus Interessenten gegeben hätte. Die Fachzeitschrift „Unsere Hunde“ würdigte die Verstorbene und ihre „bleibenden Verdienste um die österreichische Zucht des deutschen Schäferhundes“. Die Hunde waren die Götter der Villa gewesen, da waren sich die Bediensteten einig. Doch urplötzlich verstummte das Hundegebell. Die Stille mag für das Personal das deutlichste Symbol für den Abgang der Herrin gewesen sein.

Pepi Steghofer fotografierte das riesige leere Bett, nachdem ein eleganter Leichenwagen ihre Herrin abtransportiert hatte. Sie schrieb auf das Foto: „Hoheit ist nicht mehr da.“ „Hoheit“ lag inzwischen ihrer Größe entsprechend in einem 2,20 Meter langen Sarg mit weißer, seidener Innenausstattung und einem kleinen Glasfenster, wie es auch bei Hof üblich gewesen war. In den Händen hielt Erzsi jenes Kreuz aus Jerusalem, das einst ihrem Vater auf dem Totenbett gegeben worden war.

Am 22. März 1963 trat Erzsi im Beisein ihrer ungeliebten Kinder und Schwiegerkinder sowie einiger alter Genossinnen und Genossen ihren letzten Weg auf den Hütteldorfer Friedhof an. Der prominenteste Begräbnisgast war der damalige Außenminister Bruno Kreisky. Auch er stammte noch aus der Geisteswelt einer Metropole, in der man sich für mehr verantwortlich fühlte als nur für das Schicksal der deutschsprachigen Österreicher. Rosa Jochmann hatte Erzsi bis zum Schluss die Treue gehalten und sagte: „Beim Begräbnis hat es mich erschüttert, daß es einen großen Kranz der Kinderfreunde unserer Partei gegeben hat, und daneben lag der Kranz eines Offiziers aus der k. und k. österreichisch-ungarischen Monarchie. Das hat mich tief bewegt."

Der letzte Gag, den Erzsi für die Nachwelt bereithielt, war die „Damnatio memoriae", die sie über sich verfügt hatte. Wer nicht weiß, wo sie begraben liegt, findet ihre letzte Ruhestätte nur nach vorhergehender Recherche. Obwohl in diesem Grab auch Rudolf und Ernst Weriand Windisch-Graetz sowie Leopold Petznek liegen, steht kein einziger Name auf dem Grabstein. Sie wollte es so. Und so geschah es.

V
Das Geschenk der alten Dame

„Legat Petznek“

„Kaiserlicher Besitz soll nicht Ausländern zukommen und darf nicht in Auktionen versteigert werden.“

Als Franzi aus Kenia in der Linzer Straße eintraf, um seine Mutter zu Grabe zu tragen, fand er in ihrer Villa – durchaus zu seinem Entsetzen – leere Wände und ausgeräumte Schränke vor. Von den Porträts seines Großvaters, des Kronprinzen, oder seiner Urgroßmutter, der Kaiserin Elisabeth, nicht die geringste Spur. Erzsis Stiefsohn Otto Petznek wollte nicht als Erbe eingesetzt werden und somit blieb es am „Universalerben“ Franzi hängen, die zahlreichen Kisten mit Kriminalromanen und esoterischer Literatur über „Satansmagie“ oder „Die heilende Kraft der Kristalle“ zu übernehmen. Weiters fanden sich noch einige Kalender und persönliche Briefe. Viel mehr hatte er nicht zu erben.

Franzis Frau Ghislaine war vor ihm eingetroffen und hatte in der Nacht nach Erzsis Tod angeblich einen anonymen Anruf erhalten, wonach in der Villa ihrer Schwiegermutter Einbrecher zugange seien. Sie fuhr zur Polizeiwache Hütteldorf und dann in Begleitung zweier Beamten in die Linzer Straße 452. Es war Mitternacht, alle Zimmer waren hell erleuchtet, Leitern standen vor den Fenstern. Man konnte sehen, dass Gegenstände aus dem Haus gehievt wurden.

Statt der erwarteten „Enthüllungen über Geheimnisse der Monarchie & Mayerling“ oder Ähnliches erfuhr die breite Öffentlichkeit nun etwas

S. 286: Unter den Augen der Großmutter Sisi: In Erzsis Salon

Einige repräsentative Habsburger-Porträts aus Erzsis Sammlung in ihrer Villa

ganz anderes, nämlich dass Frau Elisabeth Marie Petznek, die Tochter des rebellischen Kronprinzen Rudolf, ein Legat zugunsten der Republik Österreich verfügt hatte. Nach ihrer „Trennung von Tisch und Bett“ im Jahr 1924 schloss Erzsi den bisherigen Alleinerben Otto Windisch-Graetz aus ihrem Testament aus. Stattdessen vermachte sie bereits damals der jungen Republik 280 Gemälde und 40 Teile eines wertvollen Altwiener Porzellans. Später, als die Konflikte mit ihren Kindern immer größere Dimensionen annahmen, ihr Sohn Franzi sie zusammen mit seinem Vater unter Kuratel stellen wollte, ihre Tochter sich mit Männern einließ, die nicht die Gunst der Schwiegermama erringen konnten, beschloss sie, alles dem Staat zu schenken. Leopold Petznek unterstützte seine Frau nicht in diesem Vorhaben. Er war der Ansicht, sie verletze mit einem solchen Testament die Rechte ihrer Kinder. Davon wollte Erzsi nichts wissen und somit wurden die genauen Bestimmungen erst nach Petzneks Tod mit den Ministerialbeamten des Kulturministeriums ausverhandelt. Dass es Erzsi nicht in erster Linie darum ging, die 500 Bilder und Kunstgegenstände in die Hofburg und nach Schönbrunn zurückzustellen, sondern dass sie vor allem ihren Nachkommen, die sie als habgierig und unwürdig einstufte, nichts vererben wollte, erkennt man unter anderem daran, dass sie schon 1962 ihre Villa und einen Großteil des Gartens der Gemeinde Wien verkauft hatte (Preis: 3,1 Millionen Schilling) mit der Auflage, im Park Gemeindebauten zu errichten. Sie behielt sich das Wohnrecht im Haus bis zu ihrem Tod vor. Danach ging die Villa in städtischen Besitz über. Hunderte Menschen wohnen heute auf dem früheren Grund der ehemaligen Erzherzogin. Die meisten wissen darüber kaum Bescheid. Die Villa wurde an unterschiedliche Organisationen vermietet, derzeit residiert dort die buddhistische Gemeinschaft „Österreich Soka Gakkai International. Kulturzentrum Villa Windisch-Graetz“.

Zum Dank für ihre Großzügigkeit widmete die Stadt Wien Erzsi im Jahr 1998 eine Gasse, sie befindet sich nicht weit entfernt von der Villa und verbindet die Hüttelbergstraße mit der Bujattigasse.

Erzsis Tochter „Stephanie und mein Schwiegersohn Axel Björklund, ferner meine beiden Schwiegertöchter Ghislaine und Eva Windisch-Graetz, sowie sämtliche Enkelkinder“ durften nach ihrem Ableben „das Haus

Unvergessen: Für Erzsi eine Gasse.
Spät, aber doch beschloss der Wiener Gemeinderat eine Straßenbenennung nach der sozialdemokratischen Kaiserhausangehörigen. Seit 1998 erinnert ein schmales Sträßchen an Erzsi.

nicht betreten, bevor nicht die der Republik Österreich geschenkten Sachen (…) aus dem Hause entfernt sind“. Die Wünsche der Erblasserin waren also mehr als eindeutig, dennoch legten Fee und danach auch Franzi Protest ein und wehrten sich gegen jede Veränderung in Haus und Garten. Ihre Interventionen blieben jedoch folgenlos. Erzsi war noch gar nicht unter der Erde, als bereits die Objekte unter Aufsicht eines Beamten des Kulturministeriums und eines Juristen verpackt wurden, wie von ihr gewünscht. Den Testamentsvollstreckern langte es bald, sie hatten genug von den Einsprüchen der Kinder und schließlich wurde die Villa versiegelt, um sie gegen die Begehrlichkeiten von Erzsis Nachfahren abzusichern. Drei Tage nach dem Tod seiner Mutter hatte Franzi mehrere Porträts und Erinnerungsstücke aus dem Legat verlangt, doch es dauerte bis 1964, dass ihm insgesamt acht Gemälde ausgefolgt wurden. Auch Fee stellte verschiedene Ansprüche betreffend Schmuck und Mobiliar aus der Linzer Straße, deren juristische Behandlung sich bis in die 1970er-Jahre erstreckte. Im Endeffekt ging sie bis auf den ihr laut Testament zustehenden Pflichtteil leer aus. Ein sehr freundlicher Mitarbeiter des buddhistischen Zentrums erzählte im Herbst 2019, dass „vor einiger Zeit eine große blonde Dame aus Belgien in der Begleitung von Rechtsanwälten“ aufgetaucht sei und die Villa besichtigen wollte. Fees Nachkommen scheinen sich noch immer nicht mit den testamentarischen Verfügungen der (Ur-)Großmutter Erzsi abgefunden zu haben.

Was vom Tage übrig blieb

Ihre Angestellten und Wohltäter in der Not bedachte Erzsi reichlich. Wie üblich war sie zwar nie freundlich, doch finanziell immer freigebig. Alle, die bei ihr im Haus gearbeitet hatten, erhielten 10.000 Schilling, 1963 enorm viel Geld. Auch das Kloster, das sie und Leopold Petznek 1945 als Obdachlose aufgenommen hatte, erhielt 10.000 Schilling. Den Karmelitinnen in Mayerling, die den Sterbeort ihres Vaters und der „armen Kleinen“ pflegten, vermachte sie 20.000 Schilling. Die Salesianerinnen am Rennweg, denen ihre einstige Erzieherin Gräfin Coudenhove nach ihrem

Unscheinbar: Hier liegen Rudi, Erni, Goldi und, seit 1963, auch Erzsi. Wer sie auf dem Hütteldorfer Friedhof besuchen will, muss sich vorher nach der Lage ihrer Ruhestätte erkundigen. Namen auf dem Grabstein kamen für sie nicht infrage. Niemand sollte sich je an sie erinnern.

Ausscheiden aus dem Hofdienst beigetreten war, kamen ebenso in den Genuss von 20.000 Schilling.

Otto Petznek war aufgefordert, Erzsis Schreibtisch auszuräumen und die Sachen seines Vaters mitzunehmen, sofern sie sich noch in der Villa befanden.

Monatelang wurden höchst wertvolle Einrichtungsgegenstände und Bilder entfernt und wenn man heute durch die Villa geht, bemerkt man, dass auch nicht die letzte Supraporte vergessen worden ist. Nur einige alte Kachelöfen durften bleiben.

Erzsis Besitz heute

Ein großer Teil des sogenannten Legates Petznek befindet sich heute in den Ausstellungsräumen der Hofburg und des Schlosses Schönbrunn, im Kunsthistorischen Museum und in der Nationalbibliothek. Ein weiterer Bestand ging an das Mobiliendepot, das im Jahr 2019 eine Ausstellung über den Umgang der Republik Österreich mit den habsburgischen Hinterlassenschaften gezeigt und darin Erzsi und ihrem materiellen Vermächtnis einen gebührenden Platz eingeräumt hat. Aus dem Notariatsakt, den Erzsi nach Leopold Petzneks Begräbnis 1956 erstellen ließ, geht ihre Sorge hervor, die Kinder könnten Teile des Erbes ins Ausland veräußern. Deswegen hielt sie fest, dass die Habsburgerporträts, die Erinnerungsgegenstände aus Familienbesitz und Sisis Bücher in der Republik Österreich verbleiben müssen, „da ich der Ansicht bin, daß kaiserlicher Besitz nicht Ausländern zukommen soll und nicht in Auktionen versteigert werden darf“. Sehr modern war ihr Ansatz, dass die Stücke „jederzeit der Allgemeinheit zugänglich zu machen“ sind. Je nach Sammlungszuständigkeit wurden der Albertina, dem Heeresgeschichtlichen Museum, dem Museum für angewandte Kunst (MAK) sowie der Schatzkammer ebenfalls Objekte aus dem Besitz der Kronprinzentochter und Kaiserenkelin zuerkannt.

Im Sommer 1963, etwa drei Monate nach Erzsis Ableben, ersuchten die Testamentsvollstrecker den Verteidigungsminister Karl Schleinzer um

„Amtshilfe“ bei ihrer Suche nach den im April 1945 von Erzsi im Garten versteckten Metallbehältern, die Schmuck enthielten. Eine Sondereinheit des Bundesheeres durchkämmte den Park mit Metalldetektoren, bis man auf die Büchsen stieß. Von manchen Medien vermutete „Geheimberichte“ über Mayerling oder andere von den Habsburgern vertuschte Mysterien befanden sich nicht darin. Die Aktenbestände zu dieser recht speziellen Suchaktion bewahrt das Mobiliendepot, heute zugehörig zum Wirtschaftsministerium. Als Schleinzer 1975 bei einem Autounfall ums Leben kam, spekulierten manche Journalisten, das Unglück könnte mit dem „verschollenen Habsburgergeheimnis“ in Zusammenhang stehen. Gerüchte besagten, Schleinzers Wagen sei manipuliert worden – was widerlegt werden konnte.

Im Stiegenhaus des Kunsthistorischen Museums findet sich Erzsis Name in Stein gemeißelt auf einer Tafel, die an großzügige Spenden zur Erweiterung der Sammlungen des Museums erinnern soll. Diese prominente Nennung wäre sicher nicht in ihrem Sinn gewesen. Doch es ist erfreulich, den einfachen Namen Elisabeth Petznek zwischen vielen berühmten Familien und Einzelpersonen auf dieser Tafel verewigt zu sehen. Von der außergewöhnlichen Frau, die sich hinter dieser schlichten Bezeichnung verbirgt, wissen heute nur noch wenige.

„Sie war eine Machtperson ohne Gleichen“, fasste ihr Portier und Diener Paul Mesli zusammen. Er wurde 87 Jahre alt (gest. 1995) und besuchte jedes Jahr Anfang November das Grab seiner früheren Dienstgeberin. Er soll hier das letzte Wort haben.

Zwei Jahre mit Erzsi

Ein – kurzer – Epilog

Elisabeth Marie Petznek wollte vergessen werden. Niemand sollte sich an sie erinnern – ein Wunsch, von dem ihr namenloses Grab beredt Zeugnis ablegt. Dennoch haben der Gymnasialprofessor Friedrich Weissensteiner und Erzsis Schwiegertochter Ghislaine Windisch-Graetz informative Biografien über sie verfasst, wofür ich beiden sehr dankbar bin. Ebenso möchte ich Martin Prinz für seinen biografischen Roman „Die letzte Prinzessin“, in dem er Erzsis Laufbahn mit seinem persönlichen Umfeld und dem Doppelgänger-Motiv verwebt, aufrichtig danken. Die Werke sind sehr inspirierend.

Als junges Mädchen habe ich rein zufällig die TV-Dokumentation „Die rote Erzherzogin“ sehen können, die hauptsächlich auf Weissensteiners Forschungsergebnissen basiert. Ich fand diese Frau viel faszinierender als die „ewige Sissi“, die mir damals allerdings nur aus den Spielfilmen von Ernst Marischka geläufig war.

In den letzten zwei Jahren habe ich versucht, mich einigen Momenten in Erzsis turbulentem Leben aus heutiger Perspektive anzunähern. Es war sehr spannend, oft desillusionierend, immer lehrreich.

Ich werde Erzsi nicht vergessen.

Sie würde mich dafür hassen.

li.: Post von Erzsi

Personenverzeichnis

S

T

W

Z

Verwendete Literatur

Sekundärliteratur

Harriet Anderson: Vision und Leidenschaft. Die Frauenbewegung im Fin de Siècle Wiens, Yale University Press 1992.

Hellmuth Andics: Die Frauen der Habsburger. Wien, München 1985.

Hans Bankl: Die kranken Habsburger. Befunde und Befindlichkeiten einer Herrscherdynastie, München 2001.

Christian Dickinger: Habsburgs schwarze Schafe. Über Wüstlinge, Schwachköpfe, Rebellen und andere Prinzen, Wien 2000.

Manfred Dierks: Thomas Manns „Geisterbaron". Leben und Werk des Freiherrn Albert von Schrenck-Notzing, Gießen 2012.

Hanne Egghardt: Habsburgs schräge Erzherzöge. Dem Kaiser blieb auch nichts erspart, Wien 2008.

Arthur Eloesser: Thomas Mann. Leben und Werk, Hamburg 2013.

Sabine Fellner, Katrin Unterreiner: Frühere Verhältnisse. Geheime Liebschaften in der k. und k. Monarchie, Wien 2010.

Dietmar Grieser: Die guten Geister. Sie dienten den Großen dieser Welt, Köchin – Butler – Sekretär, Wien 2008.

Sigrid Maria Größing: „Wir hätten in einem Rosengarten sitzen können". Liebe und Leid im Hause Habsburg, Wien, München 2000.

Alma Hannig: Franz Ferdinand. Die Biografie, Wien 2013.

Thomas Knoefel: Okkultes Brevier. Ein Versuch über das Medium Mensch, Berlin 2019.

Konrad Kramar, Petra Stuiber: Die schrulligen Habsburger. Marotten und Allüren eines Kaiserhauses, Wien 2008.

Timon L. Kuff: Okkulte Ästhetik. Wunschfiguren des Unbewussten im Werk von Albert von Schrenck-Notzing, Gießen 2011.

Thea Leitner: Fürstin, Dame, armes Weib. Ungewöhnliche Frauen im Wien der Jahrhundertwende, München 1994.

Georg Markus, Katrin Unterreiner: Das Original-Mayerling-Protokoll der Helene Vetsera: „Gerechtigkeit für Mary", Wien 2014.

Frederic Morton: A Nervous Splendor. Vienna 1888/89, Boston, Toronto 1979.

Franz Lorenz Müller: Die Thronfolger. Macht und Zukunft der Monarchie im 19. Jahrhundert, München 2019.

Gabriele Praschl-Bichler: Die Habsburger und das Übersinnliche. Die weiße Frau in der Hofburg und andere Phänomene, Wien 2003.

Martin Prinz: Die letzte Prinzessin. Berlin 2016.

Edith Salburg: Das Enkelkind der Majestäten, Dresden 1929.

Irmgard Schiel: Stephanie. Kronprinzessin im Schatten von Mayerling, München 1988.

Albert von Schrenck-Notzing: Experimentalberichte. Neuere Untersuchungen über telekinetische Phänomene bei Willy Schneider. In: Zeitschrift für Parapsychologie, Heft 4, 1926, S. 193–200.

Stephanie von Belgien: Ich sollte Kaiserin werden. Lebenserinnerungen der letzten Kronprinzessin, Leipzig 1935.

Hannes Stekl, Marija Wakounig: Windisch-Graetz. Ein Fürstenhaus im 19. und 20. Jahrhundert. Wien, Köln, Weimar 1992.

Johannes Thiele: Kronprinz Rudolf 1858–1889. Mythos und Wahrheit, Wien 2008.

James Webb: Die Flucht vor der Vernunft. Politik, Kultur und Okkultismus im 19. Jahrhundert, Wiesbaden 2009.

Sabine Weiss: Zur Herrschaft geboren. Kindheit und Jugend im Haus Habsburg, Innsbruck, Wien 2008.

Friedrich Weissensteiner: Die rote Erzherzogin. Das ungewöhnliche Leben der Tochter des Kronprinzen Rudolf, München 1993.

Friedrich Weissensteiner: Frauen um Kronprinz Rudolf. Von Kaiserin Elisabeth bis Mary Vetsera, Wien 2014.

Ghislaine Windisch-Graetz: Kaiseradler und rote Nelke. Das Leben der Tochter des Kronprinzen Rudolf, Wien, München 1988.

Martina Winkelhofer: Adel verpflichtet. Frauenschicksale in der k. und k. Monarchie, Wien 2009.

Martina Winkelhofer: Der Alltag des Kaisers. Franz Joseph und sein Hof, Wien 2010.

Carl Zuckmayer: Geheimreport. Hg. v. Gunther Nickel, Johanna Schrön, Göttingen [3]2002.

Ausstellungskataloge

Ilsebill Barta, Martin Mutschlechner (Hg.): Bruch und Kontinuität. Das Schicksal des habsburgischen Erbes nach 1918, Wien 2019.

Emilie Flöge und Gustav Klimt. Doppelporträt in Ideallandschaft, Ausstellungskatalog des Historischen Museums der Stadt Wien (= Wien Museum), Wien 1989.

Kaiser Franz Joseph von Österreich oder der Verfall eines Prinzips, Ausstellungskatalog des Historischen Museums der Stadt Wien (= Wien Museum), Wien 1980.

Die ersten 100 Jahre. Österreichische Sozialdemokratie 1888 bis 1988, Ausstellungskatalog, Wien 1988.

Gabriel von Max. Malerstar, Darwinist, Spiritist, Ausstellungskatalog des Lenbachhauses, München 2010.

Rudolf. Ein Leben im Schatten von Mayerling, Ausstellungskatalog des Historischen Museums der Stadt Wien (= Wien Museum), Wien 1989.

Das rote Wien 1918–1933, Ausstellungskatalog des Historischen Museums der Stadt Wien (= Wien Museum), 1993.

Das Rote Wien 1919–1934. Ideen, Debatten, Praxis, Ausstellungskatalog des Wien Museums, 2019.

Zeitungen

ANNO Datenbank der Österreichischen Nationalbibliothek (verschiedene Zeitungen der 1920er- und 1930er-Jahre zum Scheidungsprozess Windisch-Graetz sowie zu Leopold Petznek)

Aktenbestände Dokumentationsarchiv des österreichischen Widerstandes (DÖW), Wien

Akt 16613, Akt 8638, R 348 (Leopold Petznek)

Verein für Geschichte der Arbeiter*innenbewegung, Wien

Mappe Arbeiterbewegung Niederösterreich, „Affairen", Windisch-Graetz – Petznek

Wiener Stadt- und Landesarchiv

Strafakt gegen Leopold Petznek, Landes-Gericht für Strafsachen II, Nr. 2316/34

Bildnachweis

Bach, Karl: 39 (unten), 57, 90, 165, 201, 256, 291, 293

Bundesdenkmalamt, Fotoarchiv: S. 286/287, 289

ÖNB Bildarchiv / picturedesk.com: S. 6 (Kosel, Hermann Clemens), 69, 70, 73, 105, 114, 118/119, 130 (Pietzner, Karl), 133 (Adele, Atelier), 145, 173, 181 (Kosel, Hermann Clemens), 183 (Kosel, Hermann Clemens), 207, 215 (Kosel, Hermann Clemens), 218 (Kosel, Hermann Clemens), 272, 283

Heeresgeschichtliches Museum, Wien: S. 194, 199

Heimatmuseum Schönau an der Triesting: 244

Internet: 25, 28

Städtische Galerie im Lenbachhaus und Kunstbau München: S. 47

VGA Archiv Demokratische Parteistellen, Karton 64, Mappe 379: S. 249

VGA Personenarchiv, Lade 22, Mappe 46: S. 263, 278

WStLA, BPD Wien: Historische Meldeunterlagen, K11 – Prominentensammlung: Petznek Leopold. 30. 6. 1881 - Leopold Petznek, geb. 30. 06. 1881: S. 268

Wien Museum: S. 8, 11, 12, 20, 30, 35, 39, 62, 67, 74, 79, 81, 87, 81, 96, 102, 110, 123, 135, 140, 149, 160, 186, 189, 221, 223, 227, 233, 259, 296

VGA Bildarchiv: S. 228/229 (P1/2030), S. 239: (V7/146), S. 241 (P1/2028)

Da es sich um historisches Bildmaterial handelt, ist die Quellenlage nicht transparent. Sollten diesbezüglich Unklarheiten auftreten, wenden Sie sich bitte an den Verlag.

Dank

Karl Bach

Ilsebill Barta

Lilli Bauer

Bundesdenkmalamt Wien

Bundesministerium für Digitalisierung und Wirtschaftsstandort, Wien

Dokumentationsarchiv des österreichischen Widerstandes (DÖW), Wien

Heeresgeschichtliches Museum, Wien

Heimatmuseum Schönau an der Triesting

Hofmobiliendepot Möbel Museum, Wien

Arnold Klaffenböck

Österreich Soka Gakkei International, Verein zur Förderung von Frieden, Kultur und Erziehung, Wien, Herr Christian Pavlovsky

Österreichische Nationalbibliothek, Wien

Marlene Ott-Wodni

Schloss Schönau

Schloss Schönbrunn Kultur- und Betriebsgesellschaft m.b.H., Wien

Ulli Steinwender

Verein für Geschichte der ArbeiterInnenbewegung, Wien

Wiener Stadt- und Landesarchiv

Die Autorin

© Sabine Hauswirth

Michaela Lindinger studierte Publizistik- und Kommunikationswissenschaft, Politikwissenschaft, Ägyptologie, Ur- und Frühgeschichte. Die Autorin und Kuratorin arbeitet für das „Wien Museum". Neben der Wiener Stadtgeschichte und Frauengeschichte begeistert sie sich für die Themen Tod und Mode, die immer wieder in ihre Bücher einfließen.

Hat Ihnen dieses Buch gefallen?
Dann würden wir uns über Ihre Weiterempfehlung freuen.
Erzählen Sie darüber im Freundeskreis, berichten Sie Ihrem Buchhändler oder bewerten Sie beim Onlinekauf.

Möchten Sie weitere Informationen zum Thema? Möchten Sie mit der Autorin in Kontakt treten? Wir freuen uns auf Austausch und Anregung unter
leserstimme@styriabooks.at

Mehr Inspiration, Geschenkideen und gute Geschichten finden Sie auf
www.styriabooks.at

STYRIA
BUCHVERLAGE

Wien – Graz

ISBN 978-3-222-15070-8

Bücher aus der Verlagsgruppe Styria gibt es in jeder Buchhandlung und im Onlineshop www.styriabooks.at

Cover- und Buchgestaltung: Bleed Vienna
Coverfoto: Bundesmobilienverwaltung
Lektorat: Arnold Klaffenböck
Layout: Burghard List
Projektleitung: Ulli Steinwender

Druck und Bindung: Finidr
Printed in the EU
7 6 5 4 3 2